DIEDERICHS GELBE REIHE

herausgegeben von Michael Günther

Gerald Hausman

Großvater, erzähl mir, wie die Welt begann

Mythen der Indianer

Aus dem Englischen
von Monika Curths

Diederichs

Die Originalausgabe erschien unter dem Titel
*Tunkashila – From the Birth of Turtle Island to the Blood
of Wounded Knee*
bei St. Martin's Press, New York.

Mein besonderer Dank gilt
Laura Ware, Ricia Mainhardt, Roger Zelazny, Jay DeGroat,
Mariah Fox und Sid Hausman.

Die Deutsche Bibliothek – CIP-Einheitsaufnahme
Großvater, erzähl mir, wie die Welt begann : Mythen der
Indianer / Gerald Hausman. Aus dem Engl. von Monika
Curths. – Kreuzlingen ; München : Hugendubel, 2001
   (Diederichs Gelbe Reihe ; 169)
   (Diederichs)
   Einheitssacht.: Tunkashila <dt.>
   ISBN 3-89631-418-1

Neuausgabe
© Gerald Hausman, 1993
© der deutschsprachigen Ausgabe Heinrich Hugendubel
Verlag, Kreuzlingen/München 1997
Alle Rechte vorbehalten

Umschlaggestaltung: Zembsch' Werkstatt
Produktion: Maximiliane Seidl
Satz: SatzTeam Berger, Ellwangen
Druck und Bindung: Huber, Dießen
Printed in Germany

ISBN 3-89631-418-1

Inhalt

Für Robert Weil,
der um blauen Mais bat

Eines Tages blieb ein Sioux-Medizinmann auf
einem Grasfeld stehen, um mit einem Stein zu
sprechen. Er begrüßte ihn ehrfürchtig und
nannte ihn *Tunkashila*, was »Großvater«
bedeutet.
»O Großvater, erzähl mir,
wie die Welt begann.«
Und der Stein sprach.

Vorbemerkung

»Großvater, erzähl mir, wie die Welt begann« ist die Geschichte von der Entstehung der Welt, erzählt von einem Stein. Es heißt, daß das Große im Kleinen zu erkennen ist, daß sich Mikrokosmos und Makrokosmos gleichen. So gesehen kann ein Stein, ein Stück Fels von einem Gebirge, imstande sein, vom Anfang, von der Mitte und vom Ende der Welt zu erzählen. In der Mythologie der eingeborenen Amerikaner horcht dieser Stein in die Vergangenheit; er gibt Zeugnis von der Entstehung der Erde. Er ist ein Teil der fließenden Zeit, ein Teil des Ursprungs aller Dinge und damit Teilnehmer an der wechselvollen Geschichte allen Lebens.

Doch unser Fabelstein ist nicht der einzige, der in diesem Buch von den großen Ereignissen berichtet. Hier wetteifern viele Erzähler, um ihren Teil zu der Geschichte beizutragen – so das Heilige Volk, die ersten Tiere und die ersten Zweibeinigen. Am Anfang gab es keinen Unterschied zwischen Menschen und Tieren: Sie waren eins. Erst als das Leben vielgestaltiger wurde, entwickelten sie sich zu unterschiedlichen, separaten Wesen. Ihre Stimmen behalten im Buch den besonderen Klang der mündlichen Überlieferung und ihre mythologische Wesensart. Die Eule, zum Beispiel, spricht mit heimlichen, gedämpften Tönen wie aus dem Schatten der Nacht; der Hirsch in Sprüngen und weiten Sätzen. Solche metrischen Überlegungen gehören zur Ausdrucksweise der Erzählenden und zur Darstellung ihrer Persönlichkeit.

Einleitung

Tunkashila, der Großvatergeist

Die sibirische Landbrücke gilt als Symbol für den Einzug der amerikanischen Eingeborenen in Nordamerika. Doch es ist ein von Geheimnissen und Mißverständnissen verschleiertes Symbol, weil Leid statt Erfüllung über diese Brücke kam. In den Jahrhunderten nach ihrer Überquerung finden wir eine Geschichte, die von seiner Blutspur gekennzeichnet ist. Die Felszeichnungen zeigen, daß die ersten Eingeborenen Nordamerikas keineswegs zaghaft, aber sanft auftraten. Sie wandelten in Schönheit, wie die Navaho sagen.

Und ihre Welt war eher rhythmisch als begrifflich. Ihre Kunst war weder privat noch exklusiv; sie war ein Akt des Seins, des Lebens, des Begehens der Erde in Schönheit – eine schlichte rituelle Funktion, die, ob als Wort, Zeichen oder Tat ausgedrückt, die einzigartige Tugend besaß, allem Anschein nach unschuldig zu sein, unbelastet, rein, ganz und gar persönlich und stammesbezogen.

In der Erzähltradition der eingeborenen Amerikaner, dem vielleicht schönsten und wesentlichsten Element ihrer Stammeskunst, heißt es oft, daß jedes gesprochene Wort heilig ist. Sprache ist zyklisch; sie entspringt und mündet in einen Bereich jenseits des Menschen, der aber durch den Zauber der Worte auf der menschlichen Ebene real wird. Der Geschichtenerzähler wird sein eigener Zuhörer, der nicht nur seine Worte hört, sondern auf der Suche nach dem richtigen Ausdruck oder Gedanken auch mit der Seele lauscht. Ein guter Geschichtenerzähler hört mit den Ohren und mit dem Herzen.

13

Wir leben heute in einer Zeit, in der viele von uns – Indianer genauso wie Angehörige anderer Rassen – diesen heiligen stimmlichen Ausdruck des menschlichen Herzens wiederbeleben möchten; wir wollen ihn aufzeichnen, weitergeben und pflegen, damit das Wort wieder für das redlich gesprochene Zeugnis des gelebten Lebens steht, für die erzählte Geschichte, den besiegelten Bund.

Bei der Arbeit mit Texten der amerikanischen Ureinwohner, der nicht wörtlichen, sondern kulturellen Übersetzung, habe ich mich häufig gefragt, wie das Wort *Übersetzer* genau zu definieren sei. Im Lateinischen bedeutet es wörtlich »einer, der hinüberträgt«, der eine Kommunikationslücke überbrückt, der im übertragenen Sinn Fährdienst leistet. Um die hier vorliegenden Texte zu übersetzen, habe ich mir viele hundert Geschichten aus allen Teilen dieses Landes angehört und unzählige Dokumente, Reden und Erzählungen aus der Zeit der Jahrhundertwende vom 19. zum 20. Jahrhundert gelesen. Einiges davon habe ich jahrelang mit mir herumgetragen, während anderes gleich danach drängte, niedergeschrieben zu werden.

Meine Mutter sammelte einige der hier vorgestellten Geschichten, als sie in den dreißiger Jahren durch den Westen reiste. Manche Legenden aus jüngster Zeit lernte ich durch indianische Freunde vorwiegend im Südwesten kennen, wo ich während der vergangenen zwanzig Jahre gelebt habe.

Rund siebzig Geschichten dieser Art (einschließlich der in den Geschichten enthaltenen Geschichten) werden in »Großvater, erzähl mir, wie die Welt begann« erzählt von Geschichtenerzählern so unterschiedlicher Stämme wie der Creek, Navaho, Tsimshian, Choctaw, Irokesen, Pascagoula, Lakota, Blackfeet, Tewa, Tiwa und Towa Pueblo, Hopi und Zuni, Apachen, Crow, Roanoke, Chesapeake, Powhatan und Seminolen. Die

14

Erzähler sind Tiere, Gottheiten und Menschen. Und immer wieder haben meine indianischen Freunde betont, daß es früher einmal zwischen all diesen Wesen keinen Unterschied gab. Sie kamen gemeinsam aus der Erde und aus dem Himmel; sie lebten zusammen und waren nicht getrennt; sie alle nahmen teil am ersten Atemzug des Lebens.

Im Laufe der Zeit entdeckte ich eine immer deutlichere Ähnlichkeit in den Geschichten meiner Sammlung. Es kommt mir vor, als hätten sie eine einzige Stimme angenommen – die Stimme eines universalen Bewußtseins. »Großvater, erzähl mir, wie die Welt begann« ist ein Buch der Anfänge, der Veränderungen, ein Mythengesang aus der Zeit, als die Welt jung war. Die Spannung erwächst aus der phantasievollen Suche nach dem Platz des Menschen in der alten Kosmogonie. Es ist die zeremonielle Geschichte der Erde, der natürlichen Mutter aller irdischen Wesen - ein großes Drama in kleinen Akten.

Die Szenen spielen auf der *terra cognita*, der Schildkröteninsel. Hunderte von Stammesmythen sind miteinander verwoben durch Protagonisten, die allen Stämmen vertraut sind wie der Trickster, der Häuptling, der Krieger, der Schamane, der Liebende. Die Genealogie der Götter kann unterschiedlich sein, aber die Elemente, die sie darstellen – Erde, Feuer, Luft und Wasser –, bleiben konstant. Wie sich diese Kräfte mit den sterblichen Wesen vermischen, ist die mythische Geschichte der Menschheit. Die personifizierten Mächte – ob griechisch, römisch oder indianisch – handeln als Vermittler; Liebe, Haß und Vergebung bestimmen ihr Leben. Die Menschheitsgeschichte ist durchdrungen von Blut, Feuer und Wahnsinn, aber am Ende ruht sie in Harmonie; die ungleichen Kräfte werden besänftigt durch Lieder, Tänze und Gebete.

Die mythische Welt des indianischen Amerika hat eine höchste Gottheit; »Erdenmacher« und »Großes Geheimnis« sind Synonyme für den Namen Gott. Neben ihm gibt es Erster Mann, Erste Frau, Erstes Tiervolk, Erstes Volk auf der Erde. Jeder Indianerstamm hat in irgendeiner Form eine Legende von der Großen Flut und einem übernatürlichen Wesen, das die Veränderungen herbeiführte. Gewöhnlich ist es Alter Mann Kojote. Als der Kanubauer, Feuerbringer und Geber des Tabaks ist Alter Mann Kojote der universale Schöpfer, Zerstörer und Erneuerer. Er ist Teufel und Messias, und durch ihn lernen wir unter anderem, warum die Welt so ist, wie sie ist – ein Ort ungewöhnlicher, ungleich verteilter und häufig mißbrauchter Dinge. Zum Ausgleich kommt es, wie die Mythen auf traurige Weise zeigen, durch göttliches Eingreifen und menschliche Interaktion mit den Göttern. Beides zusammen hebt die Welt auf eine vierte Daseinsebene, auf der wir jetzt leben. Vielleicht fragen Sie jetzt: Was ist die Matrix, der Mörtel, der diese unvereinbaren Teile, die vielen Stimmen zusammenhält? Die Antwort finden wir vielleicht in einem Onondaga-Mythos, in dem es heißt, daß »vermutlich alle Dinge, die hier auf der Erde anwesend sind, ihre Gestalt verändern oder wechseln«. Doch die fundamentalen Lebensformen der indianischen Mythologie sind die Alten, die Großvatergeister jeder irdischen Ganzheit; dieses Konzept verkörpert das Wort *tunkashila*. Deshalb hat jeder Berg einen älteren Berg, auf den er hinweist; von jedem Stein kann man sagen, daß er von einem älteren Gebirge stammt.

In der Irokesen-Legende heißt es: »Winter ist der Alte Mann der Wälder, der in den kältesten Nächten mit seiner Kriegskeule an die Bäume pocht. Frühling ist der Junge Mann der Wälder mit dem Gesicht voller Sonne. Diese beiden Alten leben gemeinsam in zwei verschiedenen Welten, aber sie wechseln sich ab. Der eine geht, wenn der andere kommt, und beide teilen sich dieselbe irdische Wohnung, die großen Wälder.«

Das Gefühl, verschiedene gottähnliche Eigenschaften gemeinsam zu besitzen, hält die vielen Stimmen des Großvatergeistes zusammen. Sie machen uns heute schmerzlicher denn je bewußt, daß es schwerer ist, die Welt zu erhalten, als zu erschaffen.

Die Geschichten wandern durch die Schleier der mythischen Zeit, während ein Erzähler nach dem anderen seine Version der Schöpfung erzählt. Die Geschichten vom Ursprung enden, wenn die Kriegermythen beginnen und von Krieg und Feinschaft berichtet wird zwischen Mensch und Tier, Mann und Frau, von Kämpfen Mann gegen Mann, Mensch gegen Geist und Mensch gegen Monstrum. Diese apokryphen Erzählungen zeigen, daß der menschliche Verstand völllig versagt hat, wenn es darum ging, die Konsequenzen von Krieg zu begreifen. Mein Navaho-Freund Jay DeGroat hat einmal gesagt: »Die Tage des Kriegführens und Plünderns auf der Seite der Navaho waren für uns wie die Tage der Finsternis; dort lag unser tragischer Fehler. Mein Vater sagte, daß es einen großen Häuptling gegeben hat, der dies wußte und der gewarnt hat; aber das Volk hat nicht auf ihn gehört. Deshalb sind wir als unabhängiges Volk untergegangen…« Rückblickend waren viele Stämme der gleichen Meinung. Black Elk sagte es auf der Höhe seiner Weisheit am Ende seines Lebens; Wowoka, der die Katastrophe voraussah und um das Paradies auf Erden betete, wünschte nichts anderes als Frieden.

Das Buch schließt mit dem Erscheinen des weißen Mannes, der das Leben der eingeborenen Amerikaner für immer verändert. Das Leben endet tragisch, während die »nicht mehr grünende« Erde zur Kulisse der

Kriege zwischen Eingeborenen und weißen Eindringlingen wird. Und wie es nun einmal ist, werden die alten Zeiten gerade dann in Geschichten und Liedern gepriesen, wenn sie von den neuen schon fast verdrängt sind. Wir sehen ein düsteres, wirbelndes Chaos von blutigen Schlachtfeldern ausgehen, und das Volk spricht davon, wie es von seinen Göttern verlassen wurde und deshalb zugrunde geht.

In den letzten Erzählungen vermischen sich mehrere Mythen der Jahrhundertwende: die Erscheinung eines Messias, eines Mannes mit blutenden Handflächen, eine indianische Version der Jesuslegende. Und es gibt mehrere Versionen der Legende von »weißer Bruder, weiße Schwester«, die bei den Hopi *Pahana* heißt und in der zwei Rassen, Weiße und Rote, in Frieden zu einer einzigen zusammenfinden.

Die indianischen Propheten Sitting Bull, Wowoka und Black Elk treten in den letzten Kapiteln des Buches auf. Diese Boten der Götter scheinen uns sagen zu wollen, daß die Welt ein einziges Ganzes ist, wenn wir sie nur so sehen wollen, wenn wir unsere Waffen niederlegen und wieder lernen, Brüder und Schwestern zu sein. Obwohl sie am Ende wußten, daß die alte Weltordnung verschwinden würde, beteten sie, das Licht des zukünftigen Zeitalters des Glücks und Friedens zu sehen. In »Das Gebet von Black Elk« sagt der prophetische Häuptling: »Großer Erdenmacher, erbarme dich deiner zweibeinigen Kinder, denn wir haben viel gelitten und werden wieder leiden... Ich weiß in meinem Herzen, daß sich der Himmel und alles darunter, die Erde und ihre Lebewesen, verändern und daß auch wir als ein Teil des großen Schöpfungskreises Veränderung hinnehmen müssen. Wir sind nicht nur Fleisch und Blut, sondern wie das Vogelvolk auch beschwingte Geister, die genauso zur Wolkenwelt und darüber hinaus reisen können, wie ich es viele Male getan habe… Gib uns deine heilige Sicht, o Großvater.«

Damit endet der große Traum, den Black Elk »einen schönen Traum« nannte. Und so endet auch das Buch der Anfänge – die Großväter des Lebens wurden zum Mythos.

Tesuque, Neumexiko   GERALD HAUSMAN

Teil eins
Schöpfungsmythen

BUCH I

Die Schöpfung

Der Erdenmacher stellt die runde Erde
in den Mittelpunkt des Universums

Ich erzähle euch jetzt die Geschichte von Veränderungen, von Dingen und Wesen, sterblichen und unsterblichen, aus denen diese Welt besteht, und wie die Welt selbst entstanden ist. Ich messe meine Worte an denen der Götter. Ich ehre die Erde, unsere Mutter; die Sonne, unseren Vater; ihre Kinder und alle heiligen Völker, die die Welt bilden.

Das Lied, das ich singe, ist die Geschichte der Schöpfung, der Bericht von Ereignissen, die sich zugetragen haben vom Anfang der Welt bis in unsere Tage. Lange bevor sich der gefurchte Pfad aus dem Nordland wölbte, aus dem die Menschen auf Schlitten kamen, bevor es den Beinling aus Hirschfell gab, die Silberschnecke, den Türkis; bevor sich der männliche und weibliche Mais in langen Reihen unter der Sonne neigte; vor Kaurischnecke und Muschelperlenschnur, Berglied, Glückslied, Nachtlied, Morgenlied; vor dem zweibeinigen Volk, dem Tiervolk, dem Insektenvolk, als alle Lebewesen auf eine Weise nur mit ihren Stimmen sprachen und Worte unnötig waren; lange bevor die Silben des Lieds entstanden, das diese Geschichte erzählte – weit jenseits allen Erinnerns, Denkens und Wollens beginnt es.

Bevor es das Meer gab, den Himmel oder die Erde... war die Natur gestaltlos, und dieses sogenannte Chaos, das sich in die vier Richtungen des Universums erstreckte, war unermeßlich groß. Es war eine so große Leere, daß sie kein sterbliches Wesen erfassen könnte. Aber es wird berichtet, daß der Große Macher eins war mit der Weite des Universums; er war ein Teil davon, wie es kein Sterblicher je sein könnte oder zu sein wünschen würde.

Es gab nur die Leere, den wirbelnden Raum und den Gedanken des Machers – sonst nichts. Aus dem Gedanken und dem Herzen des Großen Machers entstand ein Klumpen Erde, so sagen sie. Er wurde aus seinem Wesen erschaffen und auf vier Hirschhautriemen gelegt, die ihm das Muster der künftigen Dinge vorgaben. Und so legte der Erdenmacher die runde Erde in den Mittelpunkt des Universums, den Ort, an dem er, und nur er allein, wohnen konnte.

Als dies getan war, bedachte er, was war und was noch sein sollte.

Es gab noch kein Meer am Rand eines Ufers, keine bekömmliche Luft zum Atmen; weder Sonne, Mond noch Sterne. Es gab nur die mit den Lederriemen des Machers an den vier Ecken des Universums festgemachte Erde. Aber sie sagen, daß schon diese formlose Erde eine wundervolle Idee in sich trug und daß der Macher den grauen Nebel der ersten Anfänge aus sich hervorholte und mit seinem Atem wärmte, bis er Feuer fing. Dann blies er in den flammenden Nebel, der sich zu einer Feuerwand ausbreitete und sich wie eine Hülle um die Erde legte.

Danach, so sagen sie, folgte heftiger Regen, der sich in Tümpeln sammelte und das große Meer wurde, der Ozean, der einen Sammelplatz in der Leere bildete und sie füllte, so daß die Erde jetzt etwas hatte, das sie umgab und festhielt. Dann löste der Macher die fesselnden Riemen und ließ die Erde frei. Er sah, daß seine Schöpfung im leeren Raum bestehen blieb.

Nun kam es zu einem Kampf der Kräfte – Wärme und Licht gegen Kälte und Dunkelheit; das Nasse stritt mit dem Trockenen, das Weiche mit dem Harten. Ein wildes, wirbelndes Durcheinander tobte über die Erde, ein Sturm roher Gewalten und schädlicher Dinge. Die Erde und das große Meer lagen nicht im Frieden miteinander. Deshalb griff der Macher noch einmal in sich hinein und holte die ersten heiligen Samen hervor – das heilige Volk, einen Sternenstamm –, legte sie in eine Wolke seines warmen, dunstigen Atems und bat sie, nicht zu leuchten, sondern nur zu glühen, bis sie die Erde besser kennen würden; denn sie waren der wichtigste Teil seines Plans – die ersten atmenden Götter.

Dann legte er drei Samen in das große Meer: Biber, der Baumeister; Schildkröte, die Mutter; Wasserkäfer, der Schwimmer. Sie waren die ersten Personen. Zwei waren Wächter von Wasser und Erde und einer nur Wächter des Wassers. Sobald die Samen das Wasser berührten, wuchsen sie in ihr Dasein und wußten, was Leben bedeutet.

Doch statt nun die Welt wie einen Tontopf zu formen und mit eigenen Mustern zu ritzen, zog sich der Große Macher zurück, nachdem er die Schöpfung bedacht, ins Dasein gerufen, gewärmt und mit Samen befruchtet hatte, damit sich die Dinge nach ihrem eigenen Willen und eigenem Antrieb entwickeln konnten. Die Zeit verging, und die Samen des Machers – Sternvolk und Wasservolk, himmlische und irdische Wesen – erwachten aus ihrem traumlosen Traum und lebten.

Zeit ist das Gras, das aus der Ewigkeit wächst. Und das Gras der Zeit wuchs, und während des Wachsens und Werdens legte sich Ruhe über die Schöpfung. Das

Sternvolk lebte in dieser Ruhe und lernte aus ihr. Einmal schlief eine Sternfrau, die den ersten, im Nebel des Machers gepflanzten Sternbaum bewachen sollte, in dieser grastiefen Ruhe ein; sie vergaß den Baum und ließ ihn sterben. Als der Häuptling des Sternvolks den Sternbaum tot und die Wächterin schlafend fand, riß er den heiligen Baum mit den Wurzeln aus, so daß ein großes Loch in der Wolkendecke entstand, die die Erde des Sternvolks war. Durch diesen ersten heiligen Riß im Schöpfungsfeld warf der Sternhäuptling zuerst den Sternbaum und dann die träumende Wächterin, die im Fallen erwachte.

Als sie über dem großen Meer durch den Himmel trudelte, blickte Schildkröte, die Wassermutter, auf und sah sie. Schildkröte sagte rasch Wasserkäfer, was geschah, und Wasserkäfer tauchte auf den Grund des Meeres, schaufelte mit seinen Händen Schlamm nach oben und drückte ihn auf dem Rücken der Schildkröte fest. Biber eilte herbei und half mit. Aus dem Schlamm auf Schildkrötes Rücken entstand eine hübsche kleine Insel, während die Wächterin des Sternbaums und der heilige Baum durch den Raum und den leeren Himmel fielen.

Die Insel wuchs und wuchs und wurde Turtle Island, die Schildkröteninsel, das Land, auf dem wir jetzt leben. Als die Wächterin und ihr Baum landeten, bewahrte die Insel sie vor dem Ertrinken. Ein Zweig des anscheinend abgestorbenen heiligen Baums begann in der fruchtbaren Erde des Meeresgrunds wieder zu treiben; und jetzt sorgte die Wächterin für den Sternbaum, als wäre er ihr eigenes Kind. Der Baum wuchs und gedieh; seine Wurzeln drangen tief in die Schildkröteninsel. Und auf diese Weise, so erzählt man sich, wurde die Welt geboren.

Die vier Welten

Wie die ersten Welten gefunden werden
und die Menschen, die darin lebten,
auch das Böse entdecken

Zu Beginn gab es ein grünes, gutes Zeitalter, eine Zeit
der Schönheit und des freien Willens. Es bedurfte keines
Gesetzes und keiner Strafe. Furcht und Angst waren
unbekannt, weil unsere helle Welt noch nicht gemacht,
noch nicht gesegnet war. Die Wesen der Schöpfung, das
Heilige Volk, suchten in der Dunkelheit Wege und
Möglichkeiten, um in göttlicher Harmonie mit allem
Leben zu bestehen. Das erste Volk bildeten Kojote, der
Schwindler; Truthahn, der Samenpflanzer; Dachs, der
Gräber; Biber, der Baumeister; Wasserkäfer, der
Schwimmer, und Ameise, die Arbeiterin.

Diese erste Welt war dunkelrot. Es gab weder Sonne,
Mond noch Sterne, und das Volk ging bedrückt unter
einer blutdunklen Wolke umher. Doch schließlich suchten und fanden sie ein Loch in den Wolken am östlichen
Himmel, durch das sie in die zweite Welt gelangten,
über der eine dunkelblaue Gewitterwolke hing. In dieser Wolkenwelt flackerte blaues knisterndes Licht. Und
hier entdeckten sie, daß sie Gefühle hatten; aber während sie sich in die Schatten des zuckenden blauen Lich-
tes duckten, überkam sie eine düstere Stimmung und
eine Unruhe, die sie weitereilen ließ, und im Süden fanden sie wieder ein Loch in den Wolken.

Die nächste Wolkenwelt war rauchgelb, und während
die Ersten Leute furchtsam durch die senffarbenen Ne-
belschleier wanderten, beschlich sie ein merkwürdiger
Wahnsinn. Mißtrauen und Wahnsinn schadeten der
dritten Welt. Kojote, der Trickster, wollte mächtig sein.
Er stahl die Kinder von Wasserungeheuer und lief mit

27

ihnen davon. Und Wasserungeheuer entfesselte eine Flut.

Auf der Suche nach höherem Grund wanderte das Erste Volk nach Westen. Sie sagten zu Kojote, er solle die Kinder von Wasserungeheuer zurückgeben, was er auch tat, und dies versetzte das Volk in die vierte und endgültige Welt. Diese vierte Welt war heller und wärmer als die früheren, und das Volk nannte sie Ort der Morgendämmerung, weil der Himmel farblos war wie bei Morgengrauen. Es gab jedoch keinen Sonnenschein, wie wir ihn kennen, und die Ersten Leute kämpften noch immer mit ihren Gefühlen und suchten nach Möglichkeiten, sie auszudrücken. Es war schwierig und seltsam, und sie waren schwierige und seltsame Wesen.

Großmutter Ameise führte sie an eine Furt an einer Stelle, wo sich zwei Flüsse trafen, und hier schlug das Volk sein erstes Lager auf. Doch es gab Streit zwischen ihnen. Großmutter Ameise riet den Männern und Frauen, getrennte Lager zu machen. Aber nach einer Weile wurden die Frauen mager, ihre Ernten mißrieten, und sie konnten kein Wild finden. Sie fühlten sich verlassen von den Männern, die auf der anderen Seite des Flusses reichlich Wild und gute Ernten hatten. Sie sehnten sich nach ihnen, und so versuchten sie, sich in der Einsamkeit ihrer Hütten selbst zu befriedigen mit einem Stück Rinde, einem Stein oder einem Kaktus. Bald darauf wurden die Frauen schwanger, und so kamen die ersten Ungeheuer ihrer Art auf die Welt.

Es würde zu lange dauern, wollte man erzählen, wie weit verbreitet dieses Übel war, aber die Geschichte vom Fleisch gewordenen Bösen, vom tückischen Gestaltenwechsler entstand in jener Zeit. Erster Mann sah ihn und versuchte ihn aufzuhalten, indem er sagte: »Ich schaffe Gutes mit meiner rechten Hand, Böses mit meiner linken Hand. Ich bin voller Bosheit, doch es gibt eine Zeit, sie zu gebrauchen, und eine Zeit, sie zurückzuhalten. Welche gedankenlose Person würde das Böse zu ihrem eigenen Vorteil und nicht zum Vorteil des Volkes anwenden?« Diese Frage ist nie beantwortet worden. Aber, wie ihr sehen werdet, Erster Mann tat sein Bestes, um die Geschichte zu erzählen.

Die Geschichte vom Gestaltwechsler

Von der Finsternis,
die dem Gestaltwechsler innewohnt,
und wie Erster Mann Böses zum Guten wendet

Ich war es, Erster Mann, über den sich der Gestaltwechsler am meisten ärgerte, denn ich war der Führer, zu dem das Volk aufblickte. Ich erkannte von Anfang an sein unstetes Wesen, sein Bedürfnis, immer wieder anders zu erscheinen. Wenn ihr mich fragt, wie er ausgesehen hat – ich könnte es kaum sagen, denn er änderte seine Gestalt so oft wie die Luft ihre Richtung. Einmal sah er aus wie Wolf, der Wanderer; ein andermal wie Bussard, der Windwanderer. Wo sein Gesicht sein sollte, war Dunkelheit, und seine Augen waren glühende Stacheln, die funkelten, wenn er zornig wurde. Aber meistens sah ich gar nichts von ihm, denn er verging wie Rauch.

Einmal sah ich ihn schräg vor unserem Lager aus dem Kiefernwald kommen, wo ihn eine Ameisenperson barsch anredete. Viele Ameisenleute, rote, gelbe, braune und schwarze, saßen dort um das wärmende Feuer. Und er fiel wütend über sie her, trennte Köpfe von Hälsen, zertrümmerte Schädel; er schnitt ihnen die Kehle durch und warf ihre ausgerissenen Beine umher wie abgebrochene Stecken.

29

Und als ich ihn anrief, sah ich nicht mehr von ihm als seine spitzen Ohren, die in der Nacht verschwanden. Er konnte zornig werden, der Gestaltwechsler, das versichere ich euch. Als er dann zu der Furt kam, wo die Frauen und Männer getrennte Lager errichtet hatten, trat er in Gestalt seines Freundes Kojote auf und schlief mit jeder Frau, die ihm gefiel. Manchmal gesellte sich Kojote dazu, und dann schliefen sie gemeinsam mit derselben Frau, als teilten sie sich einen Braten.

Ihr fragt vielleicht, warum ich – da ich doch der Verantwortliche war – den Tunichtgut nicht gefangen und verjagt habe. Doch dann frage ich euch: Wie würdet ihr einen Schatten, ein bißchen Flaum, ein Staubflöckchen verjagen? Manchmal, aber ganz selten, nahm er auch die Gestalt eines Mannes an. Aber gewöhnlich hatte er Wolfsohren, spitze rote Augen und ein langes dunkles Maul mit gefährlichen Zähnen.

Er hatte Gewalt über die meisten Leute, und ich verlor meine Macht an ihn. Die anderen fürchteten seine Wutausbrüche, seine wahnsinnigen Angriffe, und wenn sie sich wehren wollten, war er nicht da, denn er hatte sich bereits in etwas Neues verwandelt: in eine Windböe, einen Grasbüschel, einen Eiskristall.

Dann brachte eine Frau einen Riesen zur Welt. Er ähnelte dem Kaktus, mit dem sie in der Nacht geschlafen hatte, doch das Ding wuchs zu ungeheurer Größe heran. In vierzehn Tagen war es größer als jeder Baum – knittrig grün, mit einem schrumpligen Gesicht, häßlich behaart mit unzähligen Stacheln und hornigen Füßen. Und wenn Riesenkaktus blutete, was nicht häufig vorkam, drang aus seiner Wunde speichelfarbenes Blut, das giftig war, wenn man es berührte. Seine tiefliegenden Augen hatten keine Pupillen, nur weiße Kreise in einer fettigen Schicht aus dunkelgrüner leichenähnlicher Haut.

Doch als ich zum ersten Mal sah, wie Riesenkaktus unser Lager zerstörte, und daran dachte, woher er kam, fiel mir die einzige Person ein, die vielleicht imstande war, dieses gewalttätige Ding zu bezwingen, und die sich, wenn sie ihren Willen vom Bösen zum Guten wendete, doch noch als unser wertvollster Freund erweisen könnte. Ich dachte natürlich an Gestaltwechsler. Als sich Riesenkaktus wieder aufmachte, um neues Unheil anzurichten, sah ich beim abgelegenen Lagerfeuer von Gestaltwechsler nach und fand ihn in Gestalt eines Mistkäfers auf einem versteinerten Dunghaufen sitzen. Als er sah, daß ich ihn nicht beachtete, verwandelte er sich in einen Tümpel aus stockendem Blut, der vor meinen Füßen blubberte.

»Hör zu, Gestaltwechsler«, sagte ich, »es ist mir gleich, welche Gestalt du hast. Du sollst dir nur anhören, was ich zu sagen habe.«

Darauf verwandelte er sich in ein großes behaartes Ohr, das frei im Raum schlenkerte, und ich nahm an, daß er mir zuhörte.

»Also gut«, sagte ich. »Ich will dich um einen Gefallen bitten, und vielleicht können wir einen Waffenstillstand schließen. Ich habe erfahren, daß ihr, du und Kojote, sehr ärgerlich wart über etwas, das ich getan habe.«

Das Pelzohr verwandelte sich jäh in einen Raubtierrachen mit grauen Zähnen. Die behaarten Lippen lächelten liebenswürdig.

»Wenn ich richtig vermute, hat Kojote Unheil über uns gebracht, weil ich ihm einen Namen gegeben habe, der ihm nicht gefällt. Deshalb werde ich seinen Namen ändern und ihn künftig Erster Zorniger nennen. Ich habe ihn auch für die Niederkunft der Frauen und die Herbeiführung des Regens verantwortlich gemacht. Beides gefällt ihm sehr; deshalb hat er versprochen, sich von nun an anständig zu benehmen. Und nun zu dir,

Gestaltwechsler. Du bist kein Witzbold, sondern einer, der Böses tun kann. Doch im Vergleich zu Riesenkaktus bist du eine tugendhafte Person, ein Freund aller.«

Die grinsenden Fänge verflogen im Nachtwind und plötzlich stand die zweibeinige Person, die er einmal war, vor mir – ein mittelgroßer Mann mit schulterlangem, gut gefettetem Haar und einem wohlgeformten Körper. Er trug einen Lendenschurz aus Hirschhaut; sein Oberkörper war nackt.

Ich ließ ihn nicht merken, daß ich eine Veränderung in seiner Erscheinung wahrgenommen hatte, sondern sprach einfach weiter.

»Ich mache dir folgendes Angebot, Gestaltwechsler: Ich möchte, daß du Riesenkaktus und alle anderen Ungeheuer tötest, die sich im Land herumtreiben. Wenn du das tun willst, mache ich dich zum Hüter des Wilds, und es wird deine Aufgabe sein, über das für uns lebensnotwendige Wild zu wachen.«

Mehr brauchte ich nicht zu sagen, denn der Mann, der er einst war, reckte sich und sagte: »Betrachte es als erledigt. Ich werde Hüter des Wilds sein!«

»Erst mußt du Riesenkaktus töten«, erinnerte ich ihn.

Er versprach es und tat wirklich sein Bestes, um den Unhold zu bändigen. Weil Riesenkaktus nicht sehen konnte, was ihn scheinbar von allen Seiten gleichzeitig angriff, endete er als eine häßliche Lache brodelnden Schleims. Ganz besiegen konnte ihn Gestaltwechsler aber nicht. Riesenkaktus kam immer wieder; aus dem besudelten Sand wuchs er als neues buckliges Stachelwesen hervor. Damals begriff ich, daß dieses Ungeheuer vielleicht immer bei uns sein würde, denn das, was es darstellte, ein unnatürlich empfangenes Kind, war der Ursprung der bösen Tat. Und auch die Frauen verstanden dies und besserten sich, so daß Großmutter Ameise eines Tages zu mir sagte, ich solle die Frauen mit den Männern zusammenbringen. Es war ihr Wunsch, daß sie wie eins zusammenlebten. Ich tat, was sie verlangte, und brachte auf diese Weise Harmonie in unser Leben, obwohl die Monstren der Unbesonnenheit weiterhin das Land bedrohten. Zumindest war Gestaltwechsler nicht länger unser Feind; er war unser Beschützer geworden.

Die Versammlung der Götter
Bei der die Götter über die Erde beraten, und wie Vater Sonne eine Katastrophe herbeiführt, um mit den schlechten Gewohnheiten ein für allemal Schluß zu machen

Nun schien die Welt noch im funkelnden Tau der Geburt ständig in Gefahr, zerstört zu werden. Das Böse war etwas, das man nicht loswerden konnte, das immer wiederkam, um sich ins Leben der Leute zu schleichen. Das Böse schien Böses zu erzeugen. Und obwohl Kojote etwas gezähmt war und Gestaltwechsler Gutes tat, verbreiteten die Kaktusriesen (es gab viele davon, nicht nur einige wenige), die Steinriesen, die Grauen und die Weißen Riesen Unheil im Land. Wenn sie starben, blieb der Gestank ihrer Leichen, und das Land wurde verunstaltet von dem vergossenen Blut, das sich überall, wo es floß, schwarz und bläulich verfärbte und die Ödländer schuf, die noch heute zu sehen sind.

Deshalb versammelte sich das Heilige Volk, das über die Erde wachte, auf dem höchsten Berg, der damals »Berg-Inmitten-Von-Bewegung« hieß. Sie sprachen über diese Dinge, und Mutter Erde sagte: »Ich habe das Ameisenvolk am Kämpfen gehindert; aber sie tun es weiterhin; es macht ihnen Spaß.«

Großer Donner sagte: »Sie werden sich nicht zähmen lassen. Kämpfen ist ihre Art.«

Mutter Erde erwiderte: »Die schlimmsten von ihnen sind verbrannt. Die Übriggebliebenen sind gut. Sie wollen nur ihre Wohnungen bauen.«

»Seht euch das Land an!« jammerte Blauer Wind. »Ja«, fiel Kleiner Regenbogen ein, »überall schwarze Brandflecken. Nichts kann wachsen.«

»Laßt der Erde Zeit. Sie wird wieder grünen«, versprach Mutter Erde.

Vater Sonne hörte sich an, was das Heilige Volk sagte, aber seine Aufgabe war es, sich etwas auszudenken, um die gute Welt des Erdenmachers zu schützen. Welche Regeln, fragte er sich, könnten in diesem gespaltenen Land Ordnung schaffen? Was konnte er tun, damit die bösen Riesen aufhörten, alles, was gut war, zu zerstören? Er dachte gründlich darüber nach und kam zu dem Schluß, daß die Erde nur dann vor dem Unheil, das durch das schlechte Benehmen der Leute über sie gebracht wurde, zu schützen war, wenn er eine schreckliche Katastrophe herbeiführte, die mit den schlechten Gewohnheiten ein für allemal Schluß machen würde.

Er wandte sich an das Windvolk, die dunkelblauen Götter, und trug ihnen auf, ohne Unterlaß zu blasen. Er sprach mit dem Wolkenvolk, damit es sich tief über das Land legte und die Riesen in Nebelketten und Dunstschleier wickelte. Wassermonster befahl er, die Schleusen seiner großen Wasserhöhle zu öffnen und das Land zu überschwemmen, damit das Volk ertrank und die Erde gesäubert würde. Er legte seine mit Feuer geladenen Blitzstäbe beiseite; er hielt es für besser, die Welt mit einer Wasserflut zu ertränken.

Die Flut

Wie Kleiner Gefleckter Frosch die große Flut
prophezeit und wie der namens Lauscher sich und
die Menschenwelt rettet, weil er zuhört

In der Höhle von Wassermonster hoben sich die steinernen Schleusentore. Die Winde rauschten schaurig über
das Land, kämmten das Haar der Bäume, lösten die
Erdkrume und wirbelten pfeifende Staubteufel in die
Luft. Südwind raste mit blauer Rache durch den Himmel; Nordwind brüllte schwarzen Atem in die Canyons; Westwinds gelbes Lied schrillte die Klippen entlang; und der frostweiße Ostwind knickte den Mais und
rändelte ihn mit Rauhreif. Dann kehrten die Windleute
zu den Höhlen der vier Richtungen zurück und sangen
die Lieder von den kommenden Dingen. Die Steinschleusen von Wassermonster blieben geöffnet und lie
ßen das Wasser strömen.

Das Erdenvolk aber machte weiter wie zuvor. Es rappelte sich auf und tat, was es immer getan hatte. Wer
fischte, ging zum Fischen; wer jagte, ging auf die Jagd;
wer pflanzte, bestellte die geschundene Erde. Eines Tages saßen zwei Fischerleute an einem Lagerfeuer am
Rand eines großen Sumpfes; es war die Gegend, wo
Wassermonster lebte. Weit und breit erstreckte sich das
Reich von Wassermonster, ein dunkles, nasses, von kleinen zappelnden Dingen bebendes Moor.

Wassermonster war eine Hexe. Sie war eine glitschige,
aufgedunsene Alte, die ihre Haut mit Schleim ölte. Tagsüber machte sie Wasserzauber, und nachts schlief sie in
einer feuchten, sabbernden Höhle. Doch während sie
schlief, kroch ihr beinloses Volk – geflochtene Schlangen und bärtige Fische – an Land und führte ihre Befehle aus. Sie verstreuten die Nachkommen der bevor-

stehenden Flut. Auch die Froschleute arbeiteten für sie. Sie sangen die ganze Nacht vom Untergang und riefen Gewitterwolken, die einen mörderischen Regen bringen sollten.

Nur Kleiner Gefleckter Frosch sang nicht mit den anderen. Ihm tat die Welt irgendwie leid. Seine Stimme war aus dem Gequake deutlich herauszuhören, und sie klang hoffnungsvoll, denn sie sagte den Erdenleuten, wie sie sich auf das Kommende vorbereiten konnten.

Die zwei Fischerleute am Rand des Sumpfs hießen Ehrt-Sich-Selbst und Lauscher. Sie saßen vor einem kleinen Sauerholzfeuer, dem einzigen freundlichen Ding in diesem grauenhaften Sumpf. »Ich kann Frösche nicht leiden«, sagte Ehrt-Sich-Selbst zu Lauscher und blickte finster in die moosfeuchte Nacht, aus der über dem traurigen Chor der Frösche ein hoher Pfeifton schrillte.

»Ich möchte wissen, warum er so hohe Töne singt«, sagte Lauscher und verließ das warme Feuer. Zwischen den Wasserlilien fand er Kleiner Gefleckter Frosch. Er brachte ihn zum Lagerfeuer und fragte ihn: »Sag, Kleiner, warum singst du so hoch in einer solchen Nacht?«

Kleiner Gefleckter Frosch antwortete: »Ich weissage die Zukunft.« Aber schon stand Ehrt-Sich-Selbst auf, packte Kleiner Gefleckter Frosch am Genick und warf ihn ins Feuer.

»Das war gemein«, sagte Lauscher, griff in die Glut und half Kleiner Gefleckter Frosch aus dem Gewirr der Flammenblüten. Er setzte ihn auf den Stamm, auf dem sie jetzt zu dritt saßen. Aber Ehrt-Sich-Selbst packte Kleiner Frosch sofort wieder, diesmal von vorn an der Kehle, und schleuderte ihn in die Flammen. Und wieder wurde er von Lauscher gerettet. Viermal wurde Kleiner Gefleckter Frosch ins Feuer geworfen und wieder herausgeholt; doch die Flammenzungen ließen seine Haut nicht schrumpfen, weil ihn Mutter Erde mit Flecken beschmiert hatte, die nicht brannten.

Als er zum vierten Mal aus dem Feuer kam, sprach er offen mit Lauscher. »Meine Weissagung ist wahr. Das Wasser wird kommen und das Land überschwemmen. Bereitet euch vor.«

Ehrt-Sich-Selbst grinste höhnisch, kehrte ins Dorf zurück und dachte nicht mehr an die Worte von Kleiner Gefleckter Frosch. Aber Lauscher blieb im Sumpf und redete jede Nacht mit Kleiner Gefleckter Frosch, der ihm alles sagte, was er wußte. »Wie soll ich mich vorbereiten?« fragte Lauscher.

»Das Wasser wird das Land bedecken«, sagte Kleiner Gefleckter Frosch. »Du mußt ein starkes Floß bauen und es mit Hickoryschnur an der höchsten Sumpfeiche festmachen. Wenn das Wasser kommt, wirst du in den Himmel steigen, aber die Schnur wird das Floß halten, damit du nicht in die Ewigkeit treibst.«

Lauscher hörte auf Kleiner Gefleckter Frosch und begann mit den Vorbereitungen für den Bau eines Floßes. Wenn Ehrt-Sich-Selbst vorüberkam, machte er sich über Lauschers Arbeit lustig und verspottete ihn. »Lauscher hat keinen Verstand«, sagte er zu seinen Freunden im Dorf, und alle lachten.

Als das Holzfloß fertig war, kam Kleiner Gefleckter Frosch, um es sich anzusehen. »Stopfe Grasbüschel zwischen die Ritzen der Stämme«, sagte er, »damit das Bibervolk nicht die ganze Rinde abnagt.« Lauscher befolgte auch diesen Rat, und später, als das Floß fix und fertig zu sein schien und das Tau geflochten und an der Sumpfeiche befestigt war, fand Kleiner Gefleckter Frosch, daß die Arbeit gut war. Dann sagte er zu Lauscher: »Das Wasser wird bald kommen; jetzt mußt du aus Schlamm und Steinen eine Feuerstelle bauen und achtgeben, daß das Feuer nicht ausgeht.« Lauscher tat auch das, und bald schon schoben sich die langen schwarzen Sumpffinger auf das Land hinaus.

Der Sumpf schwoll, füllte die Flußbetten, bis das schwarze Wasser über die Ufer trat und immer mehr trockenes Land unter Wasser setzte. Das Wasser stieg und überschwemmte alles bis auf das am höchsten gelegene Land. Und es stieg weiter und kam bis zum Dorf, wo es die Hütten unter einer Schlammflut begrub. Aber die Leute gaben sich zufrieden, solange sie auf den Dächern ihrer Hütten sitzen und fischen konnten. Sie erlegten Wasservögel und aßen sie roh, und sie machten sich keine Gedanken wegen des steigenden Wassers. Schließlich, als das Wasser die Dächer ihrer Hütten überspülte, versuchten sie, zu höhergelegenem Land zu schwimmen, aber es war keines mehr da. Das Land ertrank im tiefsten Wasser, das die Welt je gesehen hatte; und auch die Leute ertranken, die nicht hören wollten und auf ihrer Unkenntnis beharrten. Lauscher aber saß auf seinem Floß. Das Vogelvolk, das sich an den Baumwipfeln festhielt, fragte ihn, wie hoch das Wasser steigen würde. Er antwortete, er wisse es nicht.

Die Flut stieg, bis alles von Wasser bedeckt war bis auf die Himmelskuppel, an der sich ein heller Lichtbogen wölbte. Hier ankerte Lauschers Floß und tanzte auf der raschen Strömung von einer Seite zur anderen. In der dunklen Tiefe zwischen den stillen Säulen der Hikkorys und Eichen schwammen Fische; in den leblosen Maisfeldern hausten die buckligen Aale; Alligatoren mit schwerfälligen Schwänzen rissen Dachgiebel nieder; schnauzbärtige Seekühe glitten über die mit goldenen Maisähren gefüllten Speicher.

Und während die Flut stieg und stieg, entdeckte das kluge Vogelvolk, daß es sich mit den Krallen am Himmelsgerüst festhalten konnte. Die Schwanzfedern der Vogelleute tauchten in die große Flut, und in der Nässe verlief das Muster ihres Gefieders. Der Schwanz von Bussard wurde braun getüpfelt mit weißen Streifen; der von Kardinal rot bis an die Spitze; der von Truthahn rundum Gischt und Schaum. Als ihre Schwanzfedern getrocknet waren, behielten die Vogelleute diese verlaufene Schwanzmusterung bis auf den heutigen Tag, zur Erinnerung an die große Flut. Das Wasser aber leckte durch ein winziges Loch in der Erde und begann langsam zu sinken. Dann tauchte Kleiner Gefleckter Frosch neben Lauschers Floß auf und sagte ihm, daß die Erde Blasen werfen und kochen würde, bevor sie wieder fest wurde. »Bleib vier Tage auf dem Floß, nachdem das Wasser abgeflossen ist«, riet er Lauscher. Dann sprang er ins Wasser und schwamm davon.

Als nun das Wasser zurückging, war die Erde naß und schlammig, und die einzigen Leute darauf waren das Vogelvolk und Lauscher. Nach vier Tagen begann Lauscher, sich nach anderen Leuten umzusehen, aber er fand keine. Während er durch den dunklen Matsch der neuen Welt stapfte, sah er, daß seine Fußspuren die ersten waren, und plötzlich überkam ihn eine große trostlose Einsamkeit, denn er dachte, daß die Flut alles hinweggerafft hatte oder beinahe alles und daß die, die das Wasser zufällig verschont hatte, verhungern würden.

Lauscher und Moskitofrau

Von Lauscher, dem letzten Menschen auf der Erde,
und seiner Heirat mit Moskitofrau,
die Kinder in die neue Welt bringt

Lauscher betrachtete die unbewohnte, wüste Erde. So weit er sehen konnte, hatten sich die Bäume unter der drückenden Last des Wassers geneigt. Die einst grünen Hügel lagen unter einer harten Schicht aus braunem

Schlamm. Wo sich früher die Ebene breitete, lag jetzt der glänzende Spiegel eines riesigen Binnensees. Sogar die wolkendurchstoßenden Berggipfel waren vom Sumpfgras behangen, und das Sumpfwasser stürzte in Bächen von den Hängen.

Als Lauscher all diese Verlassenheit und Leere sah und nichts als Stille hörte, ließ er sich auf einem umgestürzten Baum nieder und vergrub das Gesicht in den Händen, um nichts mehr sehen zu müssen. Doch während er sich die Augen zuhielt, drang ein hoher, winselnder Ton an sein Ohr, der von überall und nirgends herzukommen schien. Lauscher konnte deshalb nicht sagen, was das Geräusch verursachte, und weil er schon genug Sorgen hatte, dachte er nicht länger darüber nach.

In jener ersten Nacht in der neuen Welt entzündete Lauscher ein Feuer. Er hockte sich davor und blickte in die Flammen, als könnten sie ihn von der schrecklichen Leere, die ihn umgab, erlösen. Jenseits des tröstlichen Feuers, in den Pfützen und Tümpeln auf der Ebene, glitzerten die Sterne. Die Nacht war unermeßlich, ohne Anfang und Ende; und Lauscher, im Herzen dieser Unendlichkeit, fühlte eine immer größere innere Leere. Dann vernahm er die Stimme von Kleiner Gefleckter Frosch, der plötzlich vor ihm erschien.

»Die Welt ist nicht die, die ich gekannt habe«, sagte Lauscher zu seinem einzigen Freund. Er blickte über die sternhelle Ebene zu den schlammverkrusteten Bäumen. »Mach dir keine Sorgen«, sagte Kleiner Gefleckter Frosch. »Bald wird jemand kommen. Du wirst nicht lang allein sein.«

»Es ist niemand für mich übriggeblieben«, entgegnete Lauscher mürrisch.

»Jemand wird kommen«, sagte Kleiner Gefleckter Frosch noch einmal, und dann schwamm er davon in die große Nacht des sternfunkelnden Wassers. Bald nachdem er gegangen war, hörte Lauscher erneut das Gesumm, das ihn schon tagsüber belästigt hatte. Es winselte und quengelte näher und lauter. »Wer ist da?« rief er, aber er erhielt keine Antwort außer dem ständigen Summen und Sirren in seinem Ohr.

»O du mein Ehemann«, sang das Geräusch.

»Wo bist du?« fragte Lauscher.

»Hier«, wimmerte es.

Dann fühlte er eine leichte Berührung auf dem Arm. Im ersterbenden Licht der Flammen sah Lauscher eine Insektenperson mit einer sehr langen Nase, mageren O-Beinen und großen Flügeln.

»Du bist meine Frau?« fragte er voller Zweifel.

»Früher einmal«, entgegnete die Insektenperson, »war ich genau wie du, aber die Flut hat alles verändert. Jetzt bin ich Moskitofrau, eine Insektenperson, die es immerzu nach Blut gelüstet.«

»Warum sagst du, du seist meine Frau?«

»Weil ich dein Blut geschmeckt und großes Verlangen danach habe.«

Lauscher wünschte sich eigentlich keine Moskitofrau. Er hielt Moskitos für unnütz und lästig, aber andererseits brauchte er dringend Gesellschaft. Trotzdem fragte er sich, warum er jetzt, nachdem er so viel hinter sich gebracht hatte, ausgerechnet bei einer Frau landen sollte, die ihm endlos um die Ohren schwirren und, wenn er schlief, sein Blut trinken würde. Doch seine Einsamkeit gemahnte ihn, daß er viel zu allein war. In diesem Augenblick wurde sein Herz rund vor Kummer, und er fand, daß eine Moskitofrau vielleicht besser war als gar keine. »Also gut«, sagte er, »wenn du so hungrig bist, kannst du etwas von meinem Blut haben.«

In jener Nacht trank sich Moskitofrau ordentlich satt. Aber Lauscher hatte nichts zu essen und legte sich hungrig schlafen. Sie schlief leise sirrend in der inneren Falte seiner Ohrmuschel, während die Sterne über den Himmel wanderten. Lauscher unternahm den törichten Versuch zu schlafen, aber das Geräusch in seinem Ohr hielt ihn wach, und er hatte wegen seines Namens keine andere Wahl, als zu lauschen. »Frau, kannst du nicht endlich still sein?« flehte er.

»Nur, wenn du mich tötest«, wimmerte sie.

Am Morgen jedoch kochte sie ihm sein Frühstück, eine große Forelle, die sie mit ihrer Nase geangelt hatte. Lauscher war davon sehr angetan. Obwohl er nicht geschlafen hatte, bekam er jetzt wenigstens etwas zu essen; und vielleicht, dachte er, konnte ihm seine Frau ja auch auf andere Weise gefällig sein.

Am Morgen des zweiten Tages bekam Lauscher wieder eine schöne fette Forelle vorgesetzt, die seine Frau mit ihrer langen Nase gefangen hatte. Er aß mit großem Appetit, und nachdem er gegessen hatte, fühlte er sich gesättigt. Aber später, als er seine Frau bat, ihm das Haar zu flechten, sah er in einer Wasserlache sein Spiegelbild. »Frau«, sagte er, »kann es sein, daß ich das bin? Ich sehe so blaß und schwach aus.«

»Du bist es, Mann«, sagte sie und fuhr fort zu flechten.

Am Morgen des vierten Tages, den Lauscher und Moskitofrau wie Mann und Frau zusammenlebten, erhielt er seine übliche Fischmahlzeit, und er aß, als wäre er halb verhungert. Er nagte die Gräten ab und aß auch die Fischaugen und den Fischkopf. Als die Frau im Licht des frühen Morgens sein Haar flocht, betrachtete er wieder sein Spiegelbild in einer Pfütze. Doch was er sah, schien nicht mehr er zu sein, sondern nur noch eine ausgezehrte, gebrechliche Wiedergabe dessen, was er einmal gewesen war. »Frau«, sagte Lauscher besorgt, »irgend etwas stimmt nicht mit mir.«

»Fühlst du dich krank, Mann?«

Lauscher kippte vornüber auf die Knie. Seine Augen flatterten wie im Schlaf oder als wäre er in Trance, doch sein Verstand war klar, und er sah, daß rings um ihn alles glühte. Ohne sich zu rühren, schaute er zu, wie seine Frau ihre lange Nase ins Wasser steckte und einen weiteren Fisch für ihn fing. Das Wasser bewegte sich und begann zu brodeln. Ein riesiger Fisch brach durch die Oberfläche, schnappte und verschlang Moskitofrau mit einem Haps.

Obwohl Lauscher sehr geschwächt war, weil seine Frau so viel Blut von ihm getrunken hatte, nahm er seine restliche Kraft zusammen und kroch an den Rand des Wassers. Dort sah er die große Forelle, die seine Frau gefressen hatte. Die Forelle stand still im ruhigen Wasser, ein riesiger silberner Fisch, der in hellen Regenbogenfarben leuchtete. Seine Hand schnellte vor. Er packte die Forelle bei den Kiemen und warf sie auf das schlammige Ufer, wo sie zappelnd um ihr Leben kämpfte. »Fisch«, sagte Lauscher wütend, »du hast mir meine Frau genommen, deshalb muß ich dir dein Leben nehmen –«

»Nein«, japste der Fisch. »Mann, siehst du denn nicht? Ich bin es, deine Frau!«

Und während Lauscher verblüfft innehielt, verwandelte sich die Silberforelle vor seinen Augen in eine schimmernde Frau, schöner als alles, was er je gesehen hatte. Ihre Haut war weich wie mit Apfelblütenstaub gepudert; ihr Haar fiel herab wie frischer Regen. Er sah sie an und fühlte, wie die schreckliche Schwäche aus seinen Gliedern wich. Er richtete sich auf und rieb sich die Augen. »Das ist ein Traum«, murmelte er. »Das kann nicht wahr sein.«

»Doch, Mann«, sagte sie, »es ist wahr, und ich gehöre dir, solange das Gras wachsen wird.«

Das ist die Geschichte, wie Lauscher, der letzte Mensch auf der Erde, eine Mücke heiratete, die von einer Forelle gefressen wurde und verwandelt als schöne zweibeinige Frau die erste Frau wurde, die in der neuen Welt Kinder gebar.

Vater Sonne und Mutter Erde

Wie Vater Sonne bei Mutter Erde liegt
und wie ihre Kinder Rechtshändige Sonne
und Mondwasserjunge in die Welt kommen

Vater Sonne hatte Mutter Erde vom Haus der Sonne aus beobachtet. Er teilte die Wolken vor seiner Tür und sah das Flutwasser, das rund um sie brodelte und eine weiße Schaumkrone um ihren Kopf legte. Was tut sie da unten? fragte er sich. Aber ihm gefiel der Anblick ihres nackten Körpers – ihre glänzenden Schultern, das lange, schimmernde, fließende Haar, die Rundung ihrer Bakken, wenn sie sich bückte. Spielte sie nackt in der Flut, fragte er sich, oder wusch sie nur ihr Haar?

Er warf eine blaue Decke auf sein türkisfarbenes Pferd und ritt aus den Wolken hervor. Ein Sonnenstrahl diente ihm als Halfter, ein Regenbogen als Zügel. Blaues Licht lag auf seinem Gesicht, als er vom Himmel niederstieg, und ein strahlender Sonnenpollenkranz umgab ihn und sein türkisblaues Pferd.

Mutter Erde hob den Kopf aus dem Wasser, in dem sie ihr Haar wusch, das ihr bis zu den Knien reichte, und sah ihn dort auf seinem Pferd und die brennende, goldene Luft in seinem Gefolge.

Ah, dachte er, sie ist noch schöner geworden. Er dachte an einen reifen Pfirsich.

Sie legte die Hand über die Augen, um sie vor seinem gleißenden Blick zu schützen, und bedeckte scheu ihre

Brüste mit ihrem langen schwarzen Haar. Mit einer anmutigen Bewegung stieg er vom Pferd. Vier Sonnenhunde bewachten das türkisblaue Reittier, und in einiger Entfernung hielten vier farbige Bären Wache: ein blauer Bär des Südens, ein pechschwarzer des Nordens, ein korallenroter des Westens und ein perlweißer des Ostens.

»Was willst du von mir?« fragte Mutter Erde und strich glättend über ihren Umhang aus blauschwarzem Haar.

Eine ganze Weile erfreute er sich still am Anblick ihrer Schönheit.

»Es ist diese Zeit«, sagte er schließlich.

Obwohl sie von den glänzenden Flechten ihres Haares bedeckt war, wurde sie durch seine Worte entblößt. Sie machten sie nackt vor seinen Augen. Dann schwand jede Entfernung zwischen ihnen. Er warf eine mittaghelle Decke aus blauem Feuer auf das Gras, und sie ging hin und wartete dort auf ihn.

Er trat neben sie und sprach leise zu ihr.

»Die Flut hat das Land gereinigt«, sagte er traurig, »und doch war sie dem Volk keine Lehre. Ich weiß, daß du einige in deinem Berg versteckt hast; und ich weiß auch, daß die Frauen sich immer noch auf unnatürliche Weise befriedigen.«

»Das ist wahr«, sagte Mutter Erde. »Was willst du tun?«

»Dasselbe wollte ich dich fragen.«

In der Ferne, weit weg von jener mittagstillen Decke leuchtete das Goldtopas der Feuerseen. Über das Land der Laubwaldhügel und Riedgraswiesen huschten die Riesenschatten von Teufelsvögeln. Und noch weiter, in der flimmernden Ferne, torkelten die grotesken Gestalten der Steinriesen mit geschulterten Äxten und seitlich geneigten Köpfen und rülpsten frech gegen den Himmel.

»Schon wieder Vogelungeheuer und Steinriesen«, klagte Mutter Erde. »Ich dachte, wenn ich vielleicht nur wenige Frauen retten würde...«

»Diese Landplage ist die Frucht der bösen Tat«, sagte er düster.

Er betrachtete die Steinriesen und dachte, daß sie genauso groß und häßlich waren wie das Vergehen der Frauen. »Wir können nur eines tun. Ich werde bei dir liegen und dir meinen Samen geben. Es ist Zeit.«

Sie stimmte ihm zu, und er kam zu ihr. Sie öffnete sich ihm – seine blaue Haut berührte ihre braune, und sie trafen sich in ihrer beider Mitte, entzückt von der Befriedigung, die sie einander schenkten. Die Welt des Himmels zeugte mit der Welt der Erde. Und als sie gemeinsam den Gipfel ihrer Freude erreichten, erschienen vier wachsame Regenbogenleute über ihnen und schlugen einen Nebelbogen, der eine Verbindung herstellte zwischen den beiden Welten.

Nach vier Stunden war sie schwanger; nach vier weiteren Stunden war sie am Wasser und wusch sich, und er ging ihr nach in der Überfülle seiner Lust. Er fing sie auf, als sie unter ihm nachgab; sie balgten sich und scherzten im Wasser, und dann nahm er sie wieder am Uferrand und liebte sie heiß und begierig. In den Sand gepreßt, stieß sie kleine Schreie aus und nahm ihn auf, so tief er gehen wollte.

Er sammelte seine Kraft und vergrößerte sie mit der ihren, und wieder erschien über ihnen das über die Welten von Feuer, Wasser, Luft und Erde jagende Regenbogenvolk.

Nach vier weiteren Stunden trug sie Zwillinge, die vier Tage danach geboren wurden auf dem heiligen Berg, den sie Berg-Inmitten-Von-Bewegung nannten.

»Ich nenne unsere Kinder die Zwillingsbrüder des Lichts«, erklärte Vater Sonne, und Mutter Erde war vollkommen einverstanden, denn sie hatte die Zwillinge leicht geboren und liebte ihren Mann.

»Der erste Junge soll Rechtshändige Sonne heißen, denn er wurde in der Sonne, die die Erde liebkost, empfangen, als ich zum ersten Mal von der rechten Seite zu dir kam.«

»Und wie werden wir den zweiten Sohn nennen?«

»Der zweite soll Mondwasserjunge heißen, weil er im Wasser, das vom Mond angezogen wird, empfangen wurde, als ich beim zweiten Mal von der linken Seite zu dir kam.«

Dann sagte Mutter Erde: »Und weil ich zu deinem Schwarzbärenwächter des Nordens blickte, soll Rechtshändige Sonne die Kraft des Nordens in sich tragen. Er wird kühn und stark sein, der Kriegersohn, der die Steinriesen töten wird und all die anderen Ungeheuer, die im Land umherschweifen. Dieser Sohn soll dem Volk dauerhaften Frieden bringen.«

Vater Sonne lächelte erfreut. Er war stolz, einen Sohn gezeugt zu haben, der einmal so groß werden sollte. Als er jetzt das ferne Donnern der Äxte hörte, mit denen die Steinriesen auf die Berge schlugen, wußte er, daß die Tage der Ungeheuer gezählt waren.

»Und was ist mit Mondwasserjunge?« fragte Vater Sonne. Er war nicht sicher, ob er auf diesen Sohn auch so stolz sein würde.

»Weil ich bei seiner Empfängnis zum blauen Bären des Südens blickte, soll Mondwasserjunge die sanfte Gewalt des Südens in sich tragen. Er wird von links, von der Seite des Herzens, ausgehen, und seine Stimme und sein Wesen werden sanft und freundlich sein. Er wird voller Lob sein für alle lebenden Dinge und seinen kühnen Bruder lehren, maßvoller zu sein.«

»Es ist gut«, sagte Vater Sonne, »einer wird Krieger, der andere Seher.« Er stieg auf sein türkisfarbenes Pferd, das sich bäumte und mit feurigen blauen Hufen schlug. Als sich die Sonnenhunde und Bärenwächter neben dem großen Pferd versammelt hatten, ergriff Vater Sonne die Zügel; er berührte sie nur, und schon flog das Pferd in den Himmel zu den Gewitterwolken, dem Vordereingang vom Haus der Sonne.

BUCH 2

Die Geschichte vom Sohn der Sonne

Wie Rechtshändige Sonne seinen Vater im Haus
der Sonne besucht und wie die Hungersnot auf der
Erde beendet wird

Das Haus der Sonne stand auf der Schulter einer Gewitterwolke hoch oben am Himmel; es war mit weißem
Feuer gemörtelt und überdacht von Schollen gleißenden Lichts. Die Helligkeit, die hier herrschte, war nicht
für menschliche Augen bestimmt. Das Haus der Sonne
lag jenseits menschlicher Träume. Doch den Sohn der
Sonne, der Rechtshändige Sonne hieß, hinderte dies
nicht, vom Unerreichbaren zu träumen.

Durch seine wirren Träume geisterten flüchtige Erscheinungen: prächtige Vögel, graue Steinriesen, der sagenhafte Eingang zum Haus seines Vaters. Er sah im Traum die vier Türen, die in das Haus führten – die leuchtendblaue Tür des Windes, die nachtschwarze Tür des Bären, die mit goldenen Bolzen befestigte Tür des Blitzes und die vom Morgen geweißte der Schlange. Von diesen Türen, von denen niemand weiß, ob es sie wirklich gibt, träumte der Junge müßige Träume, doch er ging nie durch die magischen Portale und hörte nie die himmlische Stimme seines Vaters. Er sah nur die Pracht der gewaltigen geschnitzten Türen, die seine Augen vor dem heiligen, grellen Leuchten darin beschützten.

Die Jahre waren vergangen und die Knaben zu jungen Männern herangewachsen. Keiner der beiden hatte je seinen Vater gesehen, obwohl ihnen die Mutter oft Geschichten über Vater Sonne erzählte. Rechtshändige Sonne träumte jede Nacht von ihm. Eines Tages erzählte ihm seine Mutter, wie Vater Sonne ausgegangen war, um seine ältere Schwester zu suchen. Ihr Name war Nachtsonne. Sie hatte sich in der großen Straße der Sterne verlaufen und fand nicht mehr heim; deshalb begab sich Vater Sonne auf die Suche nach ihr. Er begegnete dem Skorpion, dessen spitzer Diamantenstachel auf sein Herz zielte; er bog ihn nach oben, damit er nicht auf die Erde gerichtet war.

Während Vater Sonne seine Schwester in den Wasserfällen der Sterne suchte, sah er den Großen Bären, der einmal vor langer Zeit von Menschen auf der Erde gehetzt worden war. Von Pfeilen durchbohrt, war er in den Himmel geflüchtet und zum Sternenbär geworden, den wir am Nachthimmel sehen. Alljährlich im Herbst tropft sein Blut auf die Bäume und färbt sie rot, golden und braun.

Schließlich entdeckte Vater Sonne seine verirrte und von ihrem langen Weg völlig erschöpfte Schwester. Sie war in die Sternwüsten gegangen und beinahe verhungert. Sie war so mager, daß er gelobte, sie wieder zu Kräften zu bringen, und nun mästet er sie jeden Monat, bis sie dick und rund ist. Aber dann sieht sie sich an und ist so überrascht, daß sie wieder davonläuft; und er muß ihr wieder nachgehen und sie suchen.

So wiederholt sich dieser Kreislauf bis zum heutigen Tag: das Wachsen und Schwinden der Nachtsonne, unseres Mondes.

Rechtshändige Sonne liebte diese Geschichten über seinen Vater, weil sie seine Träume nährten; und seine Träume waren adlergleich in ihrem gewaltigen Hunger. Es heißt, daß früher oder später alle Dinge zu denen kommen, die träumen, aber nicht zu denen, die keine Träume haben, die in der von keinem Wunsch erhellten Dunkelheit dahinleben. Und so fand Rechtshändige Sonne eines Tages zufällig eine Leiter, die in den Himmel führte. Er stieg hinauf, bis über die letzte Sprosse hinaus in die leere Weite der blauen Kuppel; dann hing er dort wie eine Libelle und wußte nicht, was er als nächstes tun sollte.

Vater Bussard kam vorüber, neigte einen rotschultrigen Flügel und umkreiste ihn. »Du bist zu unserer Art stets gut gewesen«, sagte er. »Nimm eine von meinen Federn und sieh, wo sie dich hinträgt.« Also nahm Rechtshändige Sonne eine der dunkelroten Schwungfedern des Bussards, und sie trug ihn über den Himmel, der sich in helles Eis verwandelte. Seine Füße glitten über das eisige Blau, und seine Fersen schlugen frostige Funken in seinem Gefolge.

So überquerte er den gefrorenen Mittagssee und gelangte zu einer zerklüfteten Felswand, die sich bis zu den höchsten Gewitterwolken erhob. Er klammerte sich an die Felsen und kletterte Hand über Hand hinauf. Nach einiger Zeit kam er zu einem unüberwindlichen überhängenden Felssturz. Rechtshändige Sonne beschloß, hier, an den unerbittlichen Felsen geklammert, die Nacht zu verbringen.

Als der Morgen graute, fiel sein gefrorener Atem wie Schneeflocken auf sein Hemd. Er sah nichts, denn er war schneeblind geworden; seine Hände krallten sich an den Fels; seine Zunge betete um Erlösung. Da kam Südwind und befahl einen Sturm. »Du hast dem Windvolk artig gehuldigt«, sagte der Südwind zu dem Jungen. »Halte dich an meinem Hemdzipfel fest. Ich werde dich auf die Felswand ziehen.« Und er tat es. Die Fransen seines Windschweifs schlugen dem Jungen ins Gesicht, und seine Stimme schrillte in der wirbelnden Luft, daß die Steine aus den Fugen brachen und ein monatelang anhaltender Steinregen auf die Erde prasselte.

Südwind setzte Rechtshändige Sonne, der immer noch die Feder von Vater Bussard in der Hand hielt, bei den vier Türen des Sonnenhauses ab. Nun stand der Junge dort, die Augen zu Schlitzen verengt, zuerst wegen der Kälte und dann wegen des gleißenden Mittagslichtes, das ihm von den Türen aus blankem, metallisch glänzendem Licht entgegenschlug. Von diesem Augenblick hatte er seit seiner Kindheit geträumt. Nun war er hier, am Altar der Türen, an der Schwelle seines Vaterhauses. Er zitterte erbärmlich vor Angst und Aufregung. Was sollte er tun, jetzt, nachdem er hier war? Zweifel füllten sein Herz; er tat sich schrecklich leid und weinte.

Dann sah er einen kleinen Wurm, der sich krümmte und wand und auf die großen Türen der Sonne zukroch. »Wo willst du hin, Kleiner?« fragte er.

»Die Sonne hat mich eingeladen«, antwortete Kleiner Wurm.

»Was? Dich?« sagte Rechtshändige Sonne ungläubig.

Kleiner Wurm unterbrach seinen mühsamen Kriechgang und sah zu seinem Gesprächspartner auf. »Ich sage mir immer, sei nirgends bescheidener als beim Eigenlob«, erwiderte Kleiner Wurm. »Aber ich sage auch: Unterschätze nie deinen Wert. Was du vor dir siehst, ist ein gewöhnlicher Wurm, und du denkst: Was hat so einer vor dem stolzen Haus der Sonne verloren? Aber ich werde in diesem erhabenen Haus erwartet, ja sogar herbeigesehnt. Siehst du, ich bin es, der dem Hufschlag von Vater Sonnes Pferd seinen Zauber verleiht. Ja, ich, der kleine, niedrige, krumme Wurm.«

Rechtshändige Sonne schaute Kleiner Wurm verblüfft an.

»Vetter, sag mir, wie machst du das?«

Er antwortete: »Wenn die rechte Jahreszeit gekommen ist, gehe ich zu dem Berg Wo-Der-Feuerstein-Aufbewahrt-Wird, sammle alle heiligen Feuersteine, bringe sie hierher und fülle damit die Hufe von Vater Sonnes Pferd. Dann kann es über die Edelsteinpfade der Nacht galoppieren, ohne auszugleiten.

»Vetter, wie kannst du so etwas bewerkstelligen? Du bräuchtest ewig, um bis zum Berg Wo-Der-Feuerstein-Aufbewahrt-Wird zu kriechen.«

»Du schaust aus deinen Augen, aber du siehst fast nichts«, sagte Kleiner Wurm tadelnd.

Rechtshändige Sonne nickte. »Du hast recht. Ich kann nicht sehen.«

»Schau noch einmal«, sagte Kleiner Wurm.

Rechtshändige Sonne blickte durch die Schlitze seiner Augen. Was er sah, war ein schöner Schmetterling, der auf Blumenflügeln in der Luft tanzte. »Denke daran, daß einer nicht immer das ist, als was er erscheint«, rief Kleiner Wurm. Und dann öffnete sich die Tür des Windes und Schmetterling schwebte, bezaubernd schön in einem weichen Baumwollkleid, durch das blaue Portal, das sich hinter ihm schloß.

Rechtshändige Sonne stand allein und halb blind vor den flimmernden Türen. Vor der Tür der Schlange versuchte er, sich an das Wort für Große Schlange zu erinnern; aber es fiel ihm nicht ein, und so blieb das gewaltige Tor geschlossen. An der Tür des Bären suchte er in seinem Gedächtnis nach dem Wort für Bärhüter, aber er hatte es vergessen, und die Tür blieb zu. Genauso erging es ihm an der Tür des Blitzes, wo er um das Wort für *zickzack* rang, aber es wollte nicht kommen. Als er wieder vor der Tür des Windes stand, erinnerte er sich, daß es Südwind war, der ihn heraufgetragen hatte, und er sang das Windlied mit allen Lobesworten, die er für den Wind kannte. Wie durch Zauberhand öffnete sich die Tür des Windes, und er wurde durch den Eingang in die große Halle des Sonnenhauses geweht. Die Halle war mit blättrigen Sonnenschuppen geschmückt; Sonnenstäubchen schimmerten an den Wänden aus Glimmerschiefer und auf dem gemusterten Boden aus glänzenden sonnengebrannten Ziegeln.

»Wer kommt da?« sprach eine hallende Stimme, die die üppig mit Schnitzereien verzierte Balkendecke dröhnen und beben ließ.

Obwohl Rechtshändige Sonne die Stimme seines Vaters noch nie gehört hatte, wußte er, daß dies sein Vater war, der zu ihm sprach. »Ich bin es«, antwortete er, »dein Sohn.« Der Tag war inzwischen vergangen; deshalb hielt sich Vater Sonne, in schwarzes Licht gehüllt, im Saal der Dunkelheit auf. »Komm her, damit ich sehen kann, ob du wirklich mein Sohn bist«, befahl die Stimme, und Rechtshändige Sonne gehorchte und ging aus der mit Sonnenlicht vergoldeten Haupthalle in den verdunkelten Saal.

»Was fehlt deinen Augen?« fragte Vater Sonne.

»Ich bin sonnenblind«, sagte der Junge.

»Du wirst bald wieder sehen können. Ich habe die

Sonne in meinem Medizinbeutel in den Ostflügel des Hauses gehängt. Hier ist es bereits Nacht. Die Dunkelheit wird dir guttun.«

Vater Sonne ging um den Jungen herum und betrachtete ihn mit seinem Auge. Wie er aussieht, dachte er, könnte er mein Sohn sein. Aber ich finde, er ist zu schüchtern. Ich werde den Mut des Jungen prüfen; so werde ich wissen, ob er tapfer oder furchtsam veranlagt ist.

Ohne Warnung schleuderte Vater Sonne einen schwarzen Blitz gegen den Kopf des Jungen, aber als Krieger fühlte ihn Rechtshändige Sonne kommen und duckte sich. Der schwarze Blitz schlug hinter ihm ein und ließ eine geschlängelte Rauchsäule aufsteigen.

»Gut gemacht«, sagte Vater Sonne und schoß einen safrangelben Blitz, der am Ohr des Jungen vorbeizischte; dann sandte er einen türkisfarbenen, der knisterte, und schließlich einen korallenroten mitten auf die Brust, der Rechtshändige Sonne zu Boden warf. Doch er blieb unverletzt, weil er die heilige Feder von Vater Bussard über dem Herzen trug, die den gefährlichen Blitz auf den, der ihn geschleudert hatte, zurückwarf. Vater Sonne pfiff, als der Blitz schräg an seinem Ohr vorbeisauste.

Rechtshändige Sonne richtete sich auf. »Wenn du mich prüfen oder strafen willst – ich bin bereit für deinen nächsten Angriff«, sagte er. »Aber ich sage dir, daß ich es bin, Rechtshändige Sonne, dein eigener Sohn, der zu dir spricht.«

»Du scheinst tatsächlich mein Sohn zu sein«, sagte Vater Sonne, aber er war noch nicht überzeugt.

Ich muß seinen Verstand prüfen, nicht nur seinen Körper, dachte er, während er den Jungen umkreiste. Wenn er der ist, für den ich ihn halte, werde ich ihn wie ein Vater willkommen heißen.

»Wer hat die Stimme von sprechender Gott gestohlen?« fragte Vater Sonne.

»Den sie Erster Zorniger nannten.«

»Und wer ist der mit dem schlechten Namen, der später einen guten Namen erhielt?«

»Die Person, von der du sprichst, hieß zuerst Gestaltwechsler. Aber nachdem sie Gutes tat, nannte man sie Hüter des Wildes.«

»Und welchen Namen bevorzugt diese Person jetzt?«

»Den zweiten.«

»Kommst du von rechts oder von links?«

»Ich komme von rechts; mein Bruder kommt von links.«

»Und aus welchem Grund?«

»Das weiß ich nicht. Es ist unsere Natur.«

Vater Sonne schwieg eine ganze Weile. Rechtshändige Sonne hörte, wie sich die Füße seines Vaters leicht und rhythmisch über den Boden bewegten. Dann fühlte er plötzlich eine kräftige Hand auf der Schulter. »Du hast bewiesen, daß du mein Sohn bist. Willkommen im Haus der Sonne.«

Vater Sonne nahm den Jungen bei der Hand und führte ihn durch viele Türen und viele Gänge zum rückwärtigen Portal der Nacht, das in einen großen dunklen Hof führte. Aus dem Medizinbeutel an seinem Hals nahm er einen winzigen Adlerflaum und strich damit viermal über die Augen seines Sohnes. Der Junge zwinkerte und konnte wieder klar sehen.

»Was ist in dem Hof des Nordens?« fragte Vater Sonne.

Rechtshändige Sonne sah das Pferd, das sein Vater nur bei Nacht ritt. Eine schwarze Strahlenmähne fiel auf den langen, schlanken Hals; das schöne Fell schimmerte von Silberglanz.

»Das ist Nachtweg«, sagte Vater Sonne.

»Darf ich ihn reiten, Vater?«

»Was du verlangst, mein Sohn, ist gefährlich. Du bittest um Macht, für die du nicht stark und nicht alt genug bist. Du wünschst dir, das gewaltigste aller Rösser zu reiten. Ich selbst fürchte mich manchmal, wenn ich auf seinem breiten Rücken reite und die Erde so weit unter mir sehe. Nachtweg wird wirbeln wie die Sternnebel, und wenn er den Kopf wirft, regnet es Sterne wie Klumpen von Silber und Gold. Er kann schneller laufen als ein Komet. Er könnte über den Schweif einer Sternschnuppe springen und sich die Hufe auf dem Widerrist des großen Stiers brechen, der mit gesenkten Hörnern darauf lauert, ihn aufzuspießen. Vielleicht bekommt er Lust, neben dem boshaften Skorpion zu tanzen, oder er muß mit einer raschen Bewegung der Tatze des blutbefleckten Bären ausweichen. Aber ich verspreche dir, er galoppiert unermüdlich, selbst wenn Höllenqualm aus seinen Nüstern dringt und seine steinigen Hufe auf dem oberen Kreis der zur Erde führenden Regenbogenbrücke zu Asche werden. Sieh dich vor, mein Sohn. Ich will dir nicht den Tod schenken. Ich bange um dich, denn ich bin dein Vater.«

Er hatte seine Warnung gesprochen, aber der übereifrige Sohn, der sich schon auf dem Fabelroß seines Vaters großartig zur Erde reiten sah, achtete nicht darauf. Und so legte Vater Sonne mit ernster Miene die Strahlenzügel in die aufgeregten Hände des Sohnes. Er streichelte Nachtwegs seidigen Hals. »Bring ihn zur Erde«, flüsterte er ihm ins Ohr. »Bring ihn durch den Norden und durch die Nacht zum Morgendämmerungsland der Erde.«

Das letzte, was der Junge zu seinem Vater sagte, betraf die Dürre, die der Flut auf der Erde gefolgt war. »Alles Wild ist gestorben«, sagte er. »Es gibt nirgends mehr Nahrung.«

Vater Sonne sagte: »Die Tiere werden von den Riesen und den anderen Ungeheuern getötet; diese mußt du selbst töten. Die Nahrung, die ich jetzt gebe, wird den Menschen helfen. Aber du mußt zur Erde zurückgelangen, um ihnen zu sagen, daß ich ihnen Nahrung gegeben habe.«

Vater Sonne öffnete das Hoftor an der Ostseite des Sonnenhauses. Rechtshändige Sonne hörte ein dumpfes Grollen, und plötzlich strömten aus dem Ostportal wie ein gewaltiger Fluß alle die Tiere, die von den Steinriesen und Ungeheuern getötet worden waren. Es waren ihre Geister, eine Herde schattenhafter Gestalten – Hirsche, Bisons, Gabelböcke, Schafe –, ein stürzender Strom aus Hufen und Hörnern, Köpfen und Schwänzen, der sich über den Rand der Felswand in den Himmel ergoß.

»Also, es ist getan«, sagte Vater Sonne. »Ihr werdet Nahrung haben, du und dein Volk, um zu leben. Und nun sieh zu, daß du es bis zur Erde schaffst.« Er berührte Nachtwegs Flanke, und das große Pferd sprang mit einem Satz in den gestirnten Abgrund.

Rechtshändige Sonne blieb keine Zeit, um seinem Vater zum Abschied zu winken, denn Nachtweg biß auf die aus Meteoren geschmiedete Trense und zog den hilflosen Jungen auf seinen stoßenden Hinterkopf. Die Zügel glitten dem Jungen aus der Hand, und während er auf die eine Seite des mächtigen Pferdehalses rutschte, verlor er jegliche Herrschaft über das Tier. Nun konnte Nachtweg ungehindert dahinjagen; im Takt der klirrenden Hufe galoppierte er in weiten Sätzen über das mondhelle Pflaster der Sterne. Ausgelassen und wie toll raste das Pferd über den mitternächtlichen Himmel. Glühende Rauchwolken stoben aus seinen Nüstern, und der Schweif blitzte, während er durch das Sterngras pflügte und die Feuersteinhufe das samtschwarze Geläuf zerrissen.

Mittlerweile waren sie weit vom Haus der Sonne entfernt. Verzweifelt versuchte der Junge, die strömenden Strahlenzügel zu fassen. Wenn ich sie in die Hand bekäme, dachte er, wäre vielleicht noch nicht alles verloren.

Die funkenschlagenden Hufe tanzten, und die lange Mähne trank die Dunkelheit und sang im Flug. Tief unten sah Rechtshändige Sonne das im Morgenrot glühende Land, und er wurde blaß; seine Knie schlugen gegen den schweißnassen Hals des dahinpreschenden Pferdes. Sein Haar über den Ohren fing Feuer, als er und das Pferd durch die Nebelschleppen der Nacht in die sich rosig ausbreitende Morgendämmerung stürzten. Kurven und Spiralen ziehend, splitterten die juwelenbesetzten Sterne. Die Nacht starb. Der Morgen nahte mit der Geschwindigkeit ihres Falls. Rosige Dämmerung löschte die nachtkalten Sterne, und unter ihnen rötete sich der Tag. Die Mondsichel verblaßte. Himmel und Erde wurden überflutet von der Rosenfarbe des Morgens. Und sie stürzten noch immer.

Nun glühte das Morgenrot weit und breit, die Schatten der Nacht waren fast verschwunden. Nachtweg durchbrach, wild um sich schlagend, die pfirsichfarbenen Wolken und fiel und fiel. Rechtshändige Sonne unternahm einen letzten Versuch, die Zügel zu packen. Er streckte sich, und irgendwie gelang es ihm, erst einen und dann auch den zweiten zu fassen. Mit beiden Händen hielt er die Zügel und straffte sie; aber nicht mit dem schwachen Zug eines Sterblichen, sondern mit dem harten Griff eines Gottes. Er spürte das zweimalige Bocken des verhaltenden Pferdes, als er es mit einem energischen Ruck zur Seite lenkte. Roß und Reiter schleuderten in die weißwandige Wiese einer unverhofften Wolkenbank.

Das große Pferd wandte sich nach links, glitt auf den Gipfeln, Türmen, Bergen und Klippen des wabernden

Wolkennebels aus und warf sich nach rechts, und, mit gewaltigem Getöse den mächtigen, schweißtriefenden Hals hebend und den gehämmerten Schädel in die berstende Wolkenebene stoßend, brach es durch die pfirsichfarbene Wüstendämmerung. Fransige Fetzen des rosigen Wolkenklees tüpfelten den Himmel. Und das phantastische Pferd stürzte aus der grießigen Dämmerung und berührte endlich die feste Erde. Seine Hufe schlugen den schmelzflüssigen Morgen und wirbelten den Staub zu goldsprühendem Nebel auf. Schließlich fügte sich das Pferd dem standhaften Reiter. Und als Vater Sonne sah, daß sie sicher nach Hause gekommen waren, lächelte er vom hohen Himmel.

Die Geschichte vom Tod der Ungeheuer und von der Gestaltung der Erde

Vom ersten Monstertöter und Krieger Rechtshändige Sonne, der mit seinem Bruder Mondwasserjunge die Erde zu einem besseren Wohnort macht

Als nun Rechtshändige Sonne auf dem großen Pferd Nachtweg am Morgen zum Volk geritten kam, erkannte es, daß er tatsächlich der Sohn der Sonne war, und es veranstaltete ihm zu Ehren ein Festmahl. Es gab reichlich zu essen, denn die Herden waren zahlreich zurückgekehrt; Wapitis, Maultier- und Weißwedelhirsche, Bisons und Dickhornschafe ästen überall auf den gerundeten Hügeln und in den Mulden der Täler. Rechtshändige Sonne nahm die Ehre, die man ihm antat, huldvoll entgegen, und auch die Adlerfedern und Wapitizähne, die ihm das Volk schenkte, die Türkise, die wie die südliche Sonne glänzten, und die schön gewebten und mit mythischen Zeichen verzierten Decken. All dies nahm er freundlich an, denn er war froh, lebend nach Hause gekommen zu sein. Und er hatte einen festen Platz im Auge seines Vaters.

Und das Volk fütterte Nachtweg mit köstlichen Blüten und gab ihm gemischtes Wasser zu saufen – heiliges Wasser aus geschmolzenem Frühlingsschnee, Hagelwasser und weiches Wasser aus den vier Teilen der Welt. Es ehrte Nachtweg, indem es seine Anwesenheit auf der Erde pries; es breitete heilige Felle und seidige Tücher auf dem Boden aus, wo er ging, und wenn er auf den Hügeln tanzte, sah es, daß er keine gewöhnlichen Staubwolken aufwirbelte, sondern den Blütenstaubnebel des Himmels. Die heiligen Männer stellten sich in einer Reihe auf und sangen Nachtweglieder, in denen sie alles an ihm lobten – seinen wiehernden Kriegsgesang, seine schwarzseidene Haut, die kostbaren Blumen, die ihm beim Fressen aus den Mundwinkeln fielen, die glitzernden Staubkörnchen, die über seinen muskulösen Flanken schwebten, und den gewaltigen, von Stürmen umbrausten Widerrist.

Und auch Rechtshändige Sonne wurde vom Volk mit Liedern und Gesängen gepriesen. Aber er ging achselzuckend darüber hinweg und sagte, er habe Wichtigeres zu tun als schöne Worte zu hören. Die Zeit sei gekommen, um das Land von den Ungeheuern zu befreien, den Boden zu pflügen und heilig zu machen. »Wie willst du das tun?« fragten die Menschen. Und Rechtshändige Sonne erklärte ihnen, daß die Satteltaschen, die er vom Haus der Sonne mitgebracht hatte, Zauber enthielten. Dann steckte er sich eine Kriegsfeder ins Haar, die keine Frau und kein Kind ansehen sollte, damit der Krieger im Kampf kein vorzeitiges Ende nähme.

Er legte den steinharten Panzer des Hornfroschs über Schultern und Brust. Im Köcher trug er die Zickzack-

Blitze, die gleichzeitig in die vier Richtungen schlagen konnten und auf demselben Weg zurückkehrten, nachdem sie ihr Ziel gefunden hatten; deshalb sieht der Blitz immer so aus, als liefe er los und eilte auf demselben Weg zurück. Rechtshändige Sonne stieg auf den Rücken von Nachtweg, sang die Zauberlieder, die Kriegsgesänge, und zog aus, um das Land von Steinriesen, Kaktusungeheuern, fliegenden Teufelsvögeln und all den anderen mißgestalteten Wesen zu befreien, die von den Frauen zur Zeit ihrer sexuellen Verirrung in die Welt gesetzt worden waren.

Bei Morgengrauen sah ihn das Volk davonreiten, gekleidet in Sonnengebete, ein mutiger Held, der mit dem Traumzauber auf seinem Atem in die Wüste zog. Er erschlug die großflügeligen Schattenvögel des Himmels, die alten Übeltäter, die in den Felsen nisteten. Seine Zickzack-Blitze kehrten in seinen Köcher zurück. Und er zielte erneut und traf die grauköpfigen Steinriesen, die stöhnend wie Lawinen auf die Erde stürzten und Mesas und Gebirge wurden, die bis zum heutigen Tag den Himmel berühren. Das Blut der Riesen rann über das trockene Land und erstarrte zu den kupferglänzenden Lavaströmen der purpurnen Wüste.

Mit einem schwarzen Flinthelm, Flintleggings und Flintstiefeln versehen, ritt Rechtshändige Sonne weiter und erschlug die Kaktusmonster, die, von der Hitze der Zickzack-Lanze getroffen, erbärmlich wie Pilze zusammensackten und schrumpelten. Das kochende Blut quoll aus ihnen hervor und bildete die birnenförmigen wohlschmeckenden Kaktusfrüchte. Und alle diese Kreaturen starben unter den Zickzack-Blitzen, die aufflammten und in die Rauchhülle der Sonne zurückkehrten.

Als das Land von allen Ungeheuern befreit war, nahm Rechtshändige Sonne ein Dampfbad in einer Schwitz-

hütte aus Türkis. Als die Hitze zu groß wurde, kühlte er
sich mit Muschelstückchen, die er auf der Innenseite seiner Wange aufbewahrte.

Danach kam die Zeit der eigentlichen Arbeit: das
Pflügen und Bestellen des Landes. Er rief seinen Bruder
Mondwasserjunge, und gemeinsam formten sie Canyons mit den vier Blitzen. Dann riefen sie Geier, um die
Feuerseen zu fächeln, die auf der brennenden Erde
übriggeblieben waren, und sie riefen die Winde, die daraus Gebirgswasserseen machten. Aus ihren Köpfen zogen die Brüder Haare, pflanzten sie, und die Haare
wuchsen als Gras und bedeckten die verbrannte Steppe.

Als nun das Volk fragte, was es tun sollte, wenn wieder eine Dürre käme, antwortete Rechtshändige Sonne:
»Ihr müßt das Gras und die Fichten mitsamt den Wurzeln ausreißen und die Regenlieder singen. Die nach
oben gekehrten Wurzeln werden den Regen herunter-
ziehen und die Erde nähren. Danach müßt ihr die Wurzeln wieder in den Boden setzen.« Das merkten sich die
Menschen, denn sie wußten, daß einer Zeit des Über-
flusses stets eine Zeit des Mangels folgte und daß sich
die Welt mit dem rollenden Reifen des Lebens unaufhörlich veränderte. Aber jetzt hatten sie die Lieder der
Sonnenbrüder, die sie singen konnten, und wenn sie ihre
Stimmen erhoben und sangen, wußten sie, daß ihre Gebete erhört wurden.

Die Geschichte von Bärfrau

In der Bärfrau zur Bärhüterin
und Weggefährtin von Mutter Erde wird

Als Vater Sonne von seinem Haus herunterblickte und
sah, daß sein Sohn die Erde unversehrt erreicht hatte,
war er so glücklich, wie nur ein Vater sein kann, der

fürchten mußte, seinen Sohn zu verlieren. Dann sah er sich den Kriegspfad von Rechtshändige Sonne an, der die Ungeheuer und all das Böse vernichtet hatte, was noch auf der Erde übriggeblieben war, und er war doppelt stolz. Denn alles stand gut auf der geduldigen Erde: das singende Gras, das zitternde Laub, die mäandernden Flüsse, die dunklen Wälder, die weiten Ebenen und die funkelnden Wüsten - alles hatte sein Sohn wieder in schöne Ordnung gebracht. Und so bestieg er an jenem Tag den blauen Mittagsweg, um sich das Werk seines Sohnes anzusehen.

Als er nun rittlings auf dem großen türkisfarbenen Pferd saß, dessen Muskeln wie die Wolken am Himmel spielten, sah er das Land, wie es gesehen werden sollte: Wo sich die Steinriesen seinem Sohn entgegengestellt hatten, standen große felsige Hügel, aus denen Süßwasserbäche entsprangen. An einer solchen Stelle entdeckte er ein hübsches Erdenmädchen vom Berg-Inmitten-Von-Bewegung.

Sie war schön. Ihr Anblick jagte ihm züngelndes Feuer durch Mark und Bein. Für ihr Haar benötigte sie weder Feder noch Stachel; es glänzte wie der Flügel des Raben. Und sie brauchte nichts als das Tageslicht, um ihn von der Farbe ihrer Haut zu entzücken. Was für ein köstlicher Anblick war sie für seine darbenden Augen, als sie dort im hüfthohen Frauenhaarfarn stand und Beeren in ihren Korb pflückte, den sie über der Schulter trug. Er versteckte sich hinter einem Baum und schaute ihr zu, bis der Korb voll war. Als sie ihn abstellte und sich ein Kissen aus Farnkraut zurechtmachte, um sich darauf auszuruhen, begehrte er sie, wie er noch nie eine Frau begehrt hatte. Aber er ließ sich Zeit. Verkleidet als Beerenpflückerin aus einem Nachbardorf, betrat er die kleine Lichtung und fragte das in der Sonne träumende Mädchen nach seinem Namen. Sie schreckte auf, überrascht, jemand an diesem abgelegenen Ort zu sehen; und sich von ihrem Lager erhebend, fragte sie die fremde Beerensucherin, woher sie komme. »Ich komme von der anderen Seite des Hügels«, sagte Vater Sonne mit der Stimme eines jungen Mädchens. »Wir sind das Volk, das den Fluß zweimal überquerte und sich auf der drübern Seite des Hügels niedergelassen hat. Ihr habt uns immer Die-Die-Zweimal-Überquerten genannt, aber wir nennen uns das Volk.«

»Ich komme von dieser Seite des Flusses«, sagte das hübsche Mädchen. »Ihr habt uns immer Die-Die-Nicht-Überqueren-Wollen genannt. Aber wir nennen uns wie ihr das Volk.«

»Darf ich nun deinen Namen erfahren?« fragte Vater Sonne höflich.

»Ich heiße Bärfrau«, antwortete sie. »Und wie heißt du?«

Vater Sonne genoß seine täuschende Maskierung. »Du kannst mich Sonnenhelles Wasser nennen«, log er. Dann sagte er: »Es ist so heiß. Möchtest du nicht in der Quelle dort bei den Erlen baden?«

Bärfrau, die dasselbe gedacht hatte, stimmte ihm zu. Sie legten ihre Wildlederkleider ab und gingen zum Wasser. Das leise Murmeln der Quelle und die bezaubernde Schönheit der nackten Bärfrau entfachten im Kopf von Vater Sonne ein leidenschaftliches Fieber. Er sah ihren anmutigen Hals, die jungen Brüste und dachte erschauernd: Wenn mich jetzt Mutter Erde sähe, würde sie mich hassen. Aber in Wirklichkeit haßte er sich selbst und konnte doch nichts dagegen tun. Am krautigen Ufer hockte sich Bärfrau nieder, hielt sich behutsam an einem Grasbüschel fest und ließ sich langsam ins Wasser. Wie eine große Laube schirmten die Erlenzweige das helle Tageslicht ab, so daß der heimliche Teich beinahe im Dunkeln lag. Vater Sonne beobachtete voller

Entzücken, wie die Brustwarzen seiner Gefährtin hart wurden, als das kalte Wasser an ihren Schenkeln empor- kroch. Er warf seine Maske ab und kam rasch und plan- schend ins Wasser. Bärfrau drehte sich überrascht um, ihr Haar wehte wie eine große schwarze Blume, und wie durch Zufall landete sie in seinen Armen. Sie hielt sich an seinen Schultern fest, um nicht zu fallen; aber der Boden des Teichs war glitschig, so daß sie immer wieder das Gleichgewicht verlor. Er hatte die Hände auf ihren zarten Schultern und lachte über ihre Tolpatschigkeit. Sie wandte sich beschämt ab. Doch nun konnte er sein Verlangen nicht länger bezähmen, und, das Gesicht zu ihrem Hals neigend, begann er sie zu küssen, wie keine Frau eine Freundin küßt, die sie eben erst kennengelernt hat.

Im selben Augenblick wurde er das, was er war – ein ungebärdiger Gott mit der zügellosen Begierde eines Gottes nach sterblichem Fleisch. Mit zwingendem Griff hielt er die doppelten Bögen ihrer Schultern, zog das Mädchen an sich und küßte es hart auf den Mund. Sie wehrte sich, aber es half ihr nichts, denn er war viel zu stark. Und so rangen sie kurze Zeit auf dem schlammi- gen Ufer, und er zwang ihre Knie auseinander und ihre Schenkel.

Ihr Körper zitterte, als er in sie eindrang. Aber er nahm sie nicht grob, wie sie gefürchtet hatte, nur sicher, als er sein Mannesteil an die richtige Stelle legte. Die Hände auf ihre Brüste gelegt, drängte er sie sanft mit dem Rücken gegen die Böschung. Sie wand sich unter ihm mit abgewandtem Gesicht und geschlossenen Augen, damit sie nicht sehen mußte, was geschah. Er umfing ihre Hüften, und sie bäumte sich auf. Dann ließ sie sich fallen, und er kostete gierig ihr erschrockenes Fleisch, das nach weindunklen, in der Sonne vergorenen Beeren roch. Er schmeckte ihre Süße auf seiner Zunge,

liebkoste sie, weitete sie, halb im Wasser und halb auf
dem Gras, bis sie sich nicht mehr wehrte und, ihn ganz
in sich aufnehmend, die Wollust eines Gottes hinnahm.
Dann sah er sie, wie sie sich nicht mehr ängstlich an ihn
klammerte und fordernd ihre gemeinsame Nacktheit
begehrte unter den sternengeschmückten Erlenzweigen
und den Strahlenbüscheln der Kiefern.

Aber als sie danach am Ufer erwachte, erschrak sie,
und sie erbebte vor Scham. Er war fort – wenn er überhaupt dagewesen war, so dachte ihr verwirrter Verstand.
Schlammverschmiert wie sie war, hüllte sie sich in
dichtblättrige Wasserpest und sah sich ängstlich im
Wald um. Da waren die wissenden Blätter, die schat-
tigen, wachsamen Bäume.

Auf den Tag genau neun Monate später sah Bärfrau
den tückischen Teich zufällig wieder. Sie war mit einigen
Freundinnen Pilze suchen gegangen, als sie plötzlich auf
jene verhexte Lichtung mit der heimlichen Quelle
kamen. Aus dem kühlen Erlenhain blickte ihnen das
starre Auge des Teichs entgegen. Entzückt von dem
schönen Platz, tauchten die Mädchen die Zehen ins
Wasser. »Niemand kann uns hier sehen«, sagte eines der
Mädchen. »Laßt uns ins Wasser gehen.« Und das taten
sie auch bis auf eine, und das war selbstverständlich Bärfrau. Sie legte nicht wie die anderen ihre Kleider ab, sondern stand zögernd und mit angstgeweiteten Augen am
krautigen Ufer. Da zerrten ihr die Mädchen, kichernd
bei ihrem derben Spiel, die Kleider vom Leib und sahen,
was sie die ganze Zeit versteckt hatte. Mitleiderregend
stand sie da, die Arme um ihren reifen Leib gelegt, und
dann floh sie in wilder Angst von diesem Schauplatz der
blanken Wahrheit. Weinend lief sie durch das Dickicht
der Fichten. Mutter Erde, die alles weiß – das eine nicht
weniger als das andere –, sah dies und was an der Quelle
geschehen war. Sie wußte auch, was sich früher dort zu-

getragen hatte, und so ging sie Bärfrau nach wie eine Mutter einem verängstigten Kind nachgeht.

Als sie das arme Mädchen einholte, fiel es ihr schluchzend in die Arme und gebar mit Hilfe der Mutter aller Geschöpfe. Dann strich ihr Mutter Erde über den Kopf, und das Gesicht des Mädchens wurde rund wie ein Stein; ihre Arme wurden dunkel und rauh von Pelz; ihre Hände krümmten sich nach innen; über schwarzen glatten Lefzen runzelte sich die Nase, und ihre Stimme verwandelte sich zu einem tiefen Brummen.

»Hör zu, mein Kind«, sagte Mutter Erde. »Du wirst meine Reisegefährtin sein. Wo ich hingehe, wirst du auch sein und achtgeben. Mit der Zeit wirst du über alle wachen, die in den Wald kommen, denn so wie Wolf den Namen Wanderer erhielt, wird man dich Bärhüterin nennen.«

So war es, und so wird es wohl immer sein: Der Bär des blaugrünen Waldes wacht über alle, die dort gehen; über die, die so aussehen, als würden sie sich verlaufen, über die hoffnungslos Verirrten, über die, die sich zum ersten Mal umarmen oder die zum letzten Mal Abschied nehmen. Der Bär ist dort und wacht. Und weil eine Bärperson einst zum Volk gehörte, ist es wichtig, daß man den Namen mit Freundlichkeit und Respekt ausspricht. Denn Bärhüterin und die anderen ihrer Art sind die aufmerksamen Wächter des Waldes. Wenn ihr in ihre Welt eintretet, müßt ihr bedenken, was einmal vor langer Zeit geschah: Eine Frau war hier, die eine Bärin wurde; aber sie heiratete später einen Mann aus dem Bergseeland, und sie hatten ein Kind, das sich danach sehnte, bei den Menschen zu wohnen. Aber das, so sagen sie, ist eine Geschichte für ein anderes Abendfeuer.

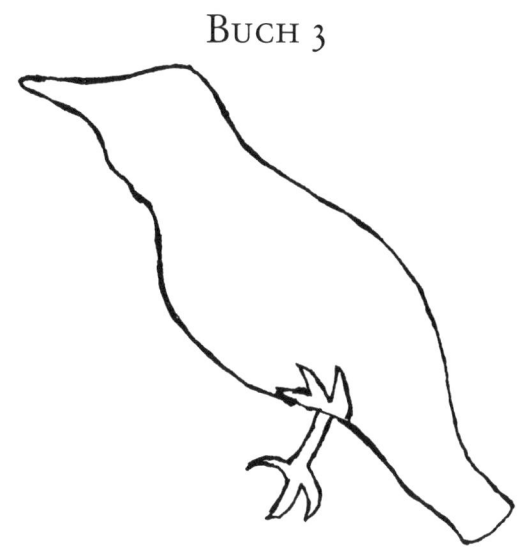

BUCH 3

Die Geschichte vom Raben und Rabes Geschichte

Wie Rabe ein Gestaltwechsler, ein Trickster und eine Geschichtenerzählerin wird und dies alles zur gleichen Zeit

Bärfrau war also Bärhüterin in den Wäldern und Gebirgen geworden und Weggefährtin von Mutter Erde. Das Volk gab ihr daraufhin viele Namen: Honigfuß, Schwarzfuß, Bienenpelz. Aber alle diese Namen scheinen auszudrücken, daß sie dem Volk ziemlich ähnlich ist und umgekehrt das Volk ihr.

Bärfrau erzählte jedem, der bereit war, ihr zuzuhören, wie ihr die eigene Schönheit zum Verhängnis geworden war. Vater Sonne, sagte sie, habe sie ausgenutzt. Nun weiß natürlich jeder, wie mächtig die Sonne ist und daß der Träger der Sonne ein Gott von gewaltiger Größe ist. Und ebenso bekannt ist, daß von allen Gottheiten Vater Sonne die größte Macht hat – denn was wäre das Leben, wenn er uns die Sonne versagte, oder welchen Schaden würden ihre Strahlen anrichten, wenn er sie ohne Unterlaß Tag und Nacht scheinen ließe?

Eines Tages, nachdem Bärfrau wieder einmal die Geschichte ihrer Vergewaltigung vor einigen Freunden erzählt hatte, erwiderte ihr die schwärzeste, zänkischste und heiserste des ganzen Vogelvolks, genannt Rabe:

»Du bist nicht die einzige, die mit Schönheit gesegnet oder verflucht war. Dein Glück, Bärhüterin, war, daß dich Mutter Erde gerettet hat. Aber seht euch an, was mir widerfahren ist. Meine Schönheit wurde mir wahrhaftig zum Verderben, und das so gewiß, wie du sagst, daß es das deine war. Einmal, vor langer Zeit, als noch kein einziges Licht am Himmel leuchtete und ich noch wunderschön war, ist mir ein Gott nachgestiegen. Es war der, den sie Gestaltwechsler nennen und der jetzt Hüter des Wildes ist. Ich habe ihn so wenig wie möglich beachtet, aber er ließ ein Nein nicht als Antwort gelten. Ständig nahm er eine andere Gestalt an, so daß ich nie wußte, wen ich zurückwies. Einmal war er eine Muschel, ein andermal ein Sandberg oder ein alter zerfledderter Korb. Nun, einmal ging ich am Strand des großen Meeres spazieren; da kam er plötzlich an und lief mir nach. Zuerst wickelte er sich um meinen Knöchel – ein bißchen Seegras, das ich wegstieß. Als nächstes verwandelte er sich in eine Krabbe, die, mit ihren Scheren klappernd, um mich herumtanzte. Ich warf Sand auf ihn und rannte davon. Doch dann wurde er eine riesige grüne Welle, die mich blendete, mit Wasser überschüttete und

in die Brandung zog. Überall auf meinem Körper hatte
er seine nassen, blubbernden Hände.

Ich rief um Hilfe – aber wer sollte mich hören? Niemand kam. Als er meine Hilflosigkeit erkannte, wurde
er grausam. Er schlug seine langen Glieder über mir zusammen und zog mich ins tiefere Wasser. Er war überall
gleichzeitig: ein schwebender Schatten, ein beklemmendes Ungeheuer, das mich auf den Grund zerrte, wo ich
keine Luft bekam. Er wechselte seine Gestalt so schnell,
daß ich unmöglich folgen konnte. Plötzlich zitterten
Flossen zwischen meinen Schenkeln; dann warf mich
eine brausende Woge um und rollte mich auf den Rükken. Schließlich warf er mich ans schaumschüttelnde
Ufer und wurde ein finster blickender, ungeschlachter
Wellenkoloß mit sprühender Gischt auf den gewaltigen
Schultern. Gespielt hatte er jetzt genug; nun nahm er
mich. Er hat mich geschleift und geschunden auf dem
harten Sand. Das Meer brüllte mir ins Ohr und schob
sich höher und höher in meinen Leib. Er spreizte mich
unter sich, hatte Würze und Süße von mir und liebte
mich – wenn ihr es so nennen wollt. Er liebte mich, ohne
meiner müde zu werden, wieder und immer wieder.

Sein Gestaltwechseln im Meer hat mich schließlich
verändert: Meine Arme verschwanden unter dunklem
Flaum; meine Schultern wurden dunkel; kleine Federn
begannen aus meiner weichen Haut zu sprießen. Ich
schrie mit krächzender Stimme. Was ich auch tat, um
diesen Vogelanfall aufzuhalten, erwies sich als vergeblich. Ich schlug auf meine nackten Brüste, und sie verhärteten sich zu Federkielen und schwarz bedeckenden
Federn. Bald hatte ich weder weiche Brüste noch schlagende Hände. Ich war von Kopf bis Fuß gefiedert.

Ich lief weg, und er ließ mich gehen, denn sein grausames Spiel war zu Ende. Ich lief aber nicht so wie früher.
Ich strich über die Brecher, das blinkende Licht des

Wassers spiegelte sich auf meiner Haut. Habe ich Haut gesagt? Ich meinte Federn – denn ich war vollständig verändert. Ich schlug mit den Flügeln, krächzte und wurde schließlich zu dem, was ihr jetzt vor euch seht: eine arme zerzauste Rabenperson.«

An dieser Stelle wollten mehrere andere Tierpersonen ebenfalls ihre Geschichte erzählen, aber wie so oft brachte sie Rabe auch diesmal mit einem kurzen Schlagen der Flügel und einem laut gekrächzten »Ruhe!« zum Schweigen. Sie hatte wie immer noch mehr zu sagen. Die Geschichte, erklärte sie, sei damit erst zur Hälfte erzählt. Nachdem sie erlebt hatte, wie ihre Gestalt durch den Gewalttäter verändert worden war, entdeckte sie, daß sie das gleiche aus eigenem Willen tun konnte. Sobald die erste Veränderung vollbracht war, folgten bald darauf andere, und das erklärt, warum Rabe eine so unzuverlässige Vogelperson ist. Sie sagt: »Die Welt dreht sich, und alle Dinge drehen sich mit ihr; die Gestalt ändert sich, und alle Dinge ändern sich mit ihr.«

Dann erzählte sie ihre Geschichte zu Ende.

»Eines Tages bemerkte ich, daß es nur wenig Licht auf der Welt gab. Und dieses Licht hortete ein geiziger alter Medizinmann, der in einer Hütte auf einem Hügel wohnte, umgeben von einem großen Wald. Dieser Medizinmann lebte dort mit seiner Tochter, und sie hatten alles Licht der Welt. Aber sie behielten es habgierig für sich.

Ich verwandelte mich in einen Erdkrümel und ließ mich durch ihr Rauchloch in einen Topf mit Trinkwasser fallen. Wenig später nahm die Tochter des Medizinmanns einen Schluck von dem Wasser und trank mich unbemerkt. Nach vier Tagen stellte sie fest, daß sie schwanger war, und bald brachte sie ein plärrendes, abscheulich dunkles, sehr kleines Kind zur Welt. Innerhalb von vier weiteren Tagen wuchs das Baby heran. Aber es wurde vom Medizinmann und seiner Tochter verwöhnt, die ihm alles gaben, worauf es deutete, denn sie konnten das Geschrei des kleinen Mädchens nicht ausstehen, das sich anhörte wie knickende Kiefernstämme in einem Sturm.

Es dauerte nicht lang, bis das Kind auf die heiligen Medizinbündel deutete, die an den Hüttenwänden hingen. Das Kind schrie, und sie gaben ihm ein Bündel, damit es still war; es schrie wieder, und so ging es weiter, bis alle Bündel vor ihm lagen. In einem der Bündel befanden sich die Sterne aus zerbrochenen Muschelschalen; das kleine Mädchen nahm sie heraus und warf sie zum Rauchloch hinauf. So gelangten die Sterne in den Himmel. Dann öffnete es ein anderes Bündel, und aus diesem nahm es den Mond, der aus der sehr flachen und breiten, perlmuttglänzenden Schale eines Seeohrs gemacht war, und warf ihn durch das Rauchloch. So kam der Mond in den Himmel. Das letzte Bündel enthielt die Sonne – ein Stückchen Türkis, das es durch das Rauchloch warf; und so kam die Sonne in den Himmel.«

Damit beendete Rabe ihre Geschichte. Aber das Tiervolk wollte wissen, was mit der Enkelin des Medizinmanns geschah. »Ach, die«, sagte Rabe gelangweilt. »Sie ist krächzend durch das Rauchloch gefahren und wurde nie mehr gesehen.« Aber wir wissen, daß das nicht stimmt; denn wie Kojote kann auch Rabe eine Geschichte verdrehen und einen Gedankenwechsel erfinden, so daß sich alle Gedanken darum herum entsprechend verändern. Selbst der Erdenmacher muß lächeln, wenn Rabe erzählt, wie die Welt begann.

Die Geschichte von Alte Mondfrau

Vom Erzähltalent Alter Mann Goffer und seine
Geschichte von Alte Mondfrau, der unverheirateten
Schwester, die auch eine Seherin ist

Nun hatte Alter Mann Goffer ja schon einiges gehört
und gesehen, denn er war angeblich derjenige, der das
Zahnweh in die Welt gebracht hat. Er hörte sich also Ra-
bes Geschichte höflich an, aber er wollte mehr wissen.
»Was ist aus dem geizigen Medizinmann und aus dem
Rest seiner Familie geworden?« fragte er. Rabe sagte es
nicht – vielleicht wollte sie es auch nicht sagen –, denn
die Geschichte war erzählt, jedenfalls der Teil davon,
der ihr gefiel.

»Sag du es, Bruder Goffer, wenn du etwas darüber
weißt«, entgegnete sie und flog davon, um hübsches
Spielzeug zu suchen, das sie in ihre Hütte hängen
wollte. So war sie eben; und wie Alter Mann Goffer
war ... nun, seine unterirdischen Gänge und Höhlen beweisen, daß er sich von nichts abhalten läßt, um den
Dingen auf den Grund zu gehen. Egal, was es ist, er bud-
delt so lange, bis er es findet. Deshalb gehört die folgende Geschichte ihm, soweit eine Geschichte jeman-
dem gehören kann; und deshalb kommt so viel
Schmerzliches darin vor. Aber ihr dürft nicht vergessen,
daß er das Zahnweh in die Welt gebracht hat.

»Der Medizinmann, der das Licht der Welt in seiner
Hütte aufbewahrte, hatte eine ledige Schwester, die als
Seherin bekannt wurde. Sie wußte alles über die geheimnisvollen Künste; sie kannte die Macht von Gesängen,
Träumen und Zaubertränken. Ihre Lehrer waren die
heiligen Gegenstände, die ihr Bruder in seinen Medizin-
beuteln gehortet hatte: die Sterne, der Mond und die

Sonne. Nachts lauschte sie den Sternen, studierte die Wölbung des Mondes und den Bogen der Sonne über dem Himmel – das waren ihre Lehrer, die sie die Geheimnisse des Universums lehrten. Und im Lauf der Zeit wurde sie so weise wie die Wege der Himmelskörper.

Das Bergvolk und das Volk aus den Flußtälern kam von weither, um die alte Frau mit dem mondweißen Haar zu sehen, deren Voraussagen über das Wetter, den Tod eines Verwandten, die Geburt eines Kindes häufig eintrafen. Es gab Leute, die reisten tage- und nächtelang und liefen ihre Mokassins durch, nur um der alten Frau eine einfache Frage zu stellen wie zum Beispiel: ›Warum ist der Mond ein Freund?‹ Und sie antwortete mit der müde gewordenen, leisen Stimme des Flußwinds, die das Volk inzwischen von ihr erwartete: ›Der Mond zeigt den Liebenden, wo sie liegen können, den Kindern, wie man träumt, den Dieben, wo sie sich treffen können. Wie du siehst, ist der Mond allen ein Freund.‹

Dann bat vielleicht einer: ›Erzähle uns von der Sonne.‹

›Die Sonne hat uns den Schatten geschenkt, ohne den wir nicht wissen würden, ob wir vorwärts gehen oder zurück.‹

›Was ist mit den Sternen?‹

›Die Sterne zeigen den Weg ins Weglose.‹

Und so hatte die alte Frau, die als Alte Mondfrau bekannt wurde, auf jede Frage eine Antwort. Es schien, als gäbe es nichts, was sie nicht wußte; und das Volk glaubte, die Welt sei in den gewundenen Linien ihres Handtellers enthalten. Doch eine Frage gab es, die sie nicht beantworten konnte, und das ließ ihr keine Ruhe. Eines Tages fragte sie jemand: ›Wann wird die Welt enden?‹ Alte Mondfrau dachte lange darüber nach, und schließlich wußte sie dazu nicht mehr zu sagen als: ›Das

ist etwas, was ich nicht weiß.‹ Ihre Wißbegier plagte sie
aber so, daß sie wegen der Frage nach dem Ende der
Welt ein nervöses Zucken bekam, dann eine nässende
Wunde und schließlich eine bestürzte Miene. ›Warum‹,
rief sie, ›weiß ich alles, nur diese eine kleine Wenigkeit
nicht?‹ In ihrem selbstgerechten Wahn tobte und wet-
terte sie und hob wütend die Faust gegen Vater Sonne.
›Sag mir, wann die Welt endet!‹ rief sie zum Himmel
hinauf. Aber dies geschah stets bei Nacht, wenn Vater
Sonne schlief, und wenn sie ihn weckte, brüllte er hinunter: ›Begreifst du nicht, daß auch ich schlafen
möchte?‹ Aber sie war so verbittert – die Frage nach
dem Ende der Welt lag ihr wie ein Stein im Magen –, daß
sie darauf keine Rücksicht nahm. Eines Nachts, als sie
nicht aufhörte, ihn zu belästigen, stand Vater Sonne auf,
entschlossen, etwas zu unternehmen. Ich werde einen
Platz finden, dachte er, wo sich die Alte mit anderen
Dingen beschäftigen kann als mit dem Ende der Welt.
Er baute auf dem Mond eine Hütte, ritt auf seinem gesprenkelten Pferd Sonnenuntergang zur Erde und trug
die alte Frau auf die hohen Wolkenmesas. Auf dem Sil-
bersand des Mondes setzte er sie ab in reglosem Staub
und weißer Stille. Bei Tag leuchtete der Mond fahl; bei
Nacht strahlte er hell. Aber immer brannte seine Lampe
geräuschlos in undurchdringlichen Schichten ozeantie-
fer, daunenweicher, rauchloser Stille.

Alte Mondfrau fühlte sich – nun, ihr könntet sagen,
sie war jetzt beinahe glücklich. Weil niemand mehr kam,
um ihr Fragen zu stellen, vergaß sie ganz die nicht zu be-
antwortende Frage nach dem Ende der Welt. Sie hatte
nichts zu tun, als in einem großen kupfernen Kessel
Mais zu kochen und hin und wieder mit einem Holzlöffel umzurühren. Eines Tages jedoch sah sie Vater Sonne
auf seinem gefleckten Pferd Morgendämmerung über
eine Monddüne reiten, und sie rief ihm zu: ›Ich habe das

Leben hier satt, Vater Sonne. Es ist zu einsam auf dem Mond. Weißt du nicht eine Beschäftigung für mich?‹

Sonnenvater sah, daß sie ihre alte Widerstandskraft verlassen hatte: die Mondstille hatte sie erschöpft. Er dachte kurz nach und antwortete: ›Ich denke, du solltest einen großen langen Tragriemen flechten, einen, der so lang ist wie der Mond still.‹

›Also gut‹, sagte sie, ›aber ich sollte einen Freund haben.‹

›Ich bringe dir jemanden, der dir Gesellschaft leisten wird‹, sagte Vater Sonne und ritt, Wölkchen pudrigen Mondstaubs aufwirbelnd, davon.

Kurz danach erschien er mit Rotluchs vor ihrer Tür, und Alte Mondfrau dankte ihm, denn jetzt hatte sie mit Mais kochen und Tragriemen weben viel zu tun, und sie hatte Rotluchs, eine angenehme Person, mit der sie reden konnte. Damit hätte die Geschichte eigentlich ein glückliches Ende haben können, aber, so traurig es ist, auf dem Mond gibt es kein Glück, nur weite Flächen von langsam brennendem nächtlichem Feuer im kalten Licht der verborgenen Sonne. Nun, immerhin war Alte Mondfrau beschäftigt. Den ganzen Tag schälte sie Mais und schüttete ihn in ihren Kochtopf, oder sie flocht an dem endlosen Tragriemen. Mais schälen, in den Topf füllen, umrühren – Fäden legen, nach oben, nach unten, darüber, darunter – daraus bestand ihr Leben. Aber wir wollen Rotluchs nicht vergessen. Ihm wurde so langweilig, daß er sich jedesmal, wenn ihm Alte Mondfrau den Rücken kehrte, um den Mais umzurühren, den Tragriemen schnappte und aufribbelte, was sie zuvor geflochten hatte. Und sie war so alt und vergeßlich, daß sie dachte, sie wäre mit dem Ding noch nicht weitergekommen, und flocht alles noch einmal. Dann rührte sie den Mais, und Rotluchs trennte das Geflochtene wieder auf. Wir ihr seht, geht das bis heute so weiter, und deshalb wird Alte Mondfrau mit ihrer Arbeit nie fertig und scheint bald dick und bald dünn zu sein.

Jetzt wißt ihr, warum der Mond für eine einsame alte Frau gehalten wird, die närrisch ist und weise und mehr als ein bißchen verrückt. Aber die Leute erinnern sich noch, daß sie einst in ihrem Dorf lebte und alle ihre Fragen beantwortete – alle bis auf die eine über das Ende der Welt. Und die, sagen sie, sollte man lieber nicht stellen.

Die Geschichte von Eulenjunge

In der Eulenjunge lernt, daß die Welt des Menschen
nicht das ist, was sie zu sein scheint, und daß die
Welten von Tag und Nacht getrennt bleiben müssen

Eule ist die richtige Person, um die nächste Geschichte zu erzählen, denn wer anderer als Eule kann sagen, was in der Nacht geschieht, wenn alle anderen schlafen? Eule sieht angeblich alles, und das ist vermutlich wahr, wenn man die Hälfte für das Ganze nimmt. Seht ihr, von Eule wissen wir, daß sie bestimmte Vorlieben hat; eine davon ist die Nacht. Einmal, vor langer Zeit, mogelte sie beim Mokassinspiel. Gegenstand der Wette war eine ganztägige Nacht, und das bedeutete, wenn Eule gewonnen hätte, würde es für uns alle keinen Tag geben. Wie gut, daß sie trotzdem verloren hat, denn wer wollte es den ganzen Tag dunkel haben? Aber das lenkt von unserer Geschichte ab. Die Geschichte, die Eule erzählte, handelt von einem anderen Anfang der Welt. Wie wir wissen, war das Volk einmal eins, ob Mensch oder Tier, zweibeinig oder vierbeinig. Die Tiere, heißt es, hatten Hände und die Menschen ein Fell. Doch mit der Zeit wandte sich einer vom anderen ab, und Eule fragt immer noch: »Huu huu? Wer hört zu? Wer hört zu?« Sie behauptet, nur sie wisse, was das Volk getrennt hat und Tiere und Zweibeinige in unterschiedliche Lager führte:

»Wie ihr euch erinnert, war es Bärfrau, die zur Bärhüterin und Beschützerin des Waldes wurde. Sie begleitete Mutter Erde auf einigen Sternreisen, und einmal besuchten die beiden sogar Alte Mondfrau und aßen ihre berühmte mondweiße Grütze. Aber nach ihren gemeinsamen Abenteuern, die eine eigene Geschichte sind, begegnete Bärhüterin einem Mann aus dem Bergseevolk, und sie ließen sich nieder und gründeten eine Familie – das heißt, sie versuchten es. Es war nicht ganz leicht für sie, wie ihr bald sehen werdet.

Bärhüterin und ihr Mann wohnten etwas abseits vom Dorf. In den Wintermonaten kaute sie die zähen Wapitihäute vom Herbst weich, so daß der Mann mit seinen geschickten fünffingrigen Händen die feine Perlenstickkerei machen konnte. Im Sommer brachte sie ihm Bienenwaben mit leckerem Honig. Die Bienen versteckten sich in ihrem Pelz, und sie mußte sich in den See setzen, um sie zu ersäufen. Eines Tages, es war wieder Herbst, gebar sie einen Sohn. Sie konnte es kaum erwarten, bis ihr Mann von der Jagd heimkam und das Neugeborene sah.

Als nun am Abend ihr Mann, beladen mit frischem Fleisch, die Hütte betrat, zeigte sie ihm stolz ihren Sohn. Zuerst verriet sein Gesicht keine Regung; er blickte auf das kleine runde Gesicht, als wäre es ein Stein. Dann trat etwas wie Furcht in sein Gesicht und, sich von dem Wiegenbrett abwendend, legte er den Kopf in die Hände und rief: ›Warum, Frau, hast du mir dieses Ungeheuer gezeigt?‹

Darauf wich Bärhüterin bestürzt vor ihm zurück. Sie drückte das Wiegenbrett an ihre behaarte Brust und verbarg ihre verletzten Gefühle. Und den ganzen

Abend lang sprachen sie kein Wort miteinander. Sie brieten das Fleisch, das er nach Haus gebracht hatte, hängten den Rest zum Trocknen auf und gingen wortlos zu Bett. Bärhüterin legte das Wiegenbrett dicht neben sich auf ihre Seite der Schlafdecke und abseits von ihrem Mann, der aber, müde nach der langen Jagd, bald eingeschlafen war. Bärhüterin blieb fast die ganze Nacht wach und überlegte, was sie tun sollte, bevor es Morgen wurde.

Nun sagt man ja, daß eine Mutter gewöhnlich blind ist für die Fehler ihres Kindes – aber ich möchte die Mutter kennen, die es nicht wäre. Schließlich war das Kind in ihrem Innersten entstanden. Ihre Seele hat es gehegt, ihr Fleisch hat es genährt; ihr Herzschlag waren die einzigen Töne, die es bis zu seiner Geburt hörte.

Und dann dachte Bärhüterin über ihren Mann nach. Hatte er jemals das heimliche Wachsen gespürt, das geheimnisvolle Gewicht, wie es Tag für Tag und Nacht für Nacht größer wurde? Hatte er – ausgenommen aus Selbstsucht – jemals für zwei oder mehr gegessen, wenn da mehrere heranwuchsen? Hatte er die immer lebhafteren Stöße von Füßen gespürt, die von innen gegen die engen, warmen Wände traten, oder die Zwei-, Drei-, Viersamkeit von ihm unbekannten Personen, die ihn füllten und seinen geschwollenen Leib rundeten?

Bärhüterin wußte auf den ersten Blick, daß ihr Sohn anders war als ihr Mann und sie.

Ja, er hatte Klauen – keine langen wie die ihren, sondern kurze, krumme, spitz wie Nadeln. Und er hatte einen Schnabel, eine Gesichtsklaue, an der Stelle, wo seine Nase gewesen wäre. Und sein Körper, auch das mußte sie zugeben, war rund und gefiedert und ganz und gar zum Fliegen gemacht. Das Kind war tatsächlich kein bißchen Mensch und kein bißchen Bär. Um die Wahrheit zu sagen: Es war eine Eule.

Aber ein Ungeheuer? Niemals. Davon wollte sie nichts hören; eher wollte sie sterben.

Und so nahm Bärhüterin an jenem frischen Herbstmorgen, noch bevor die Sonne aufging, ihr Eulenkind und ging in den tiefen Wald, wo sie es vor ihrem Mann verstecken wollte, weil sie wußte, daß er vorhatte, das Kind noch am selben Morgen zu töten. Sie brachte ihren Sohn weit fort, um sein Leben zu retten und ihm eine zweite Chance zu geben. Sie dachte: Wenn er so aussieht wie eine Eule, dann muß er eben eine Eule sein. Und sie brachte ihn zu einem Ort, wo das Sonnenlicht nie durch das dunkle Gewirr der verschlungenen Zweige und überwucherten Nadeln dringt – in einen Kiefernwald, in den keine Menschen kamen, wo kein Tier sicher war, wo Mutter Eule, die gefiederte Katze der Nachtkiefer, mit ihrer Brut in einem Nest voll mondgefleckter Schatten haust.

Dort ließ sie ihren Sohn zurück, und dann schlich sie davon, streifte in den Hochlandhügeln umher, zerkratzte die Hälfte der Bäume mit ihren Krallen, riß andere nieder, scharrte vor Kummer und Wut in der Erde, scheuchte die furchtsamen Vögel auf den Wipfeln der hohen Pappeln auf und erschreckte die zänkischen Häher, die sie kreischend beschimpften, sich aber in sicherer Entfernung hielten. Und sie wütete weiter und irrte, um ihr Kind weinend, umher, bis sie schließlich heimfand und ihren Mann sah und daran dachte, wieder ein Kind zu haben. Sie bekam auch wieder eins, und dieses wurde weiß und braun geboren; es war eine Mischung aus Mutter und Vater, genau das, was sie sich von Anfang an gewünscht hatten. Nun war alles wieder gut zwischen ihnen – aber das ist schon wieder eine andere Geschichte.

Eulenjunge wuchs mit allen Vorteilen einer Eulenperson auf. Von Mutter Eule, der aus dem Mondlicht fallenden Todesfeder, lernte er die Kunst des Jagens. Er lernte, in der Dunkelheit zu sehen, und seine Goldaugen wurden groß und rund. Er lernte, am Tag zu schlafen und das Sonnenlicht und alles, was mit dem Tag verbunden ist, zu hassen, besonders die Jagdmethoden der Raben und Krähen, die versuchten, ihm die Augen auszuhacken, wenn er schlief.

Die Zeit verging, und als er für das Nest seiner Ziehmutter zu groß wurde, fragte sie ihn, was er jetzt tun würde. ›Ich hab dich aufgezogen wie mein eigen‹, sagte sie, ›nicht besser und nicht schlechter, aber jetzt bist du aus dem Nest herausgewachsen, die anderen aber noch nicht. Sie sind noch Kinder, und du bist groß.‹ Und sie hatte recht: Eulenjunge war nach nur vier Tagen so groß, daß er außerhalb des Nests schlafen mußte, wo er sich an einen kahlen Ast klammerte, während die anderen Eulenkinder warm und geborgen unter den Flügeln ihrer Mutter schliefen. Aber es machte ihm nichts aus. Seine Ziehmutter nahm ihn auf ihre Jagdausflüge mit, und nachdem er es sich angewöhnt hatte, allein auf einem benachbarten Baum zu schlafen, gingen sie wie Mann und Frau miteinander auf die Jagd. Manchmal waren seine Augen schärfer als die ihren; er entdeckte eine knabbernde Maus, ein wie ein Stein verharrendes Kaninchen oder einen vom kommenden Tag träumenden Vogel. Alles und jedes war jagdbares Wild für beide; ihre gekrümmten Klauen waren das einzige Gesetz der Nacht, das sie kannten.

Doch obwohl ihnen diese gemeinsamen Jagden Spaß machten, wurde Eulenjunge rastlos. In den Nächten, wenn der Vollmond das Tal mit milchigem Licht füllte, konnte er die fernen Lagerfeuer des Bergseevolks sehen, und ein Gefühl kehrte bei ihm ein, das er nicht verstand.

Er sprach darüber mit Eule. ›Wenn ich draußen bin auf den breiten Schwingen der Nacht‹, sagte er, ›sehe ich manchmal die Tänzer, die in der Dunkelheit Kreise ums Feuer machen und singen. Ich höre sie aus der Ferne singen, wenn ich einschlafe, wenn die Sonne zu ihrem Peitschenschlag ausholt und wir die Augen schließen und fest geschlossen halten.‹

Mutter Eule warnte ihn: ›Du darfst den Leuten, von denen du sprichst, nie zu nah kommen, denn sie sind schlecht. Wenn sie dich sehen, werden sie dich töten. Sie sind vom Tag; wir sind von der Nacht. So war es, und so wird es bleiben. Ich warne dich, Sohn, halte dich von ihnen fern.‹ Nachdem sie so gesprochen hatte, schloß sie die Augen, denn der Mond war jetzt ein abgenagtes Bürschchen, ein mageres Ding, nichts als Haut und Knochen, und die Sonne würde bald auf dem Bergrükken reiten und bohrende Lichtspeere schleudern.

Sie schliefen und träumten, und eines Tages nahm Eulenjunge von der Freistätte seiner Mutter im blauschwarzen Tannenwald Abschied. Er flog in der Nacht zu einem vergessenen Dorf, wo sich das Volk zu versammeln pflegte; es war ein Sommerlager für die Jagd und längst verlassen. Im Halbdunkel fand er einen zerbrochenen Tontopf und einen Kamm aus Schildpatt. Diese Gegenstände sprachen zu ihm und sagten ihm, wohin sein Weg führte.

›Wenn du nach Süden gehst‹, sagte der Kamm, ›wirst du das Volk deiner Mutter, das Bärvolk, finden.‹

›Wenn du nach Norden gehst‹, sagte der Topf, ›wirst du das Volk deines Vaters finden, das zweibeinige Volk.‹

›Wohin soll ich gehen?‹ fragte Eulenjunge.

›Wohin gehst du im Traum?‹ fragte der Kamm.

›Nach Hause‹, antwortete Eulenjunge.

›Dieser Weg führt in den Wahnsinn‹, sagte der Topf.

›Warum?‹

›Weil du aus Bär und Mensch gemacht bist‹, erwiderte der Kamm.

›Und doch bist du keiner von beiden‹, fügte der Topf hinzu. ›Du bist das Kind der Eule.‹

Eulenjunge blickte zum ersten Mal auf seine Hände. Sie waren gekrümmt und taugten offensichtlich zu nichts anderem als zum Jagen und Töten.

›Ich fürchte mich vor keinem Volk meiner Eltern. Seht her, ich habe Klauen, die reißen und töten; ich habe Flügel, die durch die Nacht schneiden.‹

›Und trotzdem bist du den Zweibeinigen nicht gewachsen. Sie werden dich jagen und töten, so gewiß, wie die Sonne am Morgen über den Berg steigt.‹

›Wir werden sehen‹, sagte Eulenjunge tapfer. ›Wir werden sehen.‹

Eulenjunge schlief den ganzen Tag, versteckt in einer Schierlingstanne. Als es dunkel wurde, flog er über das verlassene Dorf und fand den abgelegten Mantel eines alten Mannes. Er war zerfranst und abgetragen, aber er warf ihn sich dennoch über und ergänzte diese unschöne Verkleidung mit einem brüchigen Pelzhut, an dem eine geknickte Adlerfeder baumelte. So gekleidet flog er durch die kahlen Bäume. Der Winter war nicht mehr weit und die frostige Luft messerscharf.

Als er beim Dorf des Bergseevolks ankam, sah er, daß sie ein großes Fest feierten, tanzten und sangen. Er hatte davon schon lange in seinem Blut geträumt; mehr als alles andere wünschte er herauszufinden, ob er als eines dieser geheimnisvollen Wesen gelten könnte, die taten, als gehörte die Welt ihnen und nur ihnen allein.

In einer Lichtung gleich neben dem Dorf ließ er sich nieder, hopste aus dem Wald und schloß sich den Feiernden an, als wäre er einer von ihnen. Doch als er zu tanzen versuchte, stolperte er über die Sporen seiner Füße und fiel hin. Als er nicht gleich wieder auf die Beine kam, half ihm niemand; viele der Leute lachten ihm ins Gesicht. Das machte Eulenjunge so zornig wie er noch nie gewesen war. Später, als die Leute in ihre Hütten gingen, warf er Hut und Mantel ab und hüpfte mit schlagenden Flügeln. Auffliegend griff er sich ein kleines Kind aus der Menge, tötete es mit seinen Klauen und trug es in den Wald, wo er es fraß. Er verzichtete darauf, sich einen geeigneten Schlafplatz zu suchen, und blieb, von Müdigkeit überwältigt, auf demselben Ast sitzen, wo er seine Mahlzeit gehalten hatte.

Der Tag kam schnell, denn die Nacht war schon so gut wie zu Ende gewesen. Und mit dem ersten Licht kamen die Jäger, die den Mörder in den Bäumen suchten. ›Dort!‹ rief der Vater des Jungen, der geraubt worden war. ›Dort auf dem Baum seht ihr unseren Feind!‹ Und dort saß Eulenjunge, die Augen fest geschlossen vor dem Tageslicht und das Gesicht rot vom Fraß des gestohlenen Kindes.

Der zornige Vater spannte seinen Bogen und schoß einen Pfeil, der Eulenjunge in die Schulter traf und weckte. Empört und schmerzhaft verletzt stürzte er sich hinunter und strich mit seinen scharfen Klauen über den Kopf des Mannes. Aber während er auf den düsteren Wald zuglitt, traf ihn ein zweiter Pfeil in den Rücken. Er taumelte zwischen die moosbewachsenen Stämme; dann schoß Tageslicht in seine nachtgewohnten Augen. Er weinte und schrie nach Mutter Eule, aber sie war zu weit weg, um ihn zu hören.

Es war seine echte Mutter, die ihn weinen hörte. In großen Sätzen kam sie aus der Schlucht und ging wütend auf die Jäger los, die schleunigst flohen und Bärhüterin ihren natürlich geborenen und dennoch unnatürlichen Sohn überließen. So war Bärhüterin wieder mit ihrem Jungen vereint, wenn auch nur für kurze Zeit. Vorsichtig entfernte sie mit den Zähnen die scharfen Pfeilspitzen aus seinem Körper. Dann leckte sie seine Wunden, wie das Bärenmütter tun, und machte ihn allmählich wieder so gesund, daß er imstande gewesen wäre zu fliegen.

Aber ihr Sohn, der den Nachtwind schneiden konnte, war schrecklich unbeholfen. Er taumelte umher und fiel hin und wollte nur noch sterben. Und Bärhüterin konnte ihm schließlich nicht mehr helfen. Ihr Sohn konnte nicht fliegen; er wollte seine Flügel nicht gebrauchen, und sie wußte nicht, wie sie ihn dazu bewegen könnte.

Dann ging sie auf die Suche nach seiner anderen Mutter. Sie fand den Baum, den sie vor langer Zeit schon einmal gefunden hatte, und bat Mutter Eule um Hilfe.

›Dein Sohn und mein Sohn‹, sagte sie weinend, ›ist vom Pfeil eines Jägers verwundet worden. Bitte, komm und bring ihn dazu, wieder zu fliegen.‹

Mutter Eule blinzelte im grellen Tageslicht.

›Ich werde kommen, wenn es dunkel ist‹, versprach sie und klappte die schweren Lider über die goldenen Augen.

In jener Nacht lehrte Mutter Eule ihren verwundeten Sohn, mit einem gebrochenen, geschwollenen Flügel zu fliegen; und er schaffte es bis in den sicheren Hort einer Kiefer. Der Flügel heilte, doch der Heimweg wurde eine mühsame Flatterei von Baum zu Baum. Eulenjunge stürzte den verkrüppelten Körper ins Leere, schlug wie verrückt mit den Flügeln, um sich in der Luft zu halten, und konnte nicht einmal mehr einen Blick zu seiner echten Mutter zurückwerfen. Und das war das einzige Mal, daß Bärhüterin ihren Sohn wiedersah. Denn danach hielt er sich an die dunklen Orte im Dickicht der Laub- und Nadelwälder und suchte nie wieder die Gesellschaft der Zweibeinigen. Er wurde ganz und gar Eule, bekam seine schallschluckenden Schwungfedern, heilte das von der Pfeilspitze zerfetzte Knorpelbein aus und lebte das Leben eines Nachtjägers, der plötzlich niederstößt und zuschlägt und der nie mehr von etwas anderem träumte als von tanzenden Mäusen, Winterschnee und Vollmondnächten.

Nun sagen die zweibeinigen Leute, Eulenjunge habe verdient, daß sie ihn in die Nacht jagten, wo er hingehöre. Sie sagen, wenn ein Mann oder eine Frau auf einem Baum einen rotköpfigen Uhu sieht, bedeute dies, daß jemand sterben wird. Sie sagen, daß Eulenjunge seine Chance hatte, freundlich zu sein, und daß er sie vertan hat. Und sie vergessen nicht, auf die Tatsache hinzuweisen, daß Mutter Eule vor langer Zeit einmal das Mokassinspiel spielte, bei dem es um Tag oder Nacht ging – das heißt, der Gewinner, wenn er ein Nachttier war, hätte bestimmt, daß es auf der Welt immer Nacht sein würde, und wenn der Gewinner ein Tagtier war, hätte er bestimmt, daß auf der Welt immer Tag wäre. Wie gut, sagen die Zweibeinigen, daß Mutter Eule beim Mogeln erwischt wude, als sie den kleinen Stein, der bei dem Spiel benutzt wird, unter ihren Flügel steckte statt in den Mokassin, wo er hingehörte.

Aber die Zweibeinigen sagen viel, um sich zufriedenzustellen; sie hören nur noch selten auf das, was das Tiervolk zu sagen hat. Armer Eulenjunge! Er ist nie darüber hinweggekommen, daß er von jenem holprigen Tanzboden so gemein vertrieben wurde. Und um auch die Eulenseite zu hören: Er hat nie ein Kind gestohlen; eine alte Rattenperson hatte etwas altes Fleisch stiebitzt, das war alles. Aus der Sicht des Eulenvolks wollte Eulenjunge nur einmal um das Feuer tanzen, ohne ausgelacht zu werden. Aber so ist es nun einmal. Eine Eule ist eine Eule – ein Mensch ist ein Mensch. Oder kommt es nur darauf an, ob einer Federn hat, einen Pelz oder eine glatte Haut? Unsere Verschiedenheit, sagen sie, hat uns einst zusammengehalten, aber jetzt trennt sie uns.«

Und damit beendete Eule ihre Geschichte und schloß ihre für die Nacht geschaffenen Augen, denn, wie alle sehen konnten, ging eben die Sonne auf.

Teil zwei
Mythen von Liebe, Verlust
und Abschied

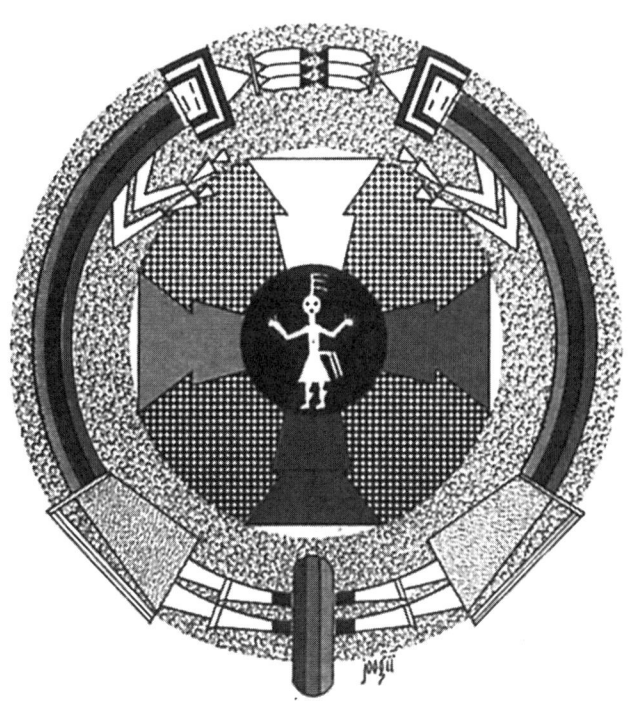

BUCH 4

Die Geschichte von Sieht-In-Der-Nacht

Von Sieht-In-Der-Nacht, der die schöne junge Frau Wachtelruf liebt und verliert, und von ihrer Liebe, die zu einer Blume wird

In den Tagen des hohen Grases lebte einmal das Volk der Prärien, dessen Leben sich im Kreislauf von Sommer und Winter, Frühling und Herbst um die großen Herden des hochschultrigen Bisons drehte. Nachts, wenn der Wind wie tausend Wölfe heulte und die Wölfe heulten wie tausend Winde, blieb das Prärievolk in der Wärme seiner runden Zelte aus straff gespannter getrockneter Büffelhaut. Sie saßen an Feuern aus Büffeldung und tranken Brühe aus Büffelmark. Für das Prärievolk war der Büffel Ältester, Herrscher und Medizin; der Büffel war Nahrung, Feuer und Gebet.

Der andere mächtige Herrscher der Ebenen war Adler. Eine ehrenvolle Tat wurde mit einer heiligen Feder von Vater Adler belohnt, eine schändliche bestraft, indem diese Feder dem beschämten Krieger genommen wurde. Aus Adlerknochen, die leichter waren als Weide und schöner als Wasser, schnitzte ein Medizinmann viele Dinge: eine Knochenpfeife, ein Saugrohr zum Absaugen von Krankheiten, eine süß tönende Flöte für die Liebe. Und die Liebesflöte war es, die Sieht-In-Der-Nacht für die schöne junge Wachtelruf spielte. Diese beiden, so erzählt man sich, waren, nur wenige Tipis voneinander entfernt, im runden Lager ihres Volkes aufgewachsen. Ihre Herzen waren verbunden, seit sie sich zum ersten Mal sahen, doch ihr Schicksal war es, daß sie sich selten berührten und ihre Gefühle kaum jemals offen zeigten. Im ersten Dämmerlicht blickte er durch die Wände seines Tipis und sah die rote Glut ihres Feuers; so nah lebten sie nebeneinander. In seinem kegelförmigen Haus aus Häuten, nur einen Steinwurf von dem ihren entfernt, heftete er den Blick auf die Schattenbewegung jener vollkommenen, vom Feuer beleuchteten Gestalt, wenn sie nackt unter ihre Büffelfelldecke schlüpfte. Und sie spähte an einer Stelle, wo die straffe Haut ihres Familienzelts weich geworden war wie die Seide eines sommerhellen Bachs, durch die sternkalte Nacht auf die andere nackte Gestalt, die groß und stark an den schattengefleckten Zeltwänden aufragte.

Ihre Eltern konnten sie nicht getrennt halten – selbst wenn sie es gewollt hätten, was sie nicht taten, aber Tatsache war, daß sie Geschwisterkinder waren und deshalb nicht geeignet, um einander zu heiraten. So blieben sie Freunde, die seit frühester Jugend gemeinsam gespielt, gemeinsam gebadet hatten, deren Liebe zueinander jedoch stumm bleiben mußte. Trotzdem waren sie wie zwei verspielte Mustangs in der Sonne. Sie bewegten sich gleich, wie es nur Liebende können oder unbewußt tun. Die Leidenschaft gärte in ihnen, und sie wünschten sich immer mehr, sich von ihren Familien zurückzuziehen, die berauschende, von Liebe erfüllte, verbotene Luft ihres eigenen idyllischen Lagers zu atmen, das sie in Gedanken irgendwo in den abgelegenen Beifußwiesen errichtet hatten – wo sie sich ungesehen den lieben langen Spätsommernachmittag lieben könnten.

Wenn Wachtelruf trockenes Feuerholz sammelte oder mit dem Steinschaber über die Hautseite eines zwischen Pflöcken gespannten Büffelfells rieb, träumte sie von Sieht-In-Der-Nacht, ihrem ersehnten Liebhaber. Und wann immer er von der Jagd mit einem erlegten Bock über der Schulter zurückkam, dachte er nur an sie.

Dann dachte sie: Wenn ich ihn jetzt nur berühren und ihn wissen lassen könnte, was mein Herz denkt. Und er dachte: Wenn nur meine Hand ihren Herzschlag unter ihrer Brust fühlen könnte. Und immer, wenn die hellen Sterne in der dunklen Prärienacht leuchteten, drückten die beiden die Gesichter an die heimlichen Gucklöcher, durch die ihre Augen ihren Traum zu verwirklichen suchten: sich zu umarmen, statt ihre Gesichter an Zeltwände zu pressen; sich leidenschaftlich zu lieben unter den winterpelzwarmen Büffeldecken; den Wärmestrahl des Feuers, die tanzenden Schatten auf ihrer sich mischenden Haut zu spüren; sich zu lieben ohne die Angst, ertappt zu werden. Statt dessen schliefen sie unter verschiedenen Decken ein, mit den Rufen des Ziegenmelkers im Ohr trieben sie dahin wie Flußkiesel und träumten. Und endlich lagen sie sich im Geist in den Armen.

Es kam die Zeit, in der sich Sieht-In-Der-Nacht aufmachte, um einen Adler zu fangen und sich als Mann zu bewähren. Er kroch in ein Erdloch und versteckte sich unter einem mit Grassoden belegten Geflecht aus Zweigen. Ein lebendes Kaninchen an einer Leine war als Köder ausgelegt, um den kreisenden Adler zu locken.

Die Zeit verging. Sieht-In-Der-Nacht dachte an die Aufgabe, die vor ihm lag und die er meistern mußte, um seine Männlichkeit zu beweisen. Sobald das Kaninchen seinen geisterhaften Schrei ausstieß, mußte er sein Versteck aufgeben und hinausspringen, die gelbschuppigen Füße des krallenbewehrten Vogels ergreifen, in das Erdloch ziehen und den Vogel lebendig fangen. Damit würde er seine Kraft beweisen. Wenn es ihm jedoch mißlang, wenn er die Füße verfehlte oder nicht fest genug zupackte, würde der Hakenschnabel sein Gesicht zerhacken; er würde ihn entstellen, und seine Krallen würden ihn zerfleischen.

Er saß mit überkreuzten Beinen in der Grube und wartete vom taubenrucksenden Morgen bis zum grillenzirpenden Nachmittag. Seine Gedanken wanderten zu Wachtelruf, seiner Liebe, und er begann zu dösen und von ihrer weichen Haut unter dem Hirschlederkleid, das sie trug, zu träumen.

Plötzlich rissen ihn laut schlagende, dunkle Schwingen aus seinem Traum, in dem er neben Wachtelruf am Flußufer lag, und durch das dichte Geflecht hörte er den schrillen Schrei des Kaninchens. Er stellte sich vor, wie sich die starken Fänge um das Kaninchen krallten und an der Leine zerrten. Jetzt, dachte er, bevor der stolze Vogel entdeckt, daß er gefangen ist! Bevor der Adler seine Klauen lösen und sich befreien konnte, sprang Sieht-In-Der-Nacht unter den tarnenden Zweigen hervor, packte die flechsigen Beine und zog den flügelschlagenden Vogel mit einem Ruck in das dunkle Loch. Er ließ den erschrockenen Vogel kurz los, warf ihm eine Decke, eine verdunkelnde Haube, über und umwickelte ihn mit einem aus Sehnen gedrehten Strick.

Er hatte den großen Himmelsadler gefangen, und als er heimkam, wurde er wie ein Held begrüßt. Doch seine Ohren waren taub für das Lob, das ihm entgegen-

schallte. Seine Augen folgten Wachtelruf, und als sie ihm
zuflüsterte: »Ich treffe dich am Nachtfluß«, wußte er,
daß sein Traum in Erfüllung gegangen war. Nach dem
Fest, das ihm zu Ehren veranstaltet wurde, verließ er das
Dorf und ging hinaus über ebenes Land und tiefe Sen-
ken. Gabelböcke reckten die weißen Köpfe über das
Gras, als er vorüberkam; die ersten Sterne erschienen,
und die unermüdlichen Schwalben jagten durch den
rötlichblauen Abend. Er schlich zum Fluß – sie war
nicht da! Sein Herz war verzweifelt, als sein Traum vor
seinen Augen zerrann. Dann sah er im Gras ihre leeren
Mokassins, einen hier, einen da, als hätte sie sie wegge-
schleudert.

Er kannte die Spur. Ringsherum waren viele tiefe
Fußabdrücke. Feinde, dachte er, haben meine Wachtelruf genommen. In das lehmige Ufer war deutlich erkennbar wie Blut eine Geschichte geschrieben. Hier
hatte sie gewartet; hier war sie gefangen worden. Er
rannte am Fluß entlang auf der Suche nach weiteren
Spuren. Es gab keine. Mit enger Kehle und schwerem
Herzen blieb er stehen, denn er kannte das Gesetz des
langen Grases, das Gesetz des Jägers, des Gejagten.
Sollte er jetzt den Adler, den er eben erst vom Himmel
genommen hatte, zurückgeben? Er war der Adlerdieb,
sein Feind der Dieb seines Herzens. Bittere Tränen ver-
gießend, kehrte er um.

Aber die Liebe, die erste Glut, die das Herz entflammt, wird nicht grau und kalt, wenn Träume zerrin-
nen. Als es Nacht wurde, sah Sieht-In-Der-Nacht nur
eine öde Grenze zwischen Himmel und Erde; das Gras
wurde dürr, die versengten Hügel starben. Er nahm sein
Messer und stach sich ins Herz. Neben dem Fluß brach
er zusammen. Sein unschuldiges Blut floß über das lehmige Ufer, das aussah wie Schnee. Und wo sein Blut her-
vorquoll und ins Wasser rann, wuchs eine Blume mit

borstenähnlichen Blüten und hochroten Deckblättern, die in Amerika »Malerpinsel«* heißt – die Blume der Liebenden.

Die Geschichte von Erstes Licht und Morgenrot

In der die zwei Schwestern Erstes Licht und Morgenrot um die Liebe von Vater Sonne wetteifern, die Verliererin traurig und Mutter Erde gütig ist; und in der Morgenrot in Buschschwänzige Waldratte verwandelt wird

In der Wüste unter dem Berg Inmitten-Von-Bewegung stand ein großes mehrstöckiges Haus aus Lehm, Sand und Steinen. Die Menschen, die darin wohnten, waren friedlich und so eng miteinander verwandt wie die jahrhundertealten Zedern, die die windumwehten Sandberge der Wüste zierten. Die Menschen verbrachten ihre Tage, indem sie Mais anbauten und mahlten und dünnes blaues Fladenbrot buken, das so leicht war wie die trockene Bergluft und in runden sandfarbenen Lehmöfen gebacken wurde, die aussahen wie in der Sonne sitzende Bienenkörbe.

Eines Tages, so erzählt man sich, einigten sich zwei Schwestern, Erstes Licht und Morgenrot, die hier lebten, auf eine Wette. Erstes Licht, die größere und ältere Schwester, sagte: »Diejenige, die Vater Sonne zuerst sieht, hat gewonnen.« Dann fügte sie hinzu: »Und die, die Vater Sonne zuletzt sieht, wird nichtswürdige Kinder haben.«

Erstaunlich strenge Regeln, wenn man bedenkt, daß sie von einem hübschen Mädchen aufgestellt wurden.

* Wir nennen sie Indianernessel (A. d. Ü.).

96

Aber so war sie nun einmal – entschlossen und anspruchsvoll, während die jüngere Schwester Morgenrot die Dinge nahm, wie sie kamen, und nicht lang darüber nachdachte, ob sie Glück oder Unglück oder vielleicht ein anderes Verhängnis brachten. Nachdem sich die beiden Schwestern also geeinigt hatten, ihren Streit auf so unversöhnliche Weise auszutragen, warteten sie die ganze Nacht auf den Morgenbesuch von Vater Sonne. Schließlich kam die Dämmerung wie ein helles, in den Sand gegossenes Perlmuttband. Dann färbte sich der Himmel purpurrot, und Vater Sonne ritt aus den Wolken auf dem großen morgengrauen Roß mit der flammenden Mähne. Sein warmer Gruß fiel auf das gelöste Haar von Erstes Licht, und sie schwelgte im glühenden Glanz der Sonne. Dann fiel sein Segen auf Morgenrot, glitt über ihr Gesicht und ihre Schultern, wo er plötzlich innehielt und den Rest ihres Körpers im blauen Schatten ließ. Erstes Licht reckte sich stolz, und doch lag etwas Schäbiges in ihrer Haltung, denn sie war diejenige, die glänzend und strahlend wie eine Statue in der Sonne stand.

Ihre arme Schwester Morgenrot stand neben ihr in einer kalten, lässig über sie geworfenen Schattendecke, als wäre sie Vater Sonnes freundlicher Aufmerksamkeit nicht würdig. »Warum werde ich in den Schatten gestoßen«, rief sie klagend, »während du reich gekleidet im Licht bist? Was habe ich getan, um unserem Vater so zu mißfallen?«

»Du redest, als wäre es meine Schuld«, sagte Erstes Licht tadelnd. »Wir haben gewettet. Und wer von Vater Sonne zuletzt gesehen wird, bekommt nichtswürdige Kinder.«

Als Morgenrot dies hörte, brach sie in Tränen aus. Aber Mutter Erde, die den Wettstreit aus der Ferne beobachtet hatte, erbarmte sich ihrer Tochter Morgenrot und verwandelte sie in eine kleine Waldratte mit buschi-

gem Schwanz, die auf flinken Beinen unter einen Stein-
haufen huschte.

»Ich habe gewonnen!« entschied Erstes Licht, und
das stimmte. Der Sieg gehörte eindeutig ihr; aber – auch
wenn sie es damals nicht wußte – in Wirklichkeit war
dieser Sieg eine Niederlage, weil sie ihn nicht mit ihrer
Schwester teilte. Denn wie ihr euch erinnert, waren die
friedlichen Leute, die in den vielen Stockwerken des
Lehm- und Steinhauses wohnten, alle eine einzige Familie; sie waren von einem Blut. Etwas zu nehmen, ohne
den anderen teilhaben zu lassen, war sinnlos. Erstes
Licht stellte bald fest, daß sie unglücklich war, denn sie
vermißte ihre Schwester ebensosehr, wie sie ihren Vater
liebte.

Die kleine buschschwänzige Waldratte wurde jedoch
nicht vergessen. Sie ging nicht sehr weit fort, sondern
hauste zwischen den großen Steinen vor der Haustür
ihrer Familie. Und obwohl sie die meiste Zeit im Schatten lebte, freute sie sich, wenn sie ihre Schwester in der
Sonne sah. Denn das Leben, so sagen sie, hält sich die
Waage: Sonnenschwester, Schattenschwester. Und deshalb lassen die Leute ein paar Krümel auf den Steinen
liegen und finden dort, wenn sie zurückkommen, Pi-
niennüsse.

Die Geschichte von Felswasserjunge

Wie der jüngere Bruder von Morgenrot,
der Felswasserjunge heißt, seine Schwester Waldratte
verführt und wie sie von Vater Sonne
entdeckt und bestraft werden

Eines Tages legte Felswasserjunge, der jüngere Bruder
von Morgenrot, eine Schlinge zwischen die flechtenbe-
wachsenen Steine in der Hoffnung, seine Schwester zu

fangen. Er war nicht nur neugierig, sondern wollte sie in ihrem Waldrattenfell aus der Nähe sehen, sie berühren und wissen, daß sie es wirklich war. Er war eine unfeine Person mit einer inneren Grobheit, wie ein vom Wind schartig gewetzter, vom Regen gepeitschter, von Schnee und Eis zerklüfteter Fels. Er wußte, daß er Waldrattenmädchen nicht fangen sollte, aber er konnte der Versuchung nicht widerstehen. Deshalb legte er eine Schlinge aus Yuccaschnur, versteckte sich im Schatten der sonnenwarmen Steine und wartete auf das Ende des grellen Tageslichts. Die Sonnenblumenkerne, die er als Köder ausgelegt hatte, lockten Waldrattenmädchen aus ihrer Wohnung, und sie ging in die Falle. »Ha!« rief Felswasserjunge in seinem Versteck. »Ich sehe dich, Schwester!« Aber Mutter Erde sah den Unfug, den ihr Sohn trieb, und wie schon einmal hatte sie Mitleid mit ihrer armen Tochter und verwandelte sie zurück in die schöne Morgenrot. Und so sah der niederträchtige Bruder seine Schwester in ihrer früheren Gestalt, aber sie war viel schöner als er sie in Erinnerung hatte.

Morgenrot, noch ganz verwirrt von der plötzlichen Verwandlung, spürte eine wundervolle Wärme in ihrem Körper, als sie ihr Bruder umarmte, und die Unselige konnte nicht anders, als ihn mit Kosen und Schmeicheln zur Liebe zu verleiten. Sie fühlte ein Bedürfnis, von dem sie bis jetzt nichts gewußt hatte, und war entzückt von ihrem Körper, von dem sie vergessen hatte, daß er ihr gehörte. Wo sie niemand sehen konnte, liebten sie sich; dann schlummerten sie und begannen von neuem. So kam es, daß Felswasserjunge seine Schwester nicht nur einmal, sondern viele Male liebte. In der Glut der Mittagsluft steigerte sich ihre Leidenschaft, legte sich, kam und ging und schien nicht enden zu wollen, bis Vater Sonne vom mittäglichen Himmel herunterschaute und sah, wie der zügellose Junge, sein Sohn, das wie von einem Zauber gebannte Mädchen, seine Tochter, liebte. Und er machte, daß sie sich plötzlich wiedererkannten, daß sie unwiderruflich wußten, wer sie waren und was sie hier taten.

»Oh«, sagte Waldrattenmädchen erschrocken, »*du* bist es...«, verwandelte sich in eine buschschwänzige Waldratte und lief davon.

Felswasserjunge wandte sich beschämt von ihr ab und von dem, was er getan hatte. Dann zog er mit dem großen Zeh eine Linie in den Sand und sah zu, wie sie sich mit Wasser füllte, zu einem Bach und dann zu einem tosenden Fluß wurde. Als die Leute herbeiliefen und den reißenden Fluß sahen, sagte Felswasserjunge: »Ihr müßt diesen Fluß überqueren, oder es wird uns etwas Schreckliches zustoßen.«

Die Leute gingen ins Wasser, um hinüberzuschwimmen, aber auf halbem Weg begannen die Kinder ihre Mütter zu beißen. Einigen wuchs der runde kuppelförmige Schildkrötenpanzer, andere bekamen eine Schuppenhaut, verloren Arme und Beine und wurden Schlangen; und wieder andere hatten plötzlich Federn, Schnäbel und Krallen. Alle schlugen mit Flügeln und Klauen wie verrückt auf ihre Mütter ein. Silbrig geschuppt, rhombisch gemustert oder schopfig gefiedert peitschten sie das Wasser, rührten Wirbel und sprühten Schaum in die vier Richtungen. Die Kinder waren stärker als ihre Eltern und schlugen sie zischend, pfeifend und krächzend und mit Schwimmfüßen, Krallen und Hakenschnäbeln. Als die verzweifelten Eltern vor ihnen zu fliehen versuchten, tauchten die Kinder auf den Grund des Flusses. Sie schwammen zum Fuß des Gebirges, das sich bis zum Himmel erhebt.

»Unsere Kinder haben sich gegen uns gewendet«, jammerte eine Mutter auf der anderen Seite des Flusses. Aber Felswasserjunge sagte: »Eure Kinder sind jetzt

Flußgeister und Berggeister. Die Lichter auf dem Grund des Flusses sind ihre Lagerfeuer. Eines Tages werdet ihr sie aus den Berggipfeln kommen sehen. Sie werden zu euch kommen und um einen großen Tanz bitten. Und so wie ihr ihre Eltern wart, werden sie jetzt eure Eltern sein – für alle Zeit.«

Wenn sie heute zurückkommen, kurz bevor es dunkel wird, ehrt sie das Volk, indem es am Fluß Maismehl streut. Denn hier, am seichten Ufer, wurde der heilige Ort gefunden, wo der Ausgleich zwischen allem Leben erreicht werden konnte. Deshalb warten die Leute, wenn es dunkel wird und die Feuer brennen; und ihre Kinder, die Alten, kommen wieder. Sie kommen durch die Wurzeln der Flüsse und Berge, über den Himmel und in das Dorf und das vielstöckige Haus aus Lehm und Sand und Steinen.

Die Geschichte von Hühnerhabichtmann

In der Hühnerhabicht seiner treulosen Vogelfrau,
die ihn mit Wassermonster betrogen hat,
eine Lehre erteilt und sie mit seinem Pfeil
in ein anständiges Ding namens Tannenwaldhuhn
verwandelt

Als die Heldengeschichten um die Welt gingen, wurden alle für ihre Großtaten auf besondere Weise und zu ihren Lebzeiten geehrt. Aber es gab einen, dem keine Anerkennung zuteil wurde, weil er keine haben wollte, und das war Hühnerhabicht, der im Nordland lebte. Er war kein geringerer Gestaltwechsler als Felswasserjunge, aber er blieb lieber für sich. »Jäger, die sich zu oft blicken lassen, werden gesehen, statt selbst zu sehen«,

sagte er, und deshalb geht er heimlich seinen Geschäften
nach. Doch für eine großartige Tat ist er berühmt geworden. Berichtet hat sie Kleiner Bussard – ihr könntet
ihn auch Präriefalke nennen –, der, wie die Leute sagen,
alles erzählt, was er sieht, und das ist eine ganze Menge,
denn er kommt viel herum. Dies ist seine Geschichte,
erzählt auf seine Art und mit seinen Worten.

»Hühnerhabicht lebte in einem Haus aus Rinde auf einer
Lichtung zwischen Laubmoos und Kiefern. Wenn er
morgens aufwachte, stieg ihm der Duft von Harz und Kie-
fernnadeln in die Nase und versüßte sein Heidelbeerfrüh-
stück, das seine Frau, Vogelfrau, jeden Tag für ihn sammelte. Sobald sie ihre Morgengebete gesprochen hatte,
ging sie auf dem knorrigen Astweg entlang, der zum See
von Wassermonster führte, das Seen und Flüsse be-
herrscht und, wie sie sagen, auch alle anderen Gewässer.

Nun, nachdem Vogelfrau ihre Körbe mit reifen Heidelbeeren gefüllt hatte, spazierte sie zum Seeufer, um
sich zu erfrischen. Gewöhnlich hatte das flache, son-
nenwarme Wasser die Farbe von nasser Rinde, aber
wenn die Sonne höher stieg, war der Sand gelb und das
tiefe Wasser so klar, daß man die Steine auf dem Grund
sehen konnte.

Vogelfrau wäre am liebsten bis zur Mitte des Sees hin-
ausgeschwommen, aber sie wagte es nicht wegen der
Geschichten, die das Volk über Wassermonster erzählte.
Er war bekannt als gefräßiger, jähzorniger und unbere-
chenbarer Bursche. Deshalb blieb sie dicht am Ufer. Sie
watete zuerst nur im seichten Wasser, dann im etwas tieferen, dann schwamm sie und jeden Tag ein wenig weiter, bis sie ziemlich weit vom Ufer entfernt war.

Einmal, als sie halb im Wasser und halb draußen war,
sah sie den, der dort lebte, dem das Wasser gehörte; und
er kam rasch zu ihr. Sie versuchte, sich vor ihm zu be-

decken, aber es war zu spät; er hatte schon alles von ihr gesehen. ›Was willst du von mir?‹ fragte sie.

Zwischen Wasser und Uferböschung kam er langsam auf sie zu. Seine Hautfarbe war wie der rindenbraune See, und sein langes, zerzaustes Haar voller Schlingpflanzen. Sein mit lehmigem Schleim verschmiertes Gesicht hatte Beulen und Pockennarben, und als er grinste, sah Vogelfrau seinen zahnlosen Gaumen.

›Du schwimmst jeden Tag in meinem See, aber du gibst mir nichts dafür‹, sagte er mürrisch, während er näher kam.

›Ich pflücke Beeren für meinen Mann‹, sagte sie zitternd.

Er war jetzt so nah, daß er sie berühren konnte, und das tat er, wobei er etwas Klebriges auf ihrer Haut hinterließ. Er roch faulig nach Sumpf; sein schleimiges Gesicht glänzte dunkel in der Sonne.

›Was du tust, tust du also nur für deinen Mann‹, sagte er und legte seine ölige Hand auf ihre Brust.

Sie schauderte, als er seine andere Hand auf ihre andere Brust legte, und gleichzeitig rieselte durch ihren zitternden Körper ein seltsames Gefühl, das sie hilflos machte.

›Würdest du für mich tun, was du für ihn tust?‹ fragte Wassermonster.

›Beeren sammeln?‹

›Nein‹, sagte er feixend und drückte ihr Gesicht gegen seine sumpfig dünstende Brust.

Vogelfrau hatte schreckliche Angst. Sie entwand sich dem zähen Griff seiner schlammverkrusteten Arme und rannte zum Ufer. Er humpelte ihr unbeholfen auf seinen großen, zehenlosen Plattfüßen nach und holte sie am Rand der Heidelbeerwiese ein.

›Sind das die Beeren, die du gesammelt hast?‹ fragte er schwer atmend, während er sie um die Taille faßte.

›Nimm sie dir‹, stammelte sie und versuchte, sich von ihm loszureißen. Aber jetzt hatte er ihren Fuß erwischt und ließ sie strampeln und zappeln, während er sich einen Korb voll Beeren nach dem anderen in den Hals schüttete und nur einen kleinen Korb unberührt ließ. Beerensaft tropfte aus seinem Mund, als er sie bestieg, sich zwischen ihre Beine zwängte und stöhnte, als hätte er nie eine Frau gehabt. Und sie schrie, denn sie hatte noch nie ein Wasserungeheuer gehabt. Danach rollten sie auseinander. Er lag auf dem Rücken, schnaufte blubbernd durch seine nassen Lippen und legte schützend den Arm über die Augen, die gegen die Sonne empfindlich waren. Kurz darauf schlief er, schnarchte lauter als ein Bär und stank nach Fisch und Schnecken.

›Er ist wie mein Mann‹, sagte Vogelfrau, ›nur größer.‹ Sie nahm ihr Kleid und ihre Körbe und lief in den Wald zum Rindenhaus, in dem sie und ihr Mann wohnten. Er erwartete sie an der Tür und sah sie fragend an.

›Ich habe nur rasch im See gebadet‹, sagte sie atemlos.

›Und wieso bist du am Rücken voll Schlamm?‹

›Weil ich versucht habe, die reifsten Beeren für dich zu finden, liebster Mann.‹

›Warum sind dann alle Körbe leer bis auf einen?‹

›Weil ich vom vielen Pflücken hungrig geworden bin‹, antwortete sie und gähnte.

Dann legte sie sich auf die Bärendecke neben dem Herdstein, der noch warm war vom Morgenfeuer, und murmelte schläfrig: ›Keine Sorge, Mann. Morgen bekommst du ganz viele Beeren.‹

Traurig saß er auf einer Stange mit einer Lehne aus Weidengeflecht und blickte auf seine schlafende Frau. Sie schien nicht gut zu schlafen, denn ihre Hände zuckten wie die Pfoten eines träumenden Hundes. Darüber will ich mehr wissen, dachte er. In den folgenden vier Tagen verhielt er sich still, aber es war immer das gleiche: Seine Frau kam mit leeren Körben nach Hause, die Kleider an die Brust gepreßt, die Haut lehmverschmiert. Einmal, als sie schlief, roch er an ihrer Haut. Sie roch widerlich nach faulen Wasserpflanzen und dem säuerlichen Fischgeruch des Sumpfs. In ihrem Haar hingen Fusseln von Wasserwurzeln, und er sah die Kratzer und Striemen an ihrem Körper.

›Wir werden sehen, wer meine Frau so schlecht behandelt‹, sagte Hühnerhabichtmann. Am nächsten Morgen folgte er Vogelfrau heimlich durch die Kiefern und hinunter auf den von Springkraut und Farn gesäumten Pfad zum See. Dort, im Riedgras, stand das Ding, das er bereits im Verdacht hatte, und wartete zahnlos grinsend auf die Ankunft von Vogelfrau. Er sah, wie seine Frau singend und freimütig auf das Ding zuging und ihm zu Willen war. ›Vogelfrau ist eine Verräterin‹, flüsterte er, aber er blieb in seinem Versteck im Erlenlaub. Als Wassermonster sie am Seeufer nahm und sich grunzend in sie senkte, schrie sie auf, aber nicht so, daß ihr Mann dachte, ihr täte etwas weh.

Danach schlief Wassermonster wie üblich ein und schnarchte abscheulich durch den offenen Mund. Vogelfrau schien plötzlich die Nähe ihres Mannes zu spüren. Sie raffte ihr Kleid auf und wollte fliehen, aber Hühnerhabichtmann trat leise aus dem Schatten auf den sonnengesprenkelten Pfad und versperrte ihr den Weg. ›Hast du kein Mitleid mit uns, Vogelfrau?‹ fragte er, ohne sie anzusehen. Sie ließ den Kopf hängen, aber nicht, weil ihr leid tat, was sie getan hatte, sondern weil sie müde war von der anstrengenden Beschäftigung mit Wassermonster. Seit er Anspruch auf sie erhoben hatte, ließ sie ihn tun, was er wollte, wenn er bei ihr war; aber wenn er nicht bei ihr war, tat sie nichts anderes als schlafen. Nun war sie einfach zu müde, um etwas zu sagen; sie ließ den Kopf hängen und dachte, sie würde gleich

hier im Stehen einschlafen. Inzwischen nahm Hühnerhabichtmann den schärfsten Sonnenpfeil aus seinem
Köcher, und während seine Frau mit halbgeschlossenen
Augen hin- und herschwankte, schoß er sie durch die
Brust. Da riß sie die Augen auf und starrte ihn entsetzt
an. In ihrer Bestürzung hüpfte sie zur Seite und zerrte an
dem Pfeil, der sie durchbohrt hatte. Dann fiel sie weich
ins Farnkraut. Kein Laut kam von ihren Lippen bis auf
ein leises *Tschiep*. Ihr Kopf sank nach hinten, während
sie zu atmen versuchte und ihre Augen mit einem uner-
gründlichen Blick auf ihren Mann richtete. Hühnerhabicht ließ seine verwundete Frau liegen und ging durch
den hüfthohen Farn hinunter zum See, wo sich Wassermonster zu regen begann. ›Oh, Freund‹, rief Hühnerhabicht munter. Wassermonster rappelte sich verschlafen
auf und gaffte mit sabberndem Mund.

›Wie bist du so leise hergekommen?‹ fragte er. Hühnerhabicht ging lächelnd um ihn herum.

›Das war nicht schwer. Also, bist du bereit zu sterben?‹

Wassermonster lachte, bis grauer Schaum über seine
Unterlippe tropfte.

›Bist du es denn?‹ zischte er.

Hühnerhabicht lachte ungerührt und schoß den
zweiten seiner Sonnenpfeile, jener vom ersten Sonnenstrahl gesegneten Geschosse. Der Schaft bohrte sich tief
in den Hals von Wassermonster, der mit seinen matschi-
gen Händen danach griff und vergebens versuchte, sich
den Pfeil aus dem Fleisch zu reißen. Dann drehte er sich
um, und um sich schlagend, stolpernd, einsinkend und
schließlich unter Binsen und Seggen kriechend, floh er
in den Sumpf. Und sogar nachdem er in das tote Wasser
gegangen war, stiegen von dem sterbenden Wesen noch
zischende Blasen an die Oberfläche.

Danach kehrte Hühnerhabicht zu seiner Frau zurück, die blutend im Farnkraut lag. Ihre Augen, die ihn

groß und klar ansahen, wurden langsam glanzlos vom Tod.

›Mein Mann‹, rief sie, ›obwohl du mich getötet hast, liebe ich dich noch immer.‹

›Vogelfrau‹, flüsterte er, während er sie in den Armen wiegte, ›warum hast du mich dazu gebracht?‹

Aber sie antwortete nicht, denn ihr Geist verließ sie und stieg dunkel aus dem süß duftenden Farndickicht empor. Auf den blutdurchtränkten Farnen sitzend, sah Hühnerhabichtmann, wie sich der Geist seiner Frau in einen schönen goldbraunen Vogel verwandelte mit Flügeln, die trommelten, als sie sich hoben und senkten, und schwirrend ein liebliches Geräusch machten.

›Ah‹, sagte er, als er sie wiedererkannte. ›Vogelfrau, du wirst die, die wir Tannenwaldhuhn nennen werden.‹

Und seit dieser Zeit haben die Waldleute Tannenwaldhuhn gegessen, dessen erdiger Geschmack nach reifen Heidelbeeren, feuchtem Gras, wildem Farn und regennasser Fichte ihnen besonders mundet. Und manche schmecken noch etwas anderes, etwas, von dem sie sagen, daß es nicht besser beschrieben werden könnte als mit der großen Zutraulichkeit des Tannenwaldhuhns, die es für die Jäger zu einer so leichten Beute macht.«

107

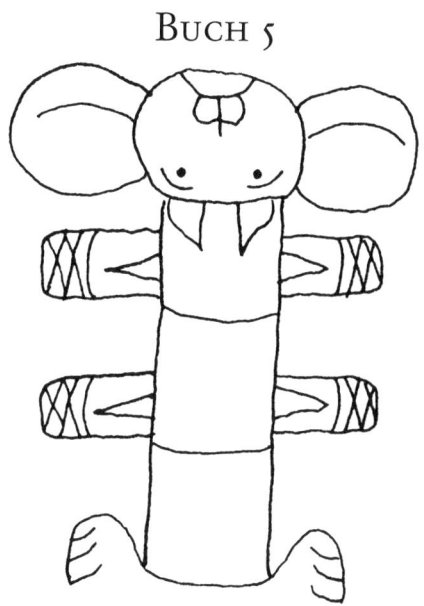

BUCH 5

Der Wettstreit zwischen Kojote und Spinnenfrau

Wie Elster vom Wettstreit zwischen
Kojote und Spinnenfrau erzählt und vom Leid,
das Kojote mit seinen Beschimpfungen verursacht

Eines Tages keckerte Elster, sie könne Geschichten ebensogut erzählen wie jeder andere, vielleicht sogar besser, und weil Rabe und Kojote nicht da waren, um ihr zu widersprechen – sie waren auf jeden Fall die lautesten, wenn auch nicht die besten Erzähler –, setzte Elster zu einer Geschichte an, die ihrem Ruf gewiß nicht

schadete, wohl aber dem von Kojote. Ihr fragt euch vielleicht, wie es möglich ist, etwas zu beschädigen, was bereits ruiniert ist, denn Kojotes Ruf war gleich zu Anfang
baden gegangen, wie dieses Märchen deutlich zeigen
wird. Hier also ist Elsters Version vom Wettstreit zwischen Kojote und Spinnenfrau.

»Sie sagen, Erster Mann habe Kojote ausgeschickt, um
die Quelle der Morgendämmerung zu entdecken. Da
stahl er als erstes zwei Kinder von Wassermonster und
klemmte sie sich unter den Arm, während die große Flut
das Land verwüstete; aber das war gewiß nicht seine
schlimmste Tat.

Erster Mann gab ihm den Namen Kojote – ein Name,
der ihm so gegen den Strich ging, daß ihm das Fell in die
verkehrte Richtung stand. Also gab ihm Erster Mann
den Namen Zorniger, mit dem er sich schließlich zufrie-
dengab und seiner Wege ging. Danach jedoch stahl er
den Polarstern, den Erster Mann und Erste Frau auf ein
Stück blauen Samt gelegt hatten. Dann versuchte er, die
Sonne zu stehlen, aber sie war zu heiß auf seiner Zunge,
und er mußte sie ausspucken.

Nun sagen die Leute, Kojotes Frau sei genauso
schwierig gewesen wie er. Sie war diejenige, die Mutter
Hirsch fragte, wie sie die weißen Flecken auf dem Fell
ihrer Kinder gemacht habe. Mutter Hirsch sagte, sie
habe etwas Asche auf das Fell gestreut; doch als Mutter
Kojote dies bei ihren Kindern versuchte, benützte sie
rote Glut statt kalter grauer Asche, und das Ergebnis
war, daß sie ihnen den Pelz verbrannte. Und das ist noch
nicht alles. Eines Tages, als sie wieder etliche Kinder bekommen hatte, holte sie Wasser, um es ihnen Mundvoll
für Mundvoll zu bringen. Sie kam unter der Zitterpappel
vorbei, wo Blauhäher auf sie wartete. ›Du meine Güte‹,
sagte er, ›heute abend hast du dich aber feingemacht!‹

Mutter Kojote vergaß ihre Kinder und schluckte das Wasser, das sie ihnen bringen wollte. Blauhähers dumme Bemerkung war ihr schnurstracks zu Kopf gestiegen. Und nachdem sie ein Dutzend Mal unter der Pappel vorbeigegangen war, Blauhäher jedesmal die gleiche Bemerkung machte und Mutter Kojote immer wieder das Wasser schluckte, das sie ihren Kinder bringen wollte, verdursteten die armen Dinger und starben. Das erzählt man sich jedenfalls; und jetzt versteht ihr vielleicht, warum die Leute den Kopf schütteln, wenn sie den Namen Kojote hören. Aber wußtet ihr, daß Kojote einmal einen Zweikampf mit Spinnenfrau ausfocht? Von allen Kojote-Geschichten – und es gibt wirklich sehr viele – ist diese die unerhörteste, weil Spinnenfrau so gut wie niemandem etwas zuleide tut oder jemals getan hat. Kojote dagegen könnte sogar Steine vor Wut zum Schreien bringen, und das schon immer.

Zu dem Wettstreit kam es, als Kojote vor den Leuten prahlte, es gäbe nichts, was er nicht besser könnte als jeder andere. Truthahngeier fragte, ob er auch so gut weben könne wie Waldratte, und Kojote antwortete: ›Besser.‹ Dann fragte Truthahngeier, ob er so gut weben könne wie Spinnenfrau, die beste Weberin der Welt, und Kojote antwortete: ›Stell einen Webstuhl auf, und ich webe das Netz direkt aus ihrem Faden!‹

Als sich dies abspielte, war auch Truthahn zugegen, und er schlug vor, Kojote und Spinnenfrau sollten das Webspiel spielen, bei dem man immer die Wahrheit sagen muß. ›Jeder weiß, daß du gerne lügst‹, sagte Truthahn. ›Deshalb darfst du nur weben, wenn du etwas Wahres sagst. Ein wahres Wort, eine Länge Garn. Und für Spinnenfrau gilt dasselbe.‹ Kojote und Spinnenfrau stimmten den Spielregeln zu und setzten sich an ihre Webstühle. Als erstes sagte Kojote: ›Bär hat den Husten in die Welt gebracht.‹

›Richtig‹, erwiderte Truthahn und gab Kojote einen Strang Wolle, den er in seinen Webstuhl eintrug.

Dann sagte Spinnenfrau: ›Alter Mann Ziesel hat das Zahnweh in die Welt gebracht.‹

›Richtig‹, sagte Truthahn, und so ging es weiter, hin und her wie bei einem Ballspiel. Und eine Weile hörte es sich folgendermaßen an:

Kojote: Elsters weiße Feder heißt Morgengrauen.
Spinnenfrau: Eules Haus heißt Dunkelheit.
Kojote: Das Fell von Rotfuchs ist sternengesprenkelt.
Spinnenfrau: Wolf wird Großer Wanderer genannt.
Kojote: Wapiti heißt Fressen.
Spinnenfrau: Und du Kojote.
Kojote: Du heißt Häßliche Zähne.
Spinnenfrau: Du Hosenpiesler.
Kojote: Du Fettsteiß.

Und so ging das weiter, und das Webspiel wurde zu einer Schimpfwörterschlacht, die Kojote wahrscheinlich gewonnen hätte, weil er immer die gemeinsten Sachen über andere zu sagen weiß. Truthahn beendete das Webspiel, indem er erklärte, keiner von beiden habe gewonnen. Aber damit war die Sache nicht ausgestanden. Kojote fuhr fort, Spinnenfrau schlechte Namen zu geben, während sie still dasaß und kein Wort sagte. Aber ihre Hände webten und webten, und während Kojote sie beschimpfte, machte sie ein ganz feines Netz, so fein, daß man es tatsächlich nicht sehen konnte. Es war hauchdünn, aber stark wie Sonnenlicht und scharf wie die Hörner des Mondes. Sie webte etliche Tage lang, während Kojote umherging und sie mit Schimpfwörtern überhäufte, die sie auf anerkennungswürdige Weise überhörte. Schließlich wollte er sie töten; dann bräuchte er ihr keine Schimpfnamen mehr zu geben. Er fletschte die Zähne, stürzte sich auf sie und lief geradewegs in das unsichtbare Netz, das sie gewebt hatte. Und dieses Netz, das feiner war als ein Gedanke, schnitt Kojote in tausend kleine Stücke. So war Spinnenfrau am Ende die lachende Siegerin. Aber Kleiner Wind, der immer ein gutes Herz hat, erbarmte sich des alten Ersten Zornigen; er sammelte ihn auf und setzte ihn wieder zusammen. Dann rief er einige andere aus dem Windvolk herbei – Linkshändiger Wind, Sommerwind, Großer Kommender Wind und Wind-In-Der-Luft –, und sie bliesen Kojote wieder Leben ein. Danach gelobte er, Spinnenfrau nie wieder zu beleidigen, und er hat seitdem kein böses Wort über sie gesagt, zumindest, so sagt man, nicht so, daß sie es hörte.«

Die Geschichte von Schlankes Mädchen und Bergflügel

Wie Schlankes Mädchen von einer Riesenschlange,
die auch ein schöner junger Mann ist, gejagt und von
Bergflügel, einem irdischen und himmlischen Gott,
gerettet wird

Nun gibt es den Dummheitswettbewerb wie in der vorausgegangenen Kojote-Geschichte und den Wettstreit in der Liebe, von dem in der folgenden Geschichte von Schlankes Mädchen und Bergflügel die Rede sein wird. Es ist die Geschichte von einem ähnlich schönen Mädchen wie die jungfräuliche Bärfrau, das den mächtigen Gott der Berge anlockte. Wer gut zuhört, wird etwas vom Geheimnis des Lebens begreifen. Für das Bergvolk, das im Ring der Berge im Norden lebte und später in die südliche Ebene zog, war Geheimnis eine annehmbare Erklärung für die unbeschreibliche und unerschöpfliche Schönheit des Lebens. Denn alles Leben

war schön, und alles Schöne war Geheimnis. Dem Bergvolk war nichts fremd oder unmöglich, weil alle Dinge
aus derselben Quelle kamen. Und diese sowohl schöne
als auch rätselhafte Quelle war das große, unerklärliche
Geheimnis.

Wenn alles Leben aus derselben Quelle geboren
wurde, denselben Ursprung hatte, dann sollte es nicht
verwunderlich sein – und für das Bergvolk war es das
auch nicht – , wenn ein gewöhnlicher Stein mit der
Stimme eines Mannes sprach. Denn was ist ein Stein anderes als ein Stück von der Schulter des Berges, nicht
wahr? Aber wir wollen uns die Geschichte von derjeni-
gen erzählen lassen, die sie erlebt hat – so wie die Menschen sie heute mit den erinnerten Worten von Schlankes Mädchen erzählen, jener Frau, die vom großen Berg
des Geheimnisses umarmt wurde.

»Eines Tages war ich müde vom Nüssesammeln. Ich
weiß noch, daß es sehr warm war; die Sonne stand hoch,
der Himmel war wolkenlos. Ich kannte einen Bach, tief
in den Walnußwäldern, zu dem ich schon als Kind gegangen bin. Das Wasser dieses Baches war so klar wie
Markknochenbrühe. Man konnte die weißen Kiesel-
steine auf dem Grund sehen. Das Wasser war kalt, und
keine Welle kräuselte seine Oberfläche.

Ich stellte meine Körbe mit den Nüssen am Ufer ab
und tauchte die Zehen in das kühle Wasser. Es tat gut,
und mir war so heiß, daß ich mein Kleid hob und ein
kleines Stück hineinwatete. Winzige Elritzen knabber-
ten an meinen Zehen. Die Blätter der Weiden wurden
weiß im fächelnden Wind. Dann schlüpfte ich aus meinem Kleid, warf es ans Ufer und ließ mich lautlos ins
Wasser gleiten. Die Elritzen flüchteten vor meinem
Schatten, der wie ein großer dunkler Fisch über den
Kieselgrund schwamm. Ich ließ mich treiben, drehte
mich um, glitt wieder dahin und dachte, ich hätte aus

dem Augenwinkel einen hübschen jungen Mann gesehen, der sich auf einem geschälten Stamm am Bachufer sonnte.

Ich blinzelte, und plötzlich sah ich das Bachufer rol-
len und fließen wie eine große Schlange. Das moosige,
muskelige Ufer wogte und wurde riesig. Dann hob sich
die ganze grünschuppige Sommerfarnböschung und
wollte mich holen. Ich rannte aus dem Bach, nackt wie
ich war, und das schwellende, rollende Ding stieß vor
und umringte mich. Ich stieg darüber, aber es änderte
seine Form und ringelte sich immer dort, wo ich stand.
Es wölbte sich und ließ sich fallen, drehte und wendete
sich und versperrte mir den Weg.

Ich wich ihm aus, so gut ich konnte, rannte durch
Dickicht und Dornengestrüpp in den Wald, der sich
ständig änderte, während ich lief und lief – hier ein Erd-
wall mit Purpurprimeln, der riesig wurde, als ich vorüberkam; dort ein Eichendickicht, zerberstend in Blätter, Blütenkätzchen, Flechten und Rindenfetzen. Ich
hörte Wurzeln reißen, das Gras schreien – wenn es hätte
schreien können. Ich hörte, wie die Erde aufgeschlitzt
wurde, das Zischen aus den schmelzflüssigen Mäulern
von zehntausend Schlangen, und ich lief und lief.

Als die Nacht kam, wußte ich, daß ich ermüden und
den Mut verlieren würde. Meine brennende Haut war
von den Wahnsinnsausbrüchen der Erde befleckt, und
das Ding, das mir nachkroch, wälzte sich weiter, änderte
die Gestalt, als wäre das Land seine Haut. Einmal versuchte es, mich in einer weißschuppigen Bauchfalte zu
fangen – es sah aus wie ein grasbewachsener Felsbuckel
–, aber ich griff nach den Grasbüscheln und kletterte,
um mich schlagend, heraus. Dann fühlte ich mich wie
das arme, von geworfenen Stöcken eingekreiste Kaninchen, wenn die Jäger kommen und das Kaninchenlied
singen – wie der verwundete, schweißende Hirsch,

wenn die Jäger mit Pfeilen auf den straff gespannten Bogen nahen. Ich stand, in kaltem Schweiß gebadet, denn ich wußte, daß ich gefangen war. Ich konnte nicht mehr entkommen.

Dann hörte ich eine freundliche Stimme: ›Komm jetzt, Kind. Dort, wo ich hingehe, wird dich kein dunkles Ding mit Nachtschuppen jagen.‹

›Wer bist du?‹ fragte ich.

›Ich heiße Bergflügel‹, sagte die Stimme. ›Ich werde dich beschützen.‹

Ich ließ mich von Bergflügel, einem Wesen wie eine große Sturmwolke, umfangen, und als er mich, von seinen Flügeln umhüllt, in die obere Luft trug, sah ich das Schlangending, das sich wie rasend krümmte und wälzte und in wütenden Angriffen mit seinem spitzen, gezackten Kopf nach uns stieß. Aber so mächtig es auf der Erde war, so wirkungslos war es im Himmel. Bergflügel stieg höher und höher und brachte mich dorthin, wo sich das Regenbogenvolk unter der Sonne neigt; wo die Winde ihren magischen Atem sammeln, wo Sonnenvater seine Blitze aufbewahrt, Alte Mondfrau den Maisbrei in ihrem Topf rührt und das Sternvolk von den schönen Mädchen träumt, die es auf der Erde zurückließ.

Dann trug mich Bergflügel wieder hinunter, aber weit, weit weg von dem Schlangending. Seine schützenden Flügel umhüllten mich, und dann spürte ich, wie er mich am Fuß eines großen Gebirges niederließ. Als meine Füße die Erde berührten, verwandelte sich Bergflügel in einen harten, fugenlosen Stein, der im Sternenlicht glänzte. Ihr könnt ihn noch heute dort sehen, hoch über der mondhellen Ebene. Er überragt Flüsse und Bäche, die ziellos zu seinen Füßen wandern. Seine Flügel sind starr geworden, aber sie falten sich mächtig um unser Volk, so wie damals, als sie mich der Gefahr ent-

hoben und auf die Erde zurückbrachten, wo ich hingehörte.

Und nun rate ich allen jungen Mädchen, die hören
wollen, nicht in dem Bach bei den Walnußwäldern zu
schwimmen, denn dort wohnt bis zum heutigen Tag ein
böser alter Schlangenmann; er war einmal ein zweibeiniges Kind wie jeder von uns, aber seine Großmutter,
sagen sie, war eine Hexe, die ihn mit Sumachmilch, gekochtem Mais und Schlangeneingeweiden gefüttert hat
und ihn lehrte, wie eine Schlangenperson durch den
Hals zu singen. Sie zwang ihn, in jenem heimlichen
Bach zu baden bis zu dem Tag, an dem er selbst eine
Schlangenhexe werde. Wenn ihr also den schönen jungen Mann auf einem Baumstamm am Bachufer liegen
seht, gebt acht, denn er ist nicht das, was er zu sein
scheint; er ist der böse Zwillingsgeist von dem Schlangending, das in diesen Wäldern sein Unwesen treibt.
Und ich sage euch, habt ein wachsames Auge auf jenen
Berg und vergeßt nicht, daß Bergflügel kommen wird,
wenn ihr seinen Namen ruft.«

Die Geschichte von Regenjunge und Schmetterlingjunge

Wie der Gestaltwechsler Schmetterlingjunge über die
Frau von Regenjunge einen bösen Zauber wirft
und von einem Wettrennen zwischen Regenjunge und
Schmetterlingjunge und dem Guten, das daraus
entsteht

Die Geschichten von Zauber und Zaubermachern sprachen sich beim Volk herum, und es dauerte nicht lang,
bis bekannt wurde, daß es eine Frau gab mit Namen Nahende Dämmerung, die in der Wüste unter dem großen

Bogen von Regenbogenbrücke wohnte. Sie war die Frau eines wachsamen und oft eifersüchtigen Mannes namens Regenjunge, der dafür sorgte, daß sie im Haus blieb, indem er sie Decken weben ließ. Sie sprach nie von ihrem Talent als Weberin, einer merkwürdigen Kraft, die das Schiffchen singen ließ, denn sonst hätte sie Spinnenfrau beleidigt; nur Kojote hätte so etwas fertiggebracht. Sie hielt es für besser, ihre Begabung im stillen blühen zu lassen.

Ihre Muster wirkten, als hätte sie ihnen Leben eingehaucht. Ein Mesagebirge war auf ihrem Webstuhl eine Stirn aus Gold, umgeben vom Rauch der Dämmerung; ein Kaktus trug einen Strahlenkranz aus silbernen Stacheln und Daumen mit heranreifenden purpurnen Früchten. Was immer sie webte, wurde durch ihre Phantasie und Fingerfertigkeit lebendig. Und wenn sie die durstige Wolle rot färbte, hielt die Farbe, solange die Fäden der Decke hielten. Einmal, als sie ein Bild von Erster Mann webte, schauten ihr Kinder staunend zu. Von der Sonne mit goldenen Maispollen gesegnet, erschien er vor ihren Augen in seiner vollen Schönheit, als wäre er lebendig und bereit zu sprechen.

Die Kunde verbreitete sich, daß Nahende Dämmerung nicht nur eine wundervolle Weberin, sondern auch eine sehr schöne Frau war. Die Leute sagen, Kolibri sei es gewesen, der es allen Blumen erzählte. Und eines Tages führten diese Reden eine teuflische Person an ihre Tür. Es war Schmetterlingjunge, und obwohl er so schön anzusehen war wie der Tag, war er heimtückisch wie die Nacht. Nahende Dämmerung wußte jedoch nichts über ihn. Sie hatte noch nie etwas von seinen geheimnisvollen Kräften und seinen üblen Streichen gehört, die er nur allzugern denen spielte, die von seiner Zauberkunst nichts ahnten. Und so erging es ihr ähnlich wie Schlankes Mädchen, die in aller Un-

118

schuld in den Wald gegangen war, um Nüsse zu sammeln.

Eines Morgens, als ihr Mann Regenjunge nicht in der Nähe war, überraschte sie Schmetterlingjunge mit seinem Besuch. Sie hielt ihn für einen müßigen Bewunderer und schenkte ihm keine besondere Aufmerksamkeit. Der Webstuhl war für eine Arbeit hergerichtet – die Kettfäden waren am Wacholderbaum befestigt, die Schußfäden gekrempelt und gesponnen, das Schiffchen wartete darauf, durch die Kette zu schwirren. Schmetterlingjunge war sehr beeindruckt, als er ihre Kunstfertigkeit sah. Es lag so viel Anmut darin, ihre Hände gehorchten ihr so mühelos, daß er stehenblieb und ihr Gesicht betrachtete. Und er, der Zauberer, war von ihrer Schönheit bezaubert. Während er zuschaute, was ihre flinken Hände schufen, wurde er Zeuge von der wunderbaren Vorstellungskraft von Nahende Dämmerung. Staunend sagte er: »Das Auge kann den Unterschied zwischen deiner Kunst und dem wirklichen Ding nicht sehen!« Sie schwieg und pflügte, mit ihren schlanken Fingern zaubernd, die Fäden, indem sie das, was unwirklich ist, in ein leuchtendes Bild der Wirklichkeit verwandelte. Während er gebannt zusah, kam in der wollenen Erde eine Furche nach der anderen zu strahlendem Leben. Unwillkürlich begann Schmetterlingjunge, ihr lobzusingen, aber selbst seine honigsüßesten Worte waren verschwendet, denn sie arbeitete nicht für Lob oder Tadel, sondern nur, um das Schöne zu ehren, das sie in ihrer Umgebung sah.

Als es Schmetterlingjunge trotz seiner Schmeichelei nicht gelang, ihre Aufmerksamkeit auf sich zu lenken, sagte er schließlich: »Wenn du nur einmal von deiner Arbeit aufsehen würdest, könnte ich dir zeigen, was dir entgangen ist!« Das war für sie ein neuer Gedanke. Sie sah zu ihm hin, sah in seine übermütigen Augen, und der heiße, trockene Atem der Wüste erstarb; das Schnarren der Zikaden verstummte bis in die entferntesten Maisstengel des noch fernen Nachmittags.

Er hatte sie in seiner Gewalt. Sein böser Schmetterlingszauber bezwang sie. Ihre wunderwirkenden Finger verfingen sich in der träumenden Wolle, die zu einem tückischen Garten aus sprießenden Kürbisranken verwuchs und sich fesselnd um ihre Hände wickelte, so daß sie sich nicht vom Platz rühren konnte. In diesem verräterischen Augenblick kehrte Regenjunge von der Jagd zurück. Breitbeinig und selbstsicher stand er da und grinste. Sein Feind, Schmetterlingjunge, war dabei, ihm die Frau zu stehlen; und trotzdem machte er sich über diese verachtenswerte Tat nur lustig.

»Wir können ein Wettrennen machen«, schlug er wie beiläufig vor. »Wer als erster bei Donnerberg ist, hat Nahende Dämmerung gewonnen.«

»Das ist fair«, sagte Schmetterlingjunge lächelnd, denn es gab nichts, was ihm mehr Spaß machte als ein Wettrennen.

Sobald Regenjunge losgerannt war, verdunkelte sich der Himmel, und es begann zu regnen. Schmetterlingjunge hatte Angst, naß zu werden. Er flog zu einer Klippe und fand einen überhängenden Felsen, um seine pollenbestäubten Flügel zu schützen. Regenjunge jedoch lief weiter, und während er kaum erkennbar über die Wüste jagte, wurde der Himmel schwarz, und der Regen ergoß sich in Strömen in die ausgetrockneten Wasserläufe im rotbraunen Sand.

Als er Donnerberg erreichte, begrüßte ihn eine Regenbogenperson, die sich anmutig über den Himmel bog.

Ein wenig später traf er Schmetterlingjunge. Völlig benommen torkelte er auf der nassen Straße daher. Seine weichen Flügel waren klitschnaß, und er sagte mit hängendem Kopf und hohler Stimme: »Du hast mich geschlagen.«

Da hatte Regenjunge Mitleid mit ihm, obwohl er nicht hätte sagen können, warum. Es war eben nicht seine Art, einen Mann niederzumachen, zumal einen, der so offensichtlich durch eigene Schuld gelitten hatte. Er zeigte sich also barmherzig und sagte zu Schmetterlingjunge, sie könnten ja noch einmal um denselben Preis um die Wette laufen. Doch so eindeutig wie Regenbogenjunge Freundlichkeit bewies, hegte Schmetterlingjunge Hintergedanken. »Gut«, sagte er, »aber bitte, laß mich erst wieder zu Atem kommen.«

Oh, oh! Was müssen wir nicht alles lernen, um auf der Welt zu bestehen! Welche Gruben graben wir uns … Wie teuer kommt uns die Fußangel Sympathie zu stehen! Regenbogenjunge, der das Richtige tun wollte, verfiel dem bösen Zauber der schmeichelnden Flügel. Er hätte besser daran getan, Schmetterlingjunge zu erledigen, als ihm zu trauen; denn jetzt ließ dieser die Sonne hell und heiß scheinen. Regenjunge war bald erschöpft. Seine regenbringende Kraft versiegte wie seine Körperkraft.

Schmetterlingjunge erhob sich auf sonnenbeglänzten Flügeln, während der Tag blendete wie eine scharf geschliffene Klinge. »Ich kann nicht sehen!« rief Regenjunge taumelnd. Er stolperte und fiel. »Es ist zu hell, es ist zu hell!« jammerte er völlig entkräftet.

»Hab ich mir doch gedacht«, flüsterte Schmetterlingjunge schadenfroh. »Regenjunge kann bei Sonnenschein nicht laufen!«

Und so hätte Regenjunge seine hübsche Frau verloren, hätte sie nicht von fern gesehen, wie erbärmlich es um ihn stand. An ihrem Webstuhl gefesselt, erkannte sie Schmetterlings bösen Zauber. Um ihren Mann zu retten, krempelte und spann sie die Ranken, die sie gefangenhielten; und ihre Kunst kam ihr zu Hilfe. Sie wob Schmetterlingjunge in ein Bild, das sein Verderben darstellte. Die Kürbisblüten, die dicken grünen Stengel, die ihre Hände umschlangen, rissen sich aus der Erde, wucherten und schlängelten sich über den Sand und ergriffen Schmetterlingjunge, zerrten ihn auf den Boden und fesselten ihn zu einer Kugel.

Regenjunge kam unsicher auf die Beine und schüttelte den bösen Zauber ab. »Nun bin ich an der Reihe auszuteilen«, flüsterte er und hob seine Axt. Aber Schmetterlingjunge, der hilflos zappelte wie am Tag, als er geboren wurde, bettelte um eine letzte Gnade. »Laß mich durch die Klinge meiner eigenen Axt sterben. Das ist alles, worum ich dich bitte.«

Nun weiß jeder, daß die Axt von Schmetterlingjunge immer tut, was ihr Herr will; das heißt, jeder andere außer Schmetterlingjunge würde sich mit dieser Axt in den Händen den eigenen Schädel spalten.

»Deine Axt sieht rostig aus«, sagte Regenjunge. »Ich denke, wir nehmen lieber meine.« Und mit diesen Worten hob er seine Waffe noch einmal über den Kopf und schlug zu. Es war ein gut gezielter Hieb. Der Schädel von Schmetterlingjunge platzte wie eine reife Melone in zwei ovale Hälften.

Und aus dem gespaltenen Schädel schwärmten trichterförmig viele kleine Schmetterlinge wie ein hochgewehter Schal aus wunderschönen, unbeschwert flatternden Wesen. Sie verstreuten sich über den Himmel und wurden die Schmetterlinge dieser Welt, die es besser getroffen haben, wie die Leute sagen, weil sie klein sind und nichts von ihrer zarten, bezaubernden Schönheit wissen.

BUCH 6

Die Geschichte von Große Schlange, Blaue Pfeilnatter und Jüngere Schwester

Von Vater Sonne, der Große Schlange die Blitzkraft gibt, von der Verführung von Jüngere Schwester durch Blaue Pfeilnatter, und wie das Zweibeinige Volk erfährt, daß alle Schlangenleute ihre Verwandten sind, die mit aufrichtiger Freundlichkeit angesprochen werden müssen

Nun geschah es, daß sich das Tiervolk und das Zweibeinige Volk einander entfremdeten. Denn die Zweibeinigen hatten Flintstein und Feuer und Bogen, um Pfeile von dem Platz auszuschicken, auf dem sie standen. Aber die Tiere hatten nur Zähne und Klauen, und sie mußten schnell sein, um sie zu benützen.

Nachdem Vater Sonne seinen Sohn mit den gezackten Pfeilen im väterlichen Köcher zur Erde gesandt hatte, fiel ihm ein, daß das Tiervolk keine Pfeile bekommen

hatte. »Wer von euch soll meine Blitzpfeile tragen?«
fragte er die Tiere, die sich im Sonnenhain auf dem Berg-
Inmitten-Von-Bewegung versammelt hatten.

Aus einer Grube ließ sich eine Stimme vernehmen:
»Ich werde sie tragen.«

»Wer sagt das?« fragte Vater Sonne.

»Ich bin es, Große Schlange«, antwortete die Stimme.

»Warum solltest du die Trägerin heiliger Pfeile
sein?«

»Ich bin ein niedriges Wesen ohne Arme und Beine,
aber ich würde gerne die Pfeile tragen.«

»Und wie willst du sie halten?« erkundigte sich Vater
Sonne.

»Ich würde sie mit dem Mund halten«, antwortete
Große Schlange.

Vater Sonne dachte gründlich darüber nach, denn es
war eine Angelegenheit von großer Bedeutung: Das
Tiervolk hatte seine Pfeile ebenso nötig wie das Zweibeinige Volk, und es gab noch keine Tierperson, die
dazu bestimmt war, sie zu tragen. Ohne Feuer vom
Himmel würde es keinen Regen geben; ohne Regen
würden die Lebewesen auf der Erde sterben. Alle ge-
genseitigen Elemente – Feuer und Eis, Wasser und Blitz,
Hitze und Kälte, Tag und Nacht – waren nötig, wenn
die Welt in Ordnung bleiben sollte. Und außerdem war
Vater Sonne überzeugt, wenn die Zweibeinigen alle
Blitzpfeile für sich behielten, würde es um das Tiervolk
schlecht stehen.

»Also gut«, sagte er. »Ich habe mir die Sache überlegt,
und wenn du, Große Schlange, glaubst, daß du imstande
bist, die Last der heiligen Pfeile zu tragen, dann kannst
du es jetzt versuchen. Aber erst will ich sehen, wie du
auf der Erde gehst.«

Große Schlange streckte sich zu seiner vollen Länge
aus, und seinen scheinbar knochenlosen Körper über

die sandige Ebene ziehend, glitt er dahin wie mäanderndes Wasser.

»Ah«, sagte Vater Sonne belustigt, »so machst du das also. Nun, du bist nicht viel besser dran als ein Wurm, nur um einiges schneller.«

Große Schlange hielt an. Er zischte sichtlich beleidigt und zog sich, dicke, schützende Ringe um sich legend, zusammen. So blieb er liegen, eine Mischung aus Sonne und Schuppen und knochenlosen Ringen, nur an seiner Schwanzspitze zuckte ständig etwas hin und her.

»Was ist das?« fragte Vater Sonne.

»Das zeigt meine Laune an«, sagte Große Schlange, indem er auffuhr und den großen baumwollweißen Rachen öffnete. Er war so hitzköpfig, daß er seinen Zorn kaum unterdrücken konnte; und das geschah immer, wenn ihn jemand oder etwas reizte.

Vater Sonne betrachtete Große Schlange und dachte: Ich glaube nicht, daß er der richtige Pfeilträger ist, doch wer von den hier versammelten Tieren ist besser? Da ist Dachs, aber er ist viel zu schmutzig; der verkrustete Schlamm der ersten Welt klebt noch an seinem rauhen, verfilzten Bauchpelz. Da ist Kojote, der bereits für Regenmachen und Kindergebären verantwortlich ist, beides mit bestenfalls mäßigem Erfolg; der Bursche ist zu unzuverlässig, um ihm die Blitzpfeile anzuvertrauen. Und da ist Bär, bereits eine Wächterin, aber launenhaft und meistens ziemlich eigensinnig.

Vater Sonne betrachtete Große Schlange und dessen Schwanzspitze, die ein rasselndes Geräusch machte wie harte Samen in einem getrockneten Kürbis.

»Bist du immer noch wütend?« fragte Vater Sonne.

»Ich kann nichts dagegen tun«, antwortete Große Schlange.

»Nun denn«, sagte Vater Sonne und legte einen Blitzpfeil aus seinem Köcher auf den Bogen. »Wir werden sehen, wie gut du diesen Pfeil hältst.« Er spannte den Bogen und schoß einen Blitzstrahl, der in das offene Maul von Große Schlange zischte. Der Pfeil schlug ein, stieß den Schlangenkopf nach hinten und renkte seine Kiefer aus den Angeln. Das sei der Grund, sagen die Leute, warum sich Klapperschlanges Mund so weit öffnet, seine Kiefer so auseinanderklaffen und immer noch Blitze aus seinem Mund kommen.

Aber Vater Sonnes Blitz blieb nicht im Hals von Große Schlange stecken, sondern fuhr weiter bis an die Schwanzspitze, und weil der Pfeil an drei Stellen gezackt war, ließ er Große Schlange vor- und zurückzukken und von einer Seite zur anderen. Und deshalb bewegt sich Klapperschlange so, wie es ihre Art ist: erst hinüber, dann herüber, gekrümmt wie der Blitz.

»Du mußt ziemlich stark sein, um so starke Medizin zu vertragen«, sagte Vater Sonne, »und deshalb denke ich, die Sache ist geregelt. Du darfst für das Tiervolk einen Köcher mit heiligen Blitzpfeilen tragen.« Und so war es – zumindest für einige Zeit; aber die Dinge haben so ihre Art, sich zu ändern und aus dem Gleichgewicht zu geraten. Die starke Medizin von Große Schlange machte ihn zu einem herrischen Wesen. Viele aus dem Tiervolk fürchteten ihn und mieden seine Wohnung.

Eines Tages nun war Jüngere Schwester, ein gutaussehendes zweibeiniges Mädchen, unterwegs, um Wachteleier für das Abendessen zu suchen, als sie vor dem klaren blauen Himmel eine Rauchsäule aufsteigen sah. Ich weiß, was das ist, dachte sie. Es ist der Pfeifenrauch von Große Schlange. Bei dem Gedanken an Große Schlange schauderte sie, und sie lief in Richtung von Beifuß-Canyon, um aus dem Blickfeld seines Rauchs zu fliehen. Aber sein Rauch war neugierig, und auf den Befehl von Große Schlange folgte er ihr.

Als sie den Beifuß-Canyon erreichte, sah sie ein kleines Loch im Boden. Wenn ich da hineinpassen würde, dachte sie. Und dann sagte eine Stimme, sie könnte hineinpassen. »Blase viermal auf das Loch«, sagte die Stimme. Und als sie das tat, weitete sich das Loch, nahm sie auf, und bald darauf befand sie sich in einer Höhle tief unter dem Boden. Ein schlanker junger Mann mit einem bläulichen Gesicht kam auf sie zu, und obwohl sie ihn nicht sehr gut sehen konnte, wußte sie, daß er recht hübsch war.

»Komm ins Licht, damit ich dich sehen kann«, bat sie, aber er sagte, ihm sei im Dunklen wohler. Als sich ihre Augen an die Dunkelheit gewöhnt hatten, sah sie ihn deutlicher. Er hatte schmale Schultern, und sein Gesicht leuchtete blau; aber sonst sah er aus wie ein Mann.

»Ich heiße Blaue Pfeilnatter«, sagte er.

»Ich bin Jüngere Schwester«, sagte sie.

»Warum bist du hier?«

»Der Pfeifenrauch von Große Schlange hat mich verfolgt. Hast du ihn nicht gesehen?«

»Hierher kommt keine Große Schlange«, sagte Blaue Pfeilnatter selbstbewußt.

»Ich bin dir sehr dankbar, daß du mir Schutz gewährst.« Aber schon während sie das sagte, rumpelte und grollte es an der Höhlenöffnung, und eine dröhnende Stimme rief: »Ich sehe, wo du dich versteckt hast. Komm heraus!« Ein großes goldenes Auge mit einem schwarzen Halbmond in der Mitte füllte den Höhleneingang. Blaue Pfeilnatter glitt geschmeidig auf die Öffnung zu. »Es wird dir nicht gefallen, wenn ich hinauskomme«, sagte er leise zu Große Schlange, der verblüfft über so viel Unverschämtheit und auch ein wenig erschrocken zurückwich. »Siehst du«, flüsterte Blaue Pfeilnatter Jüngerer Schwester zu, »ich würde ihn umschlingen und totquetschen. Er würde vielleicht mit seinen fünf Pfeilen auf mich schießen, aber die tun mir nichts; meine blaue Rüstung schützt mich.«

»Ich gehe jetzt«, zischte Große Schlange wütend und wirbelte mit seinem schlagenden Schwanz einen Staubsturm auf. »Aber ich komme wieder!« Dann glitt er auf seine gewohnte Art wie eine gezackte Blitzspur über den Sand davon.

»Nun sind wir ihn los«, sagte Blaue Pfeilnatter lächelnd. »Ich würde gern sehen, wie du wirklich aussiehst. Dazu ziehst du am besten dein Kleid aus.« Dieser plötzliche, zudringliche Vorschlag überraschte Jüngere Schwester, aber sie sah, daß ihr nichts anderes übrigblieb. Ihr Gastgeber hatte ihr das Leben gerettet, und jetzt war sie in seiner Gewalt; außerdem hatte er eine zauberische Art an sich, vor der man nicht weglaufen konnte. Sie legte also ihr Kleid ab, und er zog seinen schillernden Mantel aus, hängte ihn an einen Haken an der Höhlenwand und kam nackt zu ihr. Er war eine gutaussehende Person von schöner Gestalt. Mit ruhigen, bedächtigen Bewegungen umkreiste er sie mit seiner traumähnlichen Gegenwart. Mit einem Mal war sie in weiche Bewegungen eingehüllt; seine flinke Zunge kitzelte ihre Augenlider, ihr Kinn, tänzelte am Rand ihrer Lippen entlang und schlüpfte in ihren Mund. Als er sich in ihr Fleisch träumte, hörte sie das Rascheln abgeworfener Kleider – trockene ausgediente Hüllen, die leise knisterten, als sie sich darauf niederlegten. Eng umschlungen und mit langsamen, wiegenden Bewegungen liebte er sie, so daß Jüngere Schwester von einem großen fernen Seeufer träumte, an dem sie, liebkost von den sanft anschlagenden Wellen, selbstvergessen dahintrieb und tief zu träumen schien und doch nicht ertrank. Als es vorbei war, wenn es denn je vorbei war, schlief sie ein.

Und schließlich erwachte sie eines Morgens. Sie wußte nicht, ob es Morgen war, denn das Licht in der

Höhle war weder hell noch dunkel, sondern etwas gleichmäßig Schattiges dazwischen.

Dann hatte sie heftige Bauchschmerzen, und ihr Traumehemann mit dem bläulichen Gesicht kam in die Höhle gekrochen und kroch wieder hinaus. Doch sie konnte ihm nicht folgen, denn ihre Hüften waren für das Schlupfloch zu breit und ihr Leib zu groß. Sie jammerte und wollte nach Haus, obwohl sie wußte, daß es dafür zu spät war. Und Blaue Pfeilnatter kicherte leise und sagte: »Du wirst sehen, es kommt alles in Ordnung.« Was kam, war der Traum aller Träume: Seine ganze sehnige Familie nistete sich bei ihnen ein. Ständig trat sie versehentlich auf einen von ihnen, aber so, wie sie sich zusammenringelten, ließen sie ihr gar keine andere Wahl. Eines Tages dann gebar sie zwei kleine Schlangenleute, die sowohl ihre als auch seine Kinder waren. Da wußte sie, daß es kein Traum war, daß sie tatsächlich Blaue Pfeilnatter geheiratet hatte. Er war ihr leibhaftiger Ehemann. Ihre Kinder waren blau und schwarz und hatten kleine kupferfarbene Zungen wie ihr Vater, aber sonst waren sie ihr sehr ähnlich. Sie zog sie auf, denn sie war ihre Mutter; und sie ehrte ihren Mann, denn sie war seine Frau.

Einige Zeit später besuchte sie ihre Familie auf der anderen Seite von Beifuß-Canyon. Ihre Leute waren ein Wüstenvolk, das ständig unterwegs war; jetzt hielten sie sich am Rand der tief eingeschnittenen, steilwandigen Schlucht auf, aber bald würden sie weiterziehen an einen fernen Ort. Als sie vor der Erdhütte ihrer Mutter ankam, sagte ihre Mutter, sie solle fortgehen. »Du riechst nicht mehr richtig«, schalt sie hinter den Wänden ihrer lehmverputzten, wacholdergedeckten Hütte.

»Es wird dir leid tun, Mutter, wenn du mich schlecht behandelst«, sagte Jüngere Schwester gekränkt, aber ihre Mutter ließ sich nicht blicken. Als Jüngere Schwe-

ster an jenem Nachmittag in den Beifuß-Canyon zurückging, warfen einige Kinder ihres Dorfs Steine nach
ihr. Vor dem heimlichen Loch ihrer Höhlenwohnung
traf sie ihren Mann und erzählte ihm, was sie erlebt
hatte. Da lief sein dunkles, bläuliches Gesicht, das in der
Sonne silbern war, pflaumenblau an. »Kein Mitglied
unserer Familie ist je so behandelt worden!« stieß er
hervor, und seine Zunge tanzte wütend zwischen den
Zähnen. Dann hob er eine Hirschknochenpfeife an die
Lippen und machte ein sausendes, schrilles Geräusch,
das von den Hügeln und Felsen und aus allen vier Richtungen unzählige Schlangenleute anlockte – Schlangen
in allen Formen und Größen, mit weißen und gelben
Bäuchen, glattem oder rauh geschupptem Rücken; mit
gutem und schlechtem und unerträglichem Atem; mit
eckigen, flachen, runden, spitzen, dünnen und dreiecki-
gen Köpfen. Sie alle kamen zu Blaue Pfeilnatter – und
schlängelten wieder davon, nachdem er ihnen gesagt
hatte, sie sollten sich in alle Winde verbreiten, sich ein
Haus einer zweibeinigen Person suchen und darin ein-
ziehen. Und das taten sie.

Was dann geschah, würden vielleicht nur wenige erra-
ten. Die Zweibeinigen traten wie Jüngere Schwester in
der Höhle von Blaue Pfeilnatter auf die Schlangenleute,
und dies ebensowenig aus angeborener Bosheit, sondern aus schlichter Tolpatschigkeit; und die Schlangenleute zogen so schnell aus, wie sie eingezogen waren.
Niemand wußte, wohin sie gegangen waren; sie waren
einfach im Boden verschwunden. Und nachdem sie gegangen waren, veränderte sich das Land; es wurde trok-
ken wie Zunder, wie dürres Laub, tot, staubig und öd.
Die Dürre, die darauf folgte, war schrecklich. Was die
Leute pflanzten, ging ein. Das gesamte Wasser versiegte.
Sie waren mit einer so erbarmungslosen Trockenheit geschlagen, daß sogar die Leiber der Frauen vertrockneten

und es keine Kinder mehr gab. Schließlich hielt das Volk Rat, und der Häuptling, dessen Name Wind-In-Den-Bäumen war, fragte sein Volk, was getan werden sollte. Die Leute sagten, ihr ganzes Unglück habe begonnen, als das Schlangenvolk im Zorn wegging. Also wandte sich Wind-In-Den-Bäumen an die Mutter von Jüngere Schwester; sie sollte zur Wohnung von Blaue Pfeilnatter gehen und ihn um Verzeihung bitten. Das tat sie, und dann überbrachte sie ihrem Volk eine Botschaft von Blaue Pfeilnatter: »Erstens«, hatte er gesagt, »müßt ihr auf alle Schlangenpfade Maispollen legen, damit die Schlangenleute wissen, daß sie wieder willkommen sind. Und zweitens müßt ihr ihnen zu Ehren einen großen Tanz veranstalten, und bei diesem Tanz sollt ihr alle Schlangenkinder ›Enkel‹ nennen.«

Wind-In-Den-Bäumen ordnete an, daß es genauso geschehen sollte. Sie bestreuten die Schlangenpfade dick mit dem heiligen Maisstaub, empfingen das Schlangenvolk ehrenvoll, tanzten den Tanz und sangen das Lied. Alle Schlangenleute erschienen und machten mit, genau wie heute. So wurde schließlich ein dauerhafter Friede zwischen dem Zweibeinigen Volk und dem Schlangenvolk geschlossen. Und wenn heute jemand eine Schlange über den Boden kriechen sieht, erinnert er sich an die alte, höfliche Art, eine Schlangenperson zu begrüßen. »Glück und Segen für dich und alle deine Verwandten«, sagt er freundlich. »Mögen unsere Tage so lang sein wie unser Wohlwollen füreinander.«

Die Geschichte von Hirschjunge

In der Hirschjunge das Gesetz des Jägerherzens
kennenlernt, indem er sich in einen Hirsch verwandelt,
und von seiner Liebe und seinem Leid

Vor langer Zeit, so erzählen die Leute, sei das Tiervolk
mit den Monaten, die aus Blättern gemacht waren, fort-
gelaufen. Erster Mann hatte einen großen Haufen Blätter; einige waren rot, andere golden, grün und braun.
Die Blätter der Monate paßten zu den Jahreszeiten, aus
denen sie stammten. Und die Tiere sollten in dem Blatt-
monat Urlaub nehmen, der ihnen entsprach. Das taten
sie auch, aber dann kam ein großer Wind auf und ver-
streute die Blätter. So mußten sich die Tiere mit Monaten abfinden, die nicht immer nach ihrem Geschmack
waren.

So soll es jedenfalls gewesen sein. Als die Tiere jedoch
die Herrschaft über die Jahreszeiten übernahmen, wußten die Zweibeinigen, daß sie die Tiere nicht jagen konnten, ohne sie zu ehren, wie dies in der vorangegangenen
Geschichte getan wurde mit dem Lied zu Ehren des
Schlangenvolks, dessen Jahreszeit der Sommer ist, wenn
der Winterdonner schläft. Bald veranstaltete das Volk
für alle Tierleute und jeweils zu der für sie richtigen Jahreszeit Tänze, mit denen sie den Geist der Tiere und den
der Jahreszeiten ehrten, denn ohne sie – ohne eine
gleichmäßig gute Jagd, ohne das großzügig gespendete
Fleisch – hätte das Volk nicht überleben können.

Nun trug es sich zu, daß ein junger Mann bei einem
der Jahreszeitentänze so leidenschaftlich und so lange
tanzte, bis er sich in einen Hirsch verwandelte und mit
weiten, steifbeinigen Sprüngen ins Dickicht des Waldes
floh. In der Zeit danach kam Hirschjunge, wie sie ihn
nannten, jedes Jahr im späten Winter zurück, wenn das

Waldvolk den Hirschtanz tanzte, um liebevoll auf das Dorf zu blicken, wo er als zweibeinige Person aufgewachsen und glücklich gewesen war. Aber es lebte auch eine junge Frau in dem Dorf, in die er sich kurz vor seiner Verzauberung sehr verliebt hatte. Er erinnerte sich noch gut an ihre unvergleichliche Schönheit, ihre süße Zweibeinigkeit, und jedesmal, wenn er an sie dachte, füllten sich die runden dunklen Augen seines Hirschgesichts mit Tränen.

Einmal, kurz bevor der Winter dem Frühling wich – es war die Zeit, die einige Leute den falschen Frühling nennen –, kam Hirschjunge wieder, um auf sein früheres Dorf hinunterzuschauen. Und während er über seinen Kummer nachdachte und die Leute sah, die sich für den großen Mittwinter-Hirschtanz vorbereiteten, fühlte er, daß eine Veränderung mit ihm vorging; er begann sich in eine zweibeinige Person zurückzuverwandeln. Von seinem buckeligen Kopf, der schwer an dem samtigen Geweih trug, verschwanden die jungen Stangen und Sprossen seiner stolzen Hirschmännlichkeit, und an ihre Stelle trat das schwarze, geflochtene Haar, das er einst hatte. Seine spitzen Hufe schmolzen zu Mokassins, wie er sie immer getragen hatte.

Damit war die Verwandlung beendet, und an jenem Abend, als die Hirschtänzer zum Fluß hinuntergingen, um ihre Hirschstöcke auszugraben, die sie beim Tanz als Vorderbeine benutzten, sah der verwandelte Jüngling im Licht der späten Dämmerung sein Gesicht im klaren Wasser des Flusses. Er konnte nicht glauben, was er sah – daß er dieser junge stattliche, sonnengebräunte und schön gekleidete Mann sein sollte. Er befühlte seine Stirn, wo noch kurz zuvor Hörner wuchsen, um sich zu beweisen, daß er wirklich war, daß er tatsächlich aus Fleisch und Blut bestand. Doch obwohl es so war, konnte er es so schnell nicht begreifen. Er dachte, wenn sie, die ich liebe, mich erkennen und glauben würde, daß ich ein wirklicher Mann bin, dann werde ich es auch mit meinem Herzen glauben.

In jener Nacht versuchte er, auf einer kleinen Lichtung unter den funkelnden Sternen zu schlafen. Aber er schlief unruhig und erwachte bald wieder in der Kälte. Sein Atem gefror zu Reif, und er zweifelte, ob sein Wunsch, seine Liebste noch einmal zu sehen, je in Erfüllung gehen würde. Am Morgen stand er vor Sonnenaufgang auf und spähte zwischen Krüppeleichen und Stechginster am nebligen Flußufer hinüber zum Dorf. Bald darauf sah er die Frauen kommen, die wie jeden Morgen zum Fluß gingen, wo sie ihre Körbe und Krüge mit frischem Wasser füllten.

Das Glück wollte es, daß seine Liebste als letzte kam und allein und gedankenverloren am träge kreiselnden Fluß verweilte. Er verließ sein Versteck und trat vor sie hin. Sie erschrak bei seinem Anblick und ließ den Wasserkrug fallen, der zerbrach und seinen Inhalt verschüttete. Dann wandte sie sich ab, weil sie ihn für einen Geist hielt, und wollte fliehen. Aber er fing sie ein. Seine ungeschickten Vorderläufe, die Hände waren, an die er sich aber noch nicht wieder gewöhnt hatte, schlugen sie und drängten sie in den Fluß.

Unbeholfen wie er war, spritzte und planschte er umher wie ein Narr. Sie fiel in das eiskalte Wasser und schwamm davon. Er setzte ihr nach, springend wie ein Hirsch, mit hohen Sätzen, verrückten Hopsern und angetäuschten Sprints und verursachte einen solchen Lärm, daß er einen Jäger herbeilockte, der zufälligerweise niemand anderer war als der Ehemann seiner Liebsten. Der Jäger legte sofort einen Pfeil auf, zielte und schoß. Die Bogensehne schwirrte in der eisigen Morgenluft. Der Pfeil flog und traf genau ins Ziel, in die obere Schulter des armen Jungen – und Hirschjunge,

eben erst durch den Zauber seines Herzens zurückver-
wandelt, bezahlte den Preis für seine Liebe. Aufschrei-
end brach er im Fluß zusammen. Sie hörte ihn, drehte
sich zu ihm um und sah den Schaft tief in der Seite des
Jünglings, an den sie sich nun unter Tränen erinnerte.

Hirschjunge war mehr als zur Hälfte Hirsch, mehr als
halb wild. Der Pfeil, der ihn vorzeitig getroffen hatte,
weckte seine verborgene Kraft. Seine Hufe schienen das
alte Lied anzustimmen, das Hirschlied, wenn der
Hirsch um sein halbverlorenes Leben rennt. Eine heiße
Woge ging durch seinen Körper; seine Sehnen brannten
wie Feuer, seine muskulösen Flanken und flechsigen
Keulen waren zur Stelle und nötigten ihn zu rennen, wie
er noch nie zuvor gerannt war. Jung und stark – und
ohne jegliche Illusion, wer oder was er war – jagte er wie
wahnsinnig in die höhergelegenen, laublosen Wälder.
Die Tränen, die ihm über das braune Gesicht liefen, ver-
goß er aus Liebeskummer, aber auch aus Scham und
Angst, und er sah sich in Gedanken als frechen Bock,
der versucht hatte, seine verlorene Liebe zu berühren.
Unaufhörlich flossen die Tränen über sein Gesicht und
näßten sein Fell, bis er eine andere Vision hatte. Er war
der flüchtende Hirsch, der um sein Leben rennt, dem
ein Pfeil in der Schulter steckt und dessen heiß hervor-
quellendes Blut die noch dicht umhüllten Frühlings-
knospen rötet.

Verendend trollte er durch den nebligen Wald, sein
stolzer Gang war gebrochen. Er hatte vier Läufe, die
schlugen, und ein Herz, das stärker war als sein Men-
schenverstand. Er torkelte, taumelte, fiel und versuchte
wieder aufzustehen. Weißer Schaum vermischte sich mit
dem roten Schweiß und besudelte seine schwarzen Lippen. Dann konnte er nicht mehr fliehen. In die Enge getrieben und restlos erschöpft, sah er seinen Feind, den
Jäger, der ihn verfolgte, seinen einstigen besten Freund.

135

Durch einen Nebel aus rötlichem Gold sah er verschwommen, was von seinem Leben übriggeblieben war. Seine dicke Zunge trat aus dem Maul, und er sah dem Jäger entgegen, der ihn verwundet hatte. »Morgenrotjunge«, versuchte er zu sagen, aber der blutige Schaum dämmte die Worte. Als sich das Auge des Jägers auf den Gejagten heftete, starrten sie sich an. Der Jäger kam näher; der Gejagte tat sich nieder. Das Geweih mit den pfeilspitzen Enden war auf die Mitte des Mannes mit dem Bogen gerichtet.

Dann berührte den schweißenden Hirsch erneut ein geheimnisvoller Wind, und obwohl er ganz und gar Hirsch war und starb, sprach er klar und deutlich. »Ich bin Hirschjunge«, sagte er in die Sonne, »kein Mensch, sondern ein sterbender Hirsch. Ich gebe mich jetzt in deine Hand, weil alle Hirsche im Tod ihren Feinden behilflich sein müssen.« Er hob den Kopf, um den Jäger vor dem Geweih zu schützen. »Freund«, seufzte er, »ich gebe dir meinen Atem.«

Dann brach Hirschjunge leblos zusammen.

Der Jäger Morgenrotjunge wiegte den Hirschkopf in den Armen und sang das Lied vom Hirsch, der sich ihm gegeben hatte, die Bitte des tötenden Jägers um Vergebung. »Der Hirsch hat mir seinen Atem gegeben, damit ich ihn ins Dorf zurückbringen und er wieder in unseren Herzen wohnen kann. Dieser Hirsch gab mir sein Leben, damit alle teilhaben, alle leben können: der Hirsch, der Berg, der Fluß, der Himmel. Sie alle sind eins in meinem Danklied für den heiligen Hirsch, der mir seinen Atem gegeben hat.«

So sang er. Und das Waldvolk sagt, daß sein Lied von allen Jägern gesungen wird, die einen Hirsch erlegen. Doch nur die Hirsche, die ihren Atem geben, werden genommen; die anderen springen davon, um zu leben und zu wachsen und sich zu vermehren. Das Tiervolk

wurde von nun an vorsichtiger. Es heißt, daß kein redlich denkendes Tier je wünschte, zweibeinig zu sein
oder einen Bogen in Händen zu halten. Und kein Mann
mit dem Herzen eines Jägers wünschte je, steifbeinig in
weiten Sätzen zu flüchten, zu trollen oder zu traben und
ein Hirsch in der Sonne zu sein, der nur einmal im Leben jung ist.

Die Geschichte vom ersten Rat der Tiere

Von Stachelschweins Märchen vom ersten Tierrat,
in dem es heißt, daß die alte Freundschaft zwischen
dem Zweibeinigen Volk und dem Tiervolk gebrochen
wurde

Stachelschwein war kein gefräßiges Wesen; er hatte nur
ein Vorliebe für salziges Holz – für schweißgetränkte
Griffe von Keulen, Äxten, Messern und Bogen. Diese
Dinge machte er ausfindig, wo und wann er konnte.
Aber abgesehen von dieser Zielstrebigkeit, mit der er
seiner Leidenschaft frönte, galt er als gemächlicher Bursche, der in seiner Besinnlichkeit häufig auf dem Pfad
der Weisheit ging. Er war aber auch oft entmutigt, weil
die Jäger ständig um seinen Bau herumschlichen auf der
Suche nach Stacheln, mit denen sie ihre Mokassins und
Hemden verzierten. Es reichte nicht, daß er freiwillig
Stacheln liegen ließ, wenn er draußen umherbummelte;
immer wollten die Jäger mehr. Bald begannen sie, Stachelschwein und seine Artgenossen zu jagen. Doch damit wollte sich Stachelschwein nicht abfinden. Er erinnerte Grizzlybär, der wegen seines Pelzes, seiner Klauen
und Zähne ebenfalls von den Jägern sehr geschätzt
wurde, daß die Zeit für ein großes Treffen von Meinun-

gen und Gemütern gekommen sei. Mit Stachelschweins
Worten soll hier vom ersten Rat der Tiere berichtet werden.

»Es ist jetzt viele Jahre her, seitdem die Freundschaft
zwischen dem Zweibeinigen Volk und dem Tiervolk gebrochen wurde. Seit damals wird Jagd auf uns gemacht,
und wir müssen ständig um unser Leben bangen. Alle
Hirschleute erinnern sich der Geschichte von Hirschjunge; alle Schlangenleute kennen die Geschichte von
Blaue Pfeilnatter, seiner Frau und ihren gemeinsamen
Kindern, denen die zweibeinige Großmutter die Tür ge-
wiesen hat. Das gegenseitige Mißtrauen ist dem Tiervolk im Gedächtnis geblieben, auch wenn es sich gele-
gentlich als unbegründet erwiesen hat, und es bereitet
uns viel Schlaflosigkeit.

Eines Tages, nachdem ich ein wenig nachgeholfen
hatte, lud Grizzlybär das Tiervolk zu einer Ratsversammlung hoch oben im Gebirge ein. Alle Tiere der
Berge hörten Grizzlybärs große Rede, in der er von den
Gefahren und dem ständigen Risiko sprach, dem die un-
geschützten Mitglieder seines Stammes ausgesetzt waren, und daß es dringend notwendig sei, etwas dagegen
zu unternehmen.

›Was sollen wir deiner Meinung nach tun?‹ fragte
Timberwolf. Und Grizzlybär antwortete: ›Wir müssen
zu Wintermacher beten, zum Gott der kalten Jahreszeit,
und ihn bitten, den Winter zu verlängern, damit die Jäger bei ihren Feuern bleiben müssen und nicht soviel auf
die Jagd gehen können.‹

Alle Anwesenden – Timberwolf, Graufuchs, Biberhörnchen, Weißwedelhirsch und natürlich auch ich –
stimmten zu. Biberhörnchen meinte jedoch, wir sollten,
bevor wir etwas unternehmen würden, auch die Meinung der kleineren Tierleute hören. ›Wenn wir sie jetzt

nicht zu Wort kommen lassen, passieren vielleicht später schlimmere Dinge‹, schloß er, und alle waren einverstanden.

So kamen in der nächsten Nacht Biber, Grauhörnchen, Schwarzfußiltis, Wiesel, Marder, Bisamratte und auch das ganze Insektenvolk zur großen Versammlung, der bedeutendsten Ratsversammlung der Tiere, die je stattgefunden hat. Die größeren Tiere saßen auf der einen Seite des großen Kreises unter den funkelnden Sternen; die kleineren breiteten ihre Decken auf der anderen Seite aus. In der Mitte des Kreises brannte ein großes Feuer, und wie tags zuvor leitete Grizzlybär die Versammlung. Er berichtete von dem vorangegangenen Treffen und seinem Vorschlag, die Wintertage und Winternächte zu verlängern, damit die zweibeinigen Jäger bei ihren Feuern bleiben müßten und nicht soviel jagen könnten.

Nach seiner Rede blieb es lange still, während wir über seine Worte nachdachten. Nur das Insektenvolk summte und schnarrte, vorneweg Zikade, die den Takt schlug. Grille spielte auf ihrer Flöte, und Sternmull sang das Berglied. Nun, nachdem wir lange genug höflich geschwiegen hatten, erhob ich mich und fragte: ›Was wird aus den kleinen Leuten, die hier versammelt sind? Mit denen, die nur ein dünnes Fell haben? Würden sie in einem übermäßig langen Winter nicht schrecklich leiden?‹

Grizzlybär konnte es nicht ausstehen, wenn jemand einen Gegenvorschlag machte. Ich sah, wie sich sein Nackenhaar aufstellte und sich dunkel im Feuerschein sträubte. ›Na und?‹ brummte er rücksichtslos. ›Wir großen Tiere haben uns für den längeren Winter entschieden. Für uns ist die Sache erledigt.‹

Nun sah ich ihn aber scharf an, und meine gefährlichen Stacheln richteten sich auf. ›Ich fürchte, du bist kurzsichtig‹, erklärte ich ihm unumwunden. ›Es gibt schon jetzt nicht genügend Nahrung, um dich satt zu machen, und trotzdem bist du für einen längeren Winter! Die Wurzeln des Grases, von dem sich Hirsch ernährt, wären hart gefroren; die Beeren, die du so liebst, würden nicht reifen und ebensowenig die Nüsse, die Grauhörnchen braucht. Was mich angeht, nun, wir Stachelschweine rühmen uns, von Birke zu leben, und somit haben wir das ganze Jahr zu essen. Auch die Insekten könnten notfalls länger unter der Erde leben. Das ist alles, was ich sagen wollte. Ich habe gesprochen.‹

Den anderen Tierleuten gefiel, was ich sagte. ›Wie klug!‹ flüsterten die Mäuse. Aber Grizzlybär, der so feine Ohren hat, daß er auch das leiseste Geräusch hört, fühlte sich von diesen Bemerkungen beleidigt. Er hielt sich nicht nur für den Größten von uns allen, sondern auch für den Klügsten. Unwillig brummte er: ›Dann laßt den gewinnen, der die meisten Stimmen hat.‹

Das Tiervolk entschied sich, mir zu vertrauen. Gewöhnlich wurden die Stimmen mit Grashalmen oder Kiefernadeln abgegeben. Aber Grille sagte: ›Laßt uns auf die alte Zählweise verzichten. Stachelschweins Stacheln stehen für unsere einstimmige Entscheidung.‹ Und deshalb sagt man noch heute, daß ich meine Stacheln aufstelle, sobald ich jemanden kommen sehe. Ich möchte zeigen, daß ich die Abstimmungen gewonnen habe und daß der ohnehin lange Winter nicht länger sein wird, als er zu sein hat.«

Damit schloß Stachelschwein seine Geschichte. Aber eigentlich war sie noch nicht zu Ende, denn Grizzlybär konnte seine Niederlage nicht verwinden, und es wurmte ihn, daß das Mausvolk gesagt hatte, Stachelschwein sei klug. Wo immer er Stachelschwein erblickte, versuchte er, nach ihm zu treten – und natürlich wollte er dabei nicht gestochen werden. Eines Tages gelang es ihm, Stachelschwein in die Luft zu schleudern. Als sich Stachelschwein schwindelerregend drehte, steckte er in seiner Angst den Daumen in den Mund. Er flog hoch in den Himmel und landete in einer Birke, wobei er sich den Daumen abbiß, und deshalb, sagen die Leute, hat Stachelschwein bis heute nur vier Finger. Aber es war gut, daß sie damals für Stachelschwein gestimmt hatten, denn wenn es nach Grizzlybär gegangen wäre, wären wir heute nicht hier, um die nächste Geschichte zu hören, die davon handelt, was geschah, nachdem sich die Götter mit Stachelschweins Geschichte befaßten.

Buch 7

Die Geschichte von Erster Jäger und Seeohrmädchen

In der die Weisheit von Berg Alter Mann und seine
traurige Geschichte zeigen, wie Erster Jäger zum
Hahnrei gemacht wird von Seeohrmädchen, die
Schwertwal liebt,
und in der alle drei leiden müssen

Einige Zeit nach dem ersten Rat der Tiere sprach Vater
Sonne eines Tages mit Mutter Erde auf dem Berg-Inmitten-Von-Bewegung. »Ich glaube, daß mit der Welt
etwas nicht stimmt«, bekannte er offen, »und ich weiß
auch, warum. Die Männer sind im Innersten ihres Herzens stets unzufrieden.« Mutter Erde fragte ihn, ob die
Frauen nicht genauso unglücklich seien wie die Männer,
aber er entgegnete, das glaube er nicht. »Nachdem, was
ich gesehen habe«, schloß er, »steht es um den Mann
schlechter.«

»Wie kannst du so etwas sagen? Du siehst doch, wie
sehr die Frauen leiden«, sagte Mutter Erde.

»Als sich die Geschlechter am Fluß trennten – wenn
du dich daran erinnerst –, waren es die Frauen, die unnatürliche Dinge taten.«

»Aber es waren die Männer, Kojote und sein Freund
Gestaltwechsler, die beides bekommen haben: Tren-
nung von den Frauen mit allem Drum und Dran, aber

jederzeit Sex, wenn ihnen danach zumute ist. Zu zweit haben sie eine der Frauen schwanger gemacht.«

»Und wer brachte die Ungeheuer in die Welt?« entgegnete Vater Sonne.

»Hör zu«, sagte Mutter Erde, »ich kenne jemand, der die Frage, ob die Stellung des Mannes oder die der Frau schlechter ist, ein für allemal klären kann.«

Und so wandten sie sich an Berg Alter Mann, der Feuer und Regen gesehen hatte, bevor sie geboren waren. Es heißt, er habe Kojote in einem Kanu vom Himmel kommen gesehen; Mutter Erde, in eine Decke gewickelt, gefunden, als sie – das Kind von Liegender Frau und Oberer Dunkelheit – ein hilfloses Baby war; und Vater Sonne habe von ihm seine erste Schildpattrassel und seinen ersten Blitzpfeil bekommen. Zu ihm gingen sie also mit der alten, ewig jungen Frage: Wer hat mehr zu erdulden? Mann oder Frau? Und welche Auswirkungen hat dies auf das tägliche Leben des Tiervolks und des Zweibeinigen Volks?

Das wollten sie wissen, und sie gingen zur Hütte von Berg Alter Mann und stellten ihm diese Fragen. Er kam aus der Osttür seiner Hütte, einer Höhle an der Flanke von Erster Berg, dem ältesten Berg auf Erden. Nun sah Berg Alter Mann genauso aus wie der alte Ort, an dem er lebte: Er hatte schrecklich abfallende Schultern, und es schien, als würde er in die Erde schmelzen. Seine Augen von der Farbe der Gletscher waren blind. Dennoch wußte er alles, was auf der Welt geschah. Als seine Besucher eintrafen, kam er aus seiner Höhle und begrüßte sie.

»Großvater«, sagte Mutter Erde ehrerbietig, »würdest du uns sagen, wer es schlechter getroffen hat – Mann oder Frau? Wir haben versucht, das Problem zu lösen, aber wir können es nicht.«

Berg Alter Mann kratzte sich am Kopf, worauf aus seinem weißen Haar eine Schar dunkler Vögel aufflog und am Himmel verschwand. Er blinzelte; Tauwasser tränte aus seinen Augen, rann über sein Gesicht und bildete zu seinen Füßen eiskalte Pfützen. Sie standen vor dem ältesten lebenden Mann, wie sie sagen, und als er sprach, hörte ihm selbst das Licht zu.

»Früher, ihr Enkelkinder, konnte ich sehen, und ich sah viele Dinge. Einmal lernte ich eine Frau kennen, eine von den Göttern. Ihr Name war Seeohrmädchen. Sie war mit einem Mann namens Erster Jäger verheiratet. Sie wohnten am Rand des weltumfangenden Meeres, wo der salzige Schaum auf das Vorgebirge der Küste trifft.

Jeden Morgen ging Seeohrmädchen zur Flußmündung, um Muscheln für die Mahlzeit ihres Mannes zu suchen. Gebückt ging sie über den gelbbraunen Sand, sammelte, so viel sie tragen konnte, brach die Muscheln an einem spitzen Felsen auf und nahm das Fleisch heraus. Aber wenn sie nur das getan hätte, wäre alles gut gewesen und ich hätte keine Geschichte zu erzählen. In Wahrheit brach sie die Muscheln auf, um Schwertwal, ihren Liebhaber, anzulocken. Er kam mit seinem glatten, weißen und schwarzen Gischtgesicht aus der Brandung und trug Seeohrmädchen hinaus in die Wellentäler, um mit ihr herumzutollen.

Danach, wenn sie genug gespielt hatten, brachte er sie zum Strand und liebte sie. Seeohrmädchen konnte ihren Liebhaber gut leiden, aber, wie ihr euch vorstellen könnt, war er sehr groß, und so schrie sie jedesmal laut vor Vergnügen und Schmerz. Erster Jäger, der am Rand des Vorgebirges saß und seine Angelhaken machte, hörte ihre Schreie, aber er zog es vor, sie für die miauenden Schreie der Möwen zu halten, die im ablaufenden Wasser nach Beute suchten. Jedenfalls ließ er sich ziemlich lang Zeit, bis er sich entschloß, einmal nachzusehen, wer da so schrie.

Eines frühen Morgens, als Seeohrmädchen noch schlief, nahm er ihre Decke, wickelte sich darin ein, daß sein Kopf und sein Körper bedeckt waren, ging hinunter ans morgengraue Meer und brach Muscheln auf an dem scharfkantigen Felsen, wo seine Frau ihren Geliebten rief. Sobald Schwertwal das *tsch-tsk, tsch-tsk* der brechenden Muscheln hörte, schnellte er empor und eilte freudig ans Ufer, um sie zu sehen. Aus der rosig behauchten Ferne kam er mit der Flut durch die sandgelbe Sonnenglut der Untiefen und klaren blauen Becken. Mit glitzernder Gischt auf dem schwarzen Rücken stieg er aus dem Schaum, und als er sich auf den Strand wuchtete, war er bereit für das Liebesspiel.

Unter seiner Kapuzendecke sah Erster Jäger das aufgerichtete Glied von Schwertwal, das steinhart, rot und gekrümmt seinen Spaß suchte. ›Ist das alles, was du heute für mich hast?‹ sagte Erster Jäger aus dem Versteck seiner Vermummung. Dann stürzte er ohne Vorwarnung auf Schwertwal zu. Das Muschelmesser blitzte in seiner Hand, und mit einem scharfen Hieb trennte er Schwertwal von seinem Glied an der Stelle, wo es hervorwuchs.

Als Seeohrmädchen an diesem Tag zu dem muschelbrechenden Felsen ging und Muscheln aufschlug, kam ihr Geliebter zum ersten Mal nicht. Traurig ging sie nach Haus, wo sie ihr Mann mit einem grausamen Lächeln begrüßte. Er rührte in einem dampfenden Topf. ›Mann‹, sagte Seeohrmädchen, ›was rührst du da Gutes?‹ Und er antwortete: ›Frau, es ist etwas Zartes, Süßes – etwas, das ich für dich zubereitet habe.‹ Und er servierte ihr das Ding, das er am Strand abgeschnitten hatte. Sie aß alles auf und wollte unbedingt mehr davon haben, so daß er ihr den Topf zeigen mußte, um zu beweisen, daß nichts mehr übrig war. ›Frau‹, sagte er, ›war das Glied deines Liebhabers süß?‹

Daraufhin rannte sie aus der Hütte, und obwohl Sturm aufgekommen war, lief sie hinaus in die Wellen und rief weinend nach ihrem Liebsten, der nicht kam. Die großen Brecher stürzten auf sie herab und rissen sie nieder; sie schwamm, bis sie nicht mehr schwimmen konnte. Dann zappelte sie in der Strömung, die Brecher schlugen über ihrem ertrinkenden Gesicht zusammen, und sie ging zum letzten Mal unter. Sie verwandelte sich in das Riff, das die Leute *Frau* nennen.«

So endete die Geschichte von Berg Alter Mann, und wie bei vielen solcher Geschichten blieb es den Zuhörern überlassen, sich zu überlegen, was sie bedeuten oder nicht bedeuten könnte. Vater Sonne glaubte, die Geschichte habe gezeigt, wie treulos die Frauen sind und daß sie die Männer immer wieder auf ihre hinterlistige Weise betrügen. Mutter Erde glaubte, die Geschichte habe ziemlich eindeutig bewiesen, daß Männer ihre Rache an Frauen auslassen. Und so gingen sie davon, und ihre Streitfrage war ungelöst wie zuvor. Doch kein Gott versucht je, die Tat oder den Gedanken anderer zunichte zu machen, und deshalb geht dieser ewige Zank weiter. Aber eines sollte hier noch erwähnt werden: Das Riff, das als *Frau* bekannt wurde, ist noch da; es bändigt das weltumfassende Meer und schützt unparteiisch alles, was auf beiden Seiten von ihm lebt. Beständig wie eh und je hält *Frau* Wasser und Land in Schach. Und Mutter Erde hätte Vater Sonne fragen können: »Welcher männliche Gott leistet, auf ewig mit seiner Aufgabe verwurzelt, eine solche Arbeit im Namen der Menschheit?«

Die Geschichte vom Sohn von Berg Alter Mann

Wie Schmetterlingtänzer, der eitle Sohn von
Berg Alter Mann, von einem Geist namens Echo eine
Lektion in Bescheidenheit erhält, die aber leider zu
spät kommt

Schmetterlingtänzer, der Sohn von Berg Alter Mann, ist ein gutes Beispiel für die Selbstgefälligkeit des zweibeinigen Mannes. Dieser gutaussehende junge Mann hatte ein bißchen etwas vom Kojotegeist in sich – er war vollkommen von sich eingenommen. Das Volk des Canyons, in dem Schmetterlingtänzer lebte, wandte sich wiederholt an Berg Alter Mann und fragte: »Glaubst du, dein Sohn wird ein reifes Alter erreichen?« Worauf er immer wieder antwortete: »Nur wenn er keine Selbsterkenntnis sucht.« Das war nicht gerade der Rat, den man von einem Vater erwartete, aber dieser Vater kannte die Neigung seines Sohnes, sich selbst zu schmeicheln; seine merkwürdige, sich selbst noch im Spiegelbild betrügende Eitelkeit. Er wußte aber auch um das Bedürfnis seines Sohnes, allein zu sein, und daß ihn keine Gesellschaft mehr erfreute als die eigene. Dies war zum Teil eine Folge der Bewunderung, die Schmetterlingtänzer von den Mädchen des Dorfes erfuhr. Weil er so göttlich war, schwärmten alle jungen Frauen für ihn und folgten ihm überall – und trotzdem würdigte er sie kaum eines Worts bis auf ein gelegentliches »Geht weg«.

Oft sagte sein Vater zu ihm: »Schmetterlingtänzer, es ist an der Zeit, daß du dich mit Leuten deines Alters triffst. Ich bin zu alt, um dir ein großer Trost zu sein, und du solltest etwas anderes suchen als deine eigenen selbstsüchtigen Gedanken.« Doch Schmetterlingtänzer schlug den guten Rat des Vaters in den Wind. Er dachte nicht daran, seine Lieblingsbeschäftigung aufzugeben und nicht mehr durch den Regenbogen-Canyon zu bummeln, um an Stelle von Mädchen bernsteinäugige Blumen zu besuchen, die in solcher Fülle auf dem Pfad, den er ging, wuchsen.

Er liebte nichts so sehr wie diese einsamen Streifzüge durch den tiefen purpurnen Canyon, wo zwischen den rotbraunen Wänden die Schwalben über den Nachmittagshimmel flitzten. Hier, zwischen den Heuschreckenbäumen und dunklen Oliven vor dem grellen Glanz der lachsfarbenen Felswände, verbrachte er tagträumend viele Stunden. Still saß er auf dem braunen Sand, schaute den kleinen Eidechsen zwischen den Steinen und in den Sandkuhlen beim Fliegenfangen zu und träumte im Halblicht vor sich hin, bis ihn die Dämmerung nach Hause trieb.

Wenn er dann an dem klaren grünen Fluß entlangging und dem freundlichen Lied der Abendfrösche zuhörte, war er dankbar für alles, denn obwohl er sich einsam fühlte, wußte er, daß er an nichts gebunden und deshalb durchaus glücklich war.

Eines Tages, als er durch den Regenbogen-Canyon ging und das süße Geißblatt roch, das sich am Eschenahorn rankte, glaubte er, etwas zu hören, was er noch nie zuvor gehört hatte: eine ungewöhnlich klare, süße, wie Honig schmelzende Stimme. Es war Echo, die sein Summen aufnahm und nachahmte. Ihr müßt wissen, daß Echo der Geist eines Mädchens war, das früher einmal in dem Dorf gelebt hatte. Als ihre Familie ihr nicht erlaubte, den Mann zu heiraten, den sie von Herzen liebte, sprang sie von der höchsten Klippe; und nun kennt ihr Geist keinen Frieden und begegnet, von allen abgeschnitten, nur noch den Wanderern, die auf abweichenden Wegen in die entlegensten Winkel des Canyons kommen. Weil ihr Leben so plötzlich verkürzt worden war, hatte sie die Angewohnheit, alles, was sie hörte, nur halb zu wiederholen, wie ein Echo – und deshalb erhielt ihr Geist den Namen Echo.

Als Echo den schönen Schmetterlingtänzer sah, der sie an ihren verlorenen Liebsten erinnerte, folgte sie ihm, indem sie aus seinen Schritten ein Lied machte. Ihr Herz war auf den ersten Blick für ihn entflammt. Heimlich ging sie ihm nach, als er seine Runden von Blume zu Blume machte, und sie wünschte sich nichts sehnlicher, das arme Ding, als ein einziges natürliches Wort zu sagen, eines, das direkt aus ihrem eigenen Herzen kam. Aber sie konnte nur immer den letzten Teil von dem wiederholen, was sie gehört hatte. Es gab keine Möglichkeit für sie, eine eigene Ausdrucksform zu finden. Und Schmetterlingtänzer, der sie nicht sehen konnte und nur das undeutliche, verwehende Säuseln vernahm, das sein Gesumm hervorrief, beachtete sie nicht. Doch als der Nachmittag dahinging, fühlte er eine seltsam schwebende Anwesenheit. Er sah sich um, sah die trockenen, in der glühenden Hitze der Felsen flirrenden Bäume und vernahm ihr Flüstern im heißen Wind. Im Schatten sitzend, im kühlen blauen Licht unter einem Baum, sah er, beinah wie im Traum, für einen kurzen Augenblick ein Gesicht, eine Handbewegung. Doch was es auch war, er konnte nicht entdecken, woher es kam oder wer die Bewegung machte; und weil er dachte, es sei vielleicht ein Tier gewesen, vergaß er es.

Eines Tages empfand er die Anwesenheit stärker und rief sogar: »Ist jemand hier?« Halb wahnsinnig vor Sehnsucht, zu ihm zu sprechen, antwortete Echo: »...hier?« Und das war schon alles, was sie sagen konnte. Aber er hörte es und drehte sich um und blickte in alle Richtungen nach dem Ursprung der widerhallenden Worte. »Ist jemand hier?« fragte er in die leere Luft. »...hier?« rief sie zurück.

»Hier?« wiederholte er verwirrt umherblickend.

»...ier?« erwiderte sie. Es schien, als wäre das Wort der Totenstille des roten Canyons gestohlen worden.

Er hatte allmählich das Gefühl, daß tatsächlich etwas da war; nur sehen konnte er davon nicht das geringste. Nun war es aber so, daß Echo in manchen Vollmondnächten, wenn das Licht wie Schnee auf dem Talgrund lag, bis zu einem gewissen Grad gesehen werden konnte; und sie wurde gesehen, als Schmetterlingtänzer eines Abends länger blieb. Der Mond hatte sein Licht in jede Spalte des Canyons gegossen. Der Glanz von seidigen Bäumen, schwankenden Silbergräsern und graublauen Klippen füllte Schmetterlingtänzers Auge. Der Besenginster schaukelte im Wind und winkte in den Rinnen der eingeschlossenen Hügel. Die nickenden Sonnenblumen neigten sich zur Erde, als hätte sie der träumende Wind in Schlaf gewiegt. Der ganze Canyon träumte und war doch wach und schien ein besonderes Leben zu atmen.

Und plötzlich sah Schmetterlingtänzer den zartesten Umriß des spinnwebfeinen Mädchens. Die Teilchen ihres so lang in kalten Canyonmauern aufgesparten Wesens kamen, so verrückt es war, im Mondlicht zum Vorschein. Und in einer solchen Nacht konnte sie sprechen. Die Sehnsucht, zu sein wie die Sterblichen, überwand ihre Zurückhaltung, und sie bat Schmetterlingtänzer: »Schlafe mit mir.«

»Lieber nicht!« sagte er und wich erschrocken zurück.

Sie ging zu ihm und bot ihm den verlockenden, schimmernden, wundervoll gerundeten Körper ihres Geistes an. Aber er ging weiter zurück und sagte mit dünner Stimme: »Wir wollen uns nicht berühren.« Er wiederholte seine Worte und versuchte, sich rückwärts gehend von ihr zu entfernen. Doch sie kam näher, mit offenen Armen, begierig und schmeichelnd. »Bitte.«

»Lieber würde ich sterben als einen Geist berühren!« sagte er grausam.

Da verschwand sie; nicht ein Teilchen von ihr blieb zurück. »Ich liebe keinen, nur mich«, schrie er in den Wind.

»...mich?«, sagte das unsichtbare Echo.

Dann wandte sich Schmetterlingtänzer von der lästigen Vision ab und sah, daß er bis an den Rand des Flusses geraten war. Noch ein Schritt, und er wäre hineingefallen. Aber als er jetzt sein Gesicht über das mondbeglänzte Wasser neigte, um zu trinken, sah er in der Strömung sein geisterhaft schwankendes Spiegelbild. Es sah ihn an, und es war so hübsch, so vollkommen, daß es ihn erregte, es so nah zu sehen. Er beugte sich vor, um die mondblauen Lippen zu küssen; und Blick für Blick seine innigste Liebe erwidernd, verlor er das Gleichgewicht und fiel in den Fluß. Nur war Schmetterlingtänzer halb Gott und halb Sterblicher, aber die sterbliche Hälfte konnte nicht schwimmen. Hilflos wurde er von der wirbelnden Strömung mitgerissen. Er wurde blaß und begann zu ertrinken. Der ahnungslose Fluß trug ihn zu der Stelle, wo das weiße Wasser tosend gegen die Ufer schlägt. Dort, in den schäumenden Wellen, ereilte Schmetterlingtänzer der Tod. Seine schöne Gestalt schmolz und zerriß im tobenden Fluß. Dann nahm ihn Großer Wind auf die Arme und trug ihn den Canyon hinauf zu seinem Vater, Berg Alter Mann, der weinte, als er seinen zerschundenen Sohn sah. »Mein Sohn«, rief er unglücklich, »hätte ich nur gewußt, daß du so enden würdest!« Mehr sagte er nicht, denn die Worte wiederholten sich von selbst – »...enden würdest!« –, als hätte die Luft Zunge und Lippen bewegt, um die Worte zu bilden.

Die Geschichte von dem Mädchen, das einen Feuergeist heiratet

Von Kiefernlied, der Tochter von Häuptling
Vorübergegangener Mond, die den Feuergott heiratet

Seit der Große Macher in seiner Freigebigkeit die Lebenssamen aus seiner Brust nahm und in den Nebel der kreisenden Leere pflanzte, wünschten die Sterblichen, sich mit den geheimnisvollen Gottheiten zu vermählen, den Geistergöttern und Geistergöttinnen von Regen und Wind und Feuer.

Es gibt Geschichten von Liebe und Leidenschaft, in denen mehr gewagt wird als in der von Schmetterlingtänzer und Echo – von Liebe, die nicht *verloren*, sondern *gefunden* wurde, hier und auf dem gegenüberliegenden Ufer des Lebens, auf dem Todespfad und in der Geisterwelt. Und es scheint, als hätte es einmal einen Häuptling gegeben, einen glücklosen vielleicht, obwohl einige sagen, er zeichnet sich nur durch ein härteres Schicksal aus als andere, der eine unvergleichlich schöne Tochter hatte. Der Name des Häuptlings war Vorübergegangener Mond; seine Tochter hieß Kiefernlied. Sie lebten im großen Nordland, wo der Wind in den Kiefern singt. Eines Tages saß Kiefernlied in der Hütte ihres Vaters am Feuer und dachte, daß keiner ihrer Verehrer genügend Liebe aufbrachte, um ihre Bedürfnisse zu befriedigen, denn sie war ein Mädchen, das erst durch die Liebe richtig lebte. Während sie also in den hellen Feuerschein blickte, kamen ihr seltsame Dinge in den Sinn, und sie dachte: Ach, hätte ich doch einen Liebsten wie dieses Feuer. Und kaum hatte sie dies gedacht, sprang Feuergeist in seinem Rauchmantel aus der Feuergrube, nahm Kiefernlied am Handgelenk und zog sie in die züngelnden Flammen.

So wurde sie die Gefangene von Feuergeist, der beschloß, sie als seine Frau zu behalten, weil sie genauso feurig war wie er. Häuptling Vorübergegangener Mond wußte, was mit seiner Tochter geschehen war, aber er wollte den Feuergott nicht beleidigen, und deshalb rief er seinen mächtigsten Schamanen und fragte ihn um Rat. »Laß dein Feuer ausgehen«, sagte der Schamane. »Befiehl allen im Dorf, das gleiche zu tun. Dann wirst du etwas hören.« Der Häuptling schickte einen Rufer zu allen Hütten mit dem Auftrag, daß alle Feuer gelöscht werden sollten. Als das geschehen war, schlüpfte Kiefernlied aus den Steinen der Feuergrube ihres Vaters, begleitet von einem Gespenst aus Rauch, das ins Feuer zurückkehrte. Und sie war wieder wie früher, ein schönes sterbliches Mädchen und scheinbar unberührt von Feuergeists hitziger Leidenschaft.

Das Leben in der Hütte von Vorübergegangener Mond ging weiter, aber der Häuptling bemerkte eine Veränderung an seiner Tochter, die ihn erschreckte. Immer wieder saß sie am Feuer, und ihre Augen träumten ein Lied von geisterhafter Liebe. Sie sprach nicht mit ihren Freunden, und sie half ihrer Mutter bei allen Mahlzeiten, aber nur, damit sie in der Nähe der Feuergrube sein konnte. Und spät in der Nacht, wenn das Feuer zischte, als wäre es mit nassem Holz gespeist, verließ Kiefernlied ihr Bett und begab sich zu den züngelnden Flammen. Dann, wenn niemand zusah, stieg sie barfuß in die Glut und ließ sich von den rotgoldenen leckenden Zungen die Füße, die Knie und Schenkel liebkosen. Da sie nicht verbrannte, sondern den Rauchgeist, den aus den Flammen steigenden Geist der Feuergrube, umarmte, rutschte sie hinunter in die Mitte der Herdsteine und verschwand in der Nacht. Am Morgen jedoch war sie wieder in ihrem Bett und schlief, so daß es immer so schien, als sei nichts geschehen.

Eines Tages nun, als sie in einem Topf mit kochenden Seifenbeeren rührte, nahm ihr ein junger Mann aus dem Dorf, dem sie schon immer gefiel, den Rührlöffel weg, um sie zu necken. Als sie ihn überrascht wieder an sich nahm, glitt ihr der seifige Holzlöffel aus der Hand und fiel ins Feuer, wo er sofort von einer feurigen Faust gepackt, in glühende Stücke zerquetscht und unter wütendem Zischen verschlungen wurde. Der junge Mann erschrak und wich ängstlich zurück.

»Das ist nur mein Ehemann, der mich ruft«, sagte Kiefernlied. Dann stieg sie in die Flammen, die an ihren Beinen hochsprangen, und während rings um sie eine Dampfwolke aufwallte, ließ sie sich auf dem Glutbett nieder. »Er will mich«, murmelte sie schläfrig. Dann versank sie für immer unter den Steinen der Feuergrube. Vorübergegangener Mond trauerte sehr um seine schöne Tochter, aber er erklärte jedem, der ihm zuhörte, welche Lehre daraus zu ziehen sei: »Beleidigt nie einen Feuergeist mit nassem Holz. Laßt eure Tochter nie zu nah bei den Flammen sitzen, denn die Versuchung ist groß, und der Feuergeist wird aus seinem Rauchmantel nach ihr greifen und sie zur Frau nehmen.«

Danach achteten die Menschen noch mehr auf ihre Feuer, denn jetzt hatten sie verstanden, daß das Feuer ein großes, eifersüchtiges und ewig hungriges Ding ist. Aber sie wissen auch, daß Feuer Leben bedeutet und Leben Hunger, der einsetzt, wenn wir geboren werden, und über unseren Tod hinaus anhält, wie die nächste Geschichte zeigen wird.

Die Geschichte von der Schattenfrau

In der Vorübergegangener Mond um seinen einzigen
Sohn Schöner See trauert, der auf dem Geisterpfad
seine tote Frau sucht, und in der die Schattenwelt
stärker ist als die Welt der Lebenden

Vorübergegangener Mond hatte seine Tochter verloren,
aber er hatte noch einen Sohn Schöner See, dessen liebli-
che Frau nur wenige Tage nach der Hochzeit gestorben
war. Dies geschah ungefähr um dieselbe Zeit, zu der
Kiefernlied von Feuergeist hinweggerafft wurde. Aber
Schöner See wollte den Verlust seiner Frau nicht so hinnehmen wie sein Vater den Verlust seiner Tochter, der
wenigstens den Feuerschein hatte, um sich an sie zu erinnern. Schöner See hatte nichts dergleichen; er hatte
nur ihre gemeinsame Schlafdecke, unter der er keinen
Schlaf mehr fand. In seinen einsamen, kummervollen
Nächten wälzte er sich rastlos von einer Seite zur anderen und hörte die Kiefern vor seiner Hütte ächzen und
rauschen.

Eines Tages erhob sich Schöner See vor Sonnenaufgang und verließ das Dorf seines Vaters. Er ging bis weit
in den Tag, mit traurig gesenktem Kopf und betrübtem
Herzen, als er plötzlich Stimmen vernahm. Er ging
ihnen nach, und sie führten ihn aus dem Kiefernwald an
einen silbern schimmernden, von kalten blauen Pfeilen
durchzogenen See. Der Mond war eben aufgegangen;
der See wirkte öde, wie weißgefroren im Licht. Schöner
See wußte es nicht, aber er war den ganzen Tag auf dem
Todespfad gegangen, auf der Straße der Geister. Auf der
anderen Seite des Sees sah er schattenhafte Menschenge-
stalten aus den mondbeschienenen Kiefern kommen. Er
rief sie an, aber sie schienen ihn nicht zu hören. Nachdem er sich heiser gerufen hatte, flüsterte er: »Ist es denn

so weit bis dort hinüber, daß sie mich nicht hören können?« Dann hörten sie ihn, und einer der Schattenmenschen sagte: »Ich höre eine Person der Traumzeit. Holen wir sie in unserem Kanu herüber.« Sie kamen mit ihrem Kanu durch den Nebel und brachten ihn über den mondhellen See. Als er die andere Seite erreichte, war die erste Person, die er erkannte, seine geliebte Frau. Sie trug das Kleid einer Damhirschkuh, und das Mondlicht ließ sie bleich aussehen wie Milch. Sie war überglücklich, ihn zu sehen, und sie umarmten sich lange. Danach fragte er, ob er etwas zu essen haben könnte, denn er sah, daß die anderen Schattenmenschen ein Festmahl hielten. Aber sie sagte: »Lieber Mann, iß nichts von diesen Speisen. Wenn du es tust, wirst du nie mehr in die Traumzeit zurückkehren.«

In jener Nacht – nachdem er nichts gegessen hatte – lag Schöner See mit seiner Frau unter der Schlafdecke, aber sie sagte, mit der Schlafdecke sei ihr zu warm; sie hatte lieber die blaue Kälte der Nachtluft auf ihrer nackten Haut. Fröstelnd lag er neben der zurückgeschlagenen Decke und begann, ihre Flucht zu planen. Wir können nicht bei diesem Schattenvolk bleiben, überlegte er. Wir müssen dorthin zurück, wo es warm ist und wo es gutes Essen gibt. Früh am nächsten Morgen nahm er seine Frau an der kalten, knöchernen Hand und stahl sich mit ihr aus der Hütte. Sie zeigte ihm, wo die Geisterkanus am nebligen Ufer lagen, und er schlich hin und nahm eines. Niemand schien ihnen zu folgen. »Mach dir keine Sorgen, lieber Mann«, sagte seine Frau, als er durch die Nebelschwaden zum gegenüberliegenden Ufer paddelte. »Es wird niemand kommen, denn dieser Weg führt in die Traumzeit.« Er fand den Geisterpfad durch den Kiefernwald, der sie ins Dorf seines Vaters zurückführte. Als sie endlich die Hütte von Vorübergegangener Mond erreichten, war dieser sehr glücklich, seinen Sohn zu sehen. Schöner See erzählte von seinem Ausflug und zeigte allen, die in der Hütte versammelt waren, stolz seine Frau. Aber sie lächelten nur kurz und sagten nichts zu ihr. Vorübergegangener Mond wollte höflich sein und sagte: »Warum bringst du sie nicht herein?« Und er breitete Hermelin- und Marderpelze aus, damit sie warm neben dem Feuer sitzen würde. Schöner See sah seinen Vater überrascht an.

»Vater, siehst du meine Frau nicht?« fragte er. Der müde alte Häuptling blickte auf, aber er sah genausowenig wie die anderen Familienmitglieder. »Du bist lang auf einem einsamen Pfad gegangen«, sagte er. »Nun solltest du dich ausruhen und deine Sorgen vergessen.«

In jener Nacht ging es Schöner See schlechter als in der Nacht im Lager des Schattenvolks, denn seine Frau zwang ihn wieder, die Decke zurückzuschlagen. Als sie ihn bat, sie so unbedeckt und offen zu lieben, obwohl jeder in der Hütte zu schlafen versuchte, fand er das unanständig und kroch wieder unter die Decke. Aber schließlich gab er ihrem Drängen nach und liebte sie, während seine Familie einschließlich Vorübergegangener Mond entsetzt die Hütte verließ. »Der arme Junge denkt, der Mondschein sei seine Frau«, stöhnte er. Und er ging und setzte sich unter eine Kiefer und weinte über den Wahnsinn seines Sohnes. Am nächsten Tag, nachdem Schöner See in der Traumzeit keinen Trost gefunden hatte, nahm er seine Frau und ging den Weg zurück, den sie gekommen waren, den Todespfad, der zum Schattenlager am Ufer des nebelverhangenen Sees führte.

Dort fand er schließlich Frieden. Er lernte, auf der Schlafdecke zu schlafen, und dachte nie wieder daran, über den See zu fahren und auf dem Geisterpfad in das Dorf zurückzukehren, wo die Menschen träumen, sie wären lebendig.

Teil drei
Mythen von mächtigen Kräften

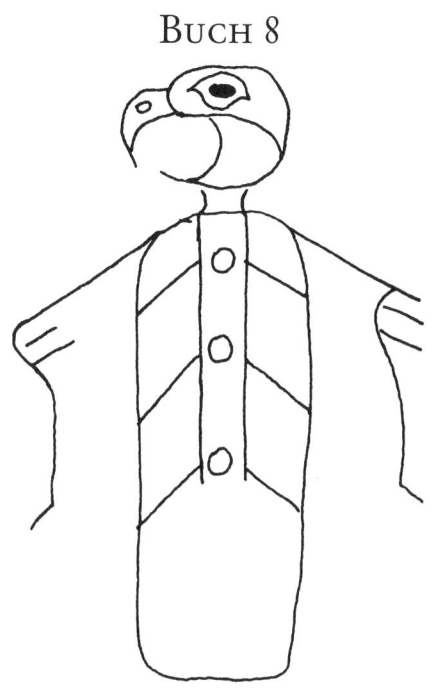

Buch 8

Die Geschichte von Sonnenfalke

Von Sonnenfalkes Besuch im Wolkenland und
seinem Adlertraum, der zeigt, wie die kommende
Neue Welt aus der alten hervorgeht, und von seinem
großen und mächtigen Namen

Die Menschen einigten sich darauf, daß die Tiere, mit
denen sie die Erde teilten, Boten der Geisterwelt waren;
sie waren Führer, deren Leben an das alte Lied der
Sonne gebunden war. Und genauso, wie es für jedes Tier

einen Monat gab, in dem es regierte, gab es auch für jedes einen Vorfahren, einen Geist, der ihm Kraft und Klugheit verlieh sowie den Willen für ein langes Leben.

Wenn die Menschen auf die Jagd gingen, dann wußten die Tiere häufig schon, daß sie kamen, beinahe so, als hätte sie jemand gewarnt. »Welcher Geist hat uns verraten?« fragte ein Ältester. »Wer hat ihnen geflüstert, daß wir kommen?« wunderten sich die Jäger. Und der Schamane, der im Gebet die Geheimnisse des Sommerwalds und der Wintergefilde zu verstehen suchte, träumte die Antwort, und er verstand sie so, daß Vater Sonne über seine Kinder wacht und die Tiergeister über die ihren.

Nachdem die Menschen dieses Geheimnis erkannt hatten, betete jeder Mann vor und nach der Jagd und bat um den Segen des Geistes, der seinen Pfeil lenkte. Und dieser Geist lehrte sein Herz Mitgefühl, verlieh seinen Füßen Flügel und seinem Auge Klauen. Ein Mann konnte den Adlervorfahren anrufen, er möge ihn mit seiner Kraft durchdringen und ihm die mächtige Stärke, die Klugheit und das scharfe Auge des Adlers schenken. Es gab Männer, die plötzlich flink wie ein Eichhörnchen waren, bedrohlich wie eine Raubkatze oder grimmig wie ein Wolf. Solche Männer wurden nach den Geistern benannt, denen sie ihre Berühmtheit verdankten.

Nun wollen wir uns zwei jungen Männern zuwenden – Wiesel und Falke. Sie hatten ihre Namen, und die Geister, die sie kannten, segneten sie. Aber sie waren noch nicht erprobt. Sorglos und wißbegierig gingen sie umher und wünschten sich eine Kraftprobe, und sie kam, aber nur einer ging als mächtiger Mann daraus hervor. Dies also geschah, als zwei unerfahrene Jungen beschlossen, den Berg-Inmitten-Von-Bewegung zu ersteigen.

Anfangs lockte sie nur der Spaß an der Kletterei, aber als sie den Gipfel erreichten, wo sich ein alter Schrein zur Mittagssonne neigte, sagte Wiesel zu seinem Freund Falke: »Wir könnten noch höher steigen.« Falke, der nicht weniger waghalsig war, sah sich den höheren Felsgipfel prüfend an und sagte: »Das glaube ich nicht. Ich meine, wir sind weit genug gekommen.«

»Sieh dir den alten Schrein an«, sagte Wiesel. »Ich würde gern sehen, was darüber ist.«

Hätte sich die Wolkendecke gehoben, hätte er vielleicht sehen oder erkennen können, was ihn erwartete; aber nun war es eben so, daß die freundlichen Wolken verhüllten, was über den Schrein hinausragte – ein nackter, glatter Porphyrfels. »Niemand darf über diesen Ort hinausgehen«, sagte Falke. »Es ist verboten.« Und er wiederholte: »Wir sind weit genug gekommen.« Unten lagen die Maisfelder, Gold auf Grün, im Pfad der Sonne, und die vom Wind bewegten geraden Reihen sahen aus wie gescheiteltes Haar. Wiesel kümmerte sich wenig darum, was andere dachten; er traute sich mehr zu, als er zu leisten vermochte. Man könnte auch sagen, er war zu dumm, um vorsichtig zu sein. Er beschloß also, über den Schrein hinauszuklettern, und stieg an der Felswand höher und höher bis zu einem Adlerhorst. Von dort rief er stolz zu Falke hinunter: »Ich habe das Heim des Adlervolks erreicht. Es sind Junge darin. Ich werde eines fangen und hinunterbringen!« Falke rief ihm zu: »Wiesel, ich sehe Mutter Adler kommen!« Und schon zerteilte ein brauner Körper die Wolkenmassen und stieß einen dünnen, hohen, schmeichelnden Warnruf aus.

Wiesel griff rasch in das Nest aus Stöcken und packte ein braunes Adlerjunges, das kreischend mit unerprobten Flügeln um sich schlug und auf dem Felsvorsprung zurückwich. Wiesel erwischte es bei den Füßen und schloß die Hand über den gespreizten Klauen. Er nahm den jungen Vogel und schickte sich an, den Felsen hinunterzuklettern. Doch kaum hatte er das Adlerjunge gepackt und den Abstieg begonnen, als Mutter Adler wie ein Pfeil niederfuhr und den Dieb mit gespreizten Krallen angriff. Wiesel verlor auf dem überkragenden Sims den Halt und stürzte in die Wolken. Und als er den rauschenden Wind unter seinen erstaunten Füßen spürte, ließ er das hilflose Adlerjunge los und fiel.

Falke sah dies alles geschehen. Er sah seinen Gefährten nach den schneeigen Wolken greifen, sah Wiesels verblüfftes Gesicht, seine nackten, durch die Luft rudernden Arme und dann weit unten das blaugrüne Feld, das sich öffnete und über seinem abgestürzten Freund schloß. Und in die Arme von Falke fiel das Adlerjunge – ein wirklich glücklicher Fang, denn um ein Haar wäre der Vogel, der noch nicht flügge war, zu Wiesel in das Maisfeld gestürzt. Falke dachte, er sollte das gestohlene Adlerjunge zum Nest zurückbringen und begann mit nur einer freien Hand den gefährlichen Aufstieg an dem wolkenverhangenen Felsen. Er kam nur langsam voran, aber als er schließlich den Horst erreichte, war er völlig von Wolken umgeben. Er tastete nach dem Nest, hörte die piepsenden Jungen, und als er den gestohlenen Vogel auf das Sims schob, sagte die Stimme von Vater Adler: »Wir haben auf einen wie dich gewartet.« Und die Stimme von Mutter Adler fügte hinzu: »Du bist der erste Mensch, der sich als so freundlich erweist.« Plötzlich nahte von rückwärts leise donnernder Flügelschlag. Die beiden Adler packten ihn von hinten bei den Schultern und hoben ihn hoch. Sie trugen ihn über die Wolken und immer näher zur Sonne ins Himmelsland, wo die Eckpfeiler der Wolken die obere Welt tragen, die, obwohl sie hoch über dieser Welt liegt, genauso aussieht wie diese.

»Vergiß nicht, auf das Vogelvolk zu hören«, sagte Vater Adler, als er Falke auf dem Himmelsboden absetzte, »denn du bist jetzt in ihrem Land.«

Und Mutter Adler sagte: »Tu, was sie tun, und nicht, was du tun möchtest.« Dann ließen sie sich durch das Loch in den Wolken, das zur unteren Welt führte, zurückfallen. Als erstes bemerkte Falke, wie dicht das Land bei der Sonne lag, wie grell das Licht auf die Wolkenberge brannte und die Täler mit Hitze füllte. Ich brauche Wasser, sagte er sich, und machte sich auf die Suche. Er überquerte Kiesbänke und Schwemmland, salzige Ebenen und Hügel voller Beifußgestrüpp; das Land war trocken und lag dicht unter der Sonne, so daß es wie Glimmerschiefer funkelte.

Dann nahte sich Alter Mann Sperber, der wachsame Geist dieses Landes. »Wenn du durstig bist, solltest du Wasser trinken«, sagte er; aber Falke schüttelte bedrückt den Kopf. »Es gibt keinen Regen in diesem Land«, klagte er, »nur Sonne und noch mehr Sonne.« Doch bald sah er einige schwarze Wasserkrüge, vier an der Zahl, die neben einem kleinen Graben standen. »Diese Krüge sind voller Regen«, bemerkte Alter Mann Sperber, »aber du darfst nicht daraus trinken.« Dann erhob er sich und flog im Zickzack über die sonnenverbrannte Ebene. Jeder der vier Krüge war bis zum Rand mit Regen gefüllt. Falke konnte das süße Wasser riechen. Als Alter Mann Sperber weg war, tauchte er das Gesicht in einen der riesigen Krüge und saugte das Regenwasser in seinen Schlund. Er war so ungestüm in seiner Gier, daß er den Krug umwarf. Das verschüttete Wasser floß in einen Graben und verschwand im Sand. Er schämte sich, daß er so tolpatschig war, aber sein Durst war noch nicht gestillt, so daß er zum nächsten Krug ging und trank. In seiner Gier kippte er auch diesen um und ebenso noch zwei weitere, bis er endlich genug hatte.

Als nun das Wasser aus dem vierten Krug im Wüstengestrüpp versickert war, verschwand die Sonne hinter einer Wolke, und plötzlich krochen überall auf dem kahlen Boden Frösche und Schildkröten. Die Frösche schossen mit feurigen Zungen auf die Schildkröten, die Kopf und Füße einzogen und sich unter ihrem Panzer versteckten. Der Himmel wurde schwarz, und Hagelsteine schlugen auf die Felsen und schnellten in alle Richtungen. Die Frösche und Schildkröten setzten ihren Kampf fort, nur wenn jetzt eine Schildkröte von einem Blitz am Kopf getroffen wurde, stürzten die Truthahngeier aus dem finsteren Himmel, rissen das Fleisch aus den Schildkrötenpanzern und fraßen es.

Alter Mann Sperber kam, vom Hagel zerfleddert, und sagte zu Falke: »Das ist alles dein Werk! Du hast aus den heiligen Wasserkrügen getrunken, nicht wahr?«

»Ich konnte nicht anders«, rief Falke über die leckenden Flammenzungen der Frösche hinweg.

»Es waren die Krüge, die Regen machen«, erklärte ihm Alter Mann Sperber.

»Können wir denn nicht irgend etwas tun?« fragte Falke, während er den Kopf vor dem Hagel zu schützen suchte.

»Du mußt etwas Sonne trinken«, sagte Alter Mann Sperber und reichte ihm einen Medizinbeutel mit Maismehlbrei. »Iß den Brei mit der Hand, wie wir das tun.« Und im selben Augenblick, als er das tat, kam die Sonne hinter den Wolken hervor, die bedrohlichen Frösche hüpften wieder in ihre Löcher, und die Schildkröten badeten in den Tümpeln der geschmolzenen Hagelkörner.

»Du kannst meinen Medizinbeutel behalten«, sagte Alter Mann Sperber, »aber iß nichts mehr von dem Brei.« Falke versprach es, und Alter Mann Sperber verabschiedete sich und flog davon.

Falke ging eine Weile weiter und genoß die kühlende Luft, die über das Land wehte. Doch allmählich wurde es wieder heiß. Die Sonne brannte erbarmungslos, während er ging und ging. Schließlich gelangte er auf eine kleine Anhöhe; ringsherum lagen Seen aus hellem Staub. Falke war zu müde, um weiterzugehen. Er legte sich nieder und schlief ein, noch bevor die Sonne untergegangen war. In jener Nacht träumte er einen wundervollen Traum, aus dem er am Morgen erfrischt erwachte. Alter Mann Sperber wartete schon auf ihn. »Hast du Hunger?« fragte er, und als Falke nickte, wollte Alter Mann Sperber wissen, ob er noch etwas von dem Brei im heiligen Medizinbeutel übrig habe. Falke schüttelte beschämt den Kopf.

»Nun, ich glaube, es ist Zeit für dich, nach Hause zu gehen.« Dann zeigte ihm Alter Mann Sperber ein Fuchsschwanzgrasbüschel, das er ausreißen sollte; darunter befand sich das Loch, durch das der Weg zur irdischen Welt zurückführte. »Nimm den Busch mit«, rief er Falke zu. »Es ist ein Heilkraut, das die Menschen gesund machen wird, wenn sie krank sind.«

»Wie komme ich hinunter?« fragte Falke.

»Nimm Spinnenfraus Kletterseil, und laß dich daran hinunter.« Alter Mann Sperber gab ihm das Seil, sicherte es an einem großen Stein und ließ ihn durch den Wolkenbaldachin hinunter durch all das Himmelsblau bis zu jenem Adlerhorst und weiter bis an den Fuß des Berges-Inmitten-Von-Bewegung. Vater und Mutter Adler grüßten ihn, als er vorüberkam, und sagten, er dürfe seinen Traum von der Welt über ihnen nicht vergessen und müsse den Menschen davon erzählen. Dann wünschten sie ihm Lebewohl und gaben ihm Atemfedern, heilige Adlerfedern, mit. Und so kam es, daß Falke zu den Menschen zurückkehrte und später ein großer Medizinmann wurde, dessen Weitblick sich in dem Namen ausdrückt, den er erhielt: Person-Über-Den-Wolken.

Die Geschichte von den Schildkrötenleuten

In der von den langen Winternächten die Rede ist und
wie das Geschichtenerzählen beginnt sowie von einem
Geschichtenerzähler aus dem Osten und einem Mann
aus dem Süden, der von Sternen und Schildkröten mit
funkensprühendem Panzer erzählt

Person-Über-Den-Wolken erzählte seine Geschichte
oft, und er erzählte sie gut. Mit der Zeit traten auch andere in Erscheinung und sprachen von ihren Reisen in
die Welt der Tiergeister. Und indem sie Worte zu Sprache und Geschichten formten, geschah es, daß eine neue
Macht ins Leben gerufen wurde: die Macht des Ge-
schichtenerzählens. Es kamen gute und berühmte Erzähler und solche, deren Geschichten ein eigenes Leben
entwickelten und wuchsen, je öfter sie erzählt wurden.
In den Sommernächten saßen die Leute rauchend und
plaudernd im Freien und stellten das Geschichtenerzählen hintan. Aber im Winter, wenn der Wind um die Hütten kroch, versammelten sie sich an den Feuern und redeten aus dem Herzen.

Eines Abends im Winter, als Person-Über-Den-Wolken die Geschichte von seinem Besuch im Land des
Vogelvolks erzählte, befand sich unter den Zuhörern
auch ein Besucher aus dem Osten. Er sann über die Geschichte nach, und dann sagte er, er glaube nicht mehr an
die Weisheit von Tiergeistern und Tierältesten. »Adler
sind Adler«, meinte er traurig, »und ihre höhere Macht
besteht allein darin, daß sie fliegen können. In unserem
Dorf würden sich Kinder eine solche Geschichte anhören, aber niemand, der mehr weiß als sie.«

Eine ganze Weile äußerte sich niemand dazu; nur der
Winterwind vor der Hütte ließ sich vernehmen. Denn

seht ihr, der Mann aus dem Osten war Gast, und es hätte sich nicht geschickt, seine Bemerkung, auch wenn sie kurzsichtig war, in Frage zu stellen oder zu kritisieren. Die stillen Gesichter hegten stille Gedanken. Das Reden besorgten der Wind und das Feuer. Doch nach einer angemessenen Pause erhob sich ein weiterer Gast aus dem freundlichen Kreis um das Feuer. Es war ein Mann aus der südlichen Sonne mit einem von vielen Wintern gefurchten Gesicht, so daß er älter zu sein schien als jeder andere in der Runde. Wenn er lächelte, wimmelte es in seinem Gesicht von Falten, und es sah aus wie in der Sonne rissig gewordener brauner Lehm.

Es war immer noch still in der Hütte, als er schließlich zu sprechen begann. »Die Macht der Götter hat keine Grenzen«, sagte er ruhig. »Was immer sie wünschen, wird geschehen. Meine Tage mögen kürzer sein, wenn ich nicht die Wahrheit sage.« Während er sprach, rückte er näher ans Feuer, und wieder meldete sich der Mann aus dem Osten zu Wort. »Die Götter sind alt und müde geworden«, sagte er mutlos. »Sie sind mit ihren eigenen Angelegenheiten beschäftigt und vergessen, wie es um uns steht.«

Nachdem er so gesprochen hatte, war nur das Knistern des Feuers zu hören, und zu sehen waren nur die Schatten der Flammen, die an den lehmverputzten Wänden der Hütte tanzten. Der Alte aus dem Süden brach die Stille, indem er sagte: »Freunde, ich biete euch eine Geschichte an.« Und dann begann er von dem Land zu erzählen, aus dem er kam.

»Wir wohnen in Hütten, die über dem Boden auf Pfählen stehen, so daß wir bei einer Überschwemmung unversehrt und im Trockenen bleiben. Im Sumpfland ringsum leben viele Tiere – Wasservögel, Hirsche, Bären, Alligatoren und Schildkröten – , und so könnt ihr euch denken, daß es in unserem Dorf keinen großen Hunger gibt. Wir haben immer genug zu essen.

Eines Nachts wanderten merkwürdige Feuer am Himmel. Sie zogen quer über den Nachthimmel. Unser Häuptling befahl seinen Spähern, ihnen zu folgen und festzustellen, wohin sie gingen. Die Späher fuhren noch in der Nacht in ihren Einbäumen los und kehrten am Morgen zurück. Die Feuer, sagten sie, gehörten zu zwei alten Schildkrötenleuten. Wenn der Wind auf ihren Rücken blies, habe sich ihr Fell gekräuselt und kleine Funken gespien; und wenn der Wind kräftig blies, glühten die Funken auf, und die behaarten Schildkröten hätten geleuchtet.

Nun war der Häuptling unseres Dorfes ein weiser Mann. Er hatte keinen Grund, an seinen Spähern oder ihrer Geschichte zu zweifeln, aber er glaubte, sie hätten geträumt. Er entließ sie, und das Volk hatte bald vergessen, was da geschehen war.

Doch nicht lange danach kamen die zwei alten Schildkrötenleute in unser Dorf. Sie gingen von Hütte zu Hütte auf der Suche nach einem Platz, wo sie sich ausruhen konnten. Doch als unsere Leute sahen, wie von den Rücken der Schildkröten die Funken stoben, wenn der Wind darüberwehte, fürchteten sie, die Schildkröten könnten ihre Häuser anzünden, und deshalb nahmen sie sie nicht auf.

Die Schildkröten wanderten weiter, bis sie schließlich an den Rand des Dorfes gelangten, wo ein altes armes Ehepaar in einer heruntergekommenen Hütte wohnte. Das Schilfdach leckte, und die Pfosten, die es trugen, waren morsch. Doch die armen Leute schienen sich über die Schildkrötenleute zu freuen. Sie gaben ihnen Hechtalligatorschwanz zu essen, Wasser zu trinken und ein weiches Bett aus trockenem Schilf, um darauf zu schlafen.

Kurz vor Sonnenaufgang erhoben sich die Schildkrötenleute und sagten ihren Gastgebern, sie würden sich
jetzt auf den Heimweg machen. Sie dankten ihnen für
ihre Freundlichkeit, aber sie sagten, sie vermißten ihr
Zuhause im Himmel und wünschten sich sehnlichst,
dorthin zurückzukehren. ›Ihr seid freundlich gewesen‹,
sagte die alte Schildkröte, ›und wir würden euch gern
etwas zur Erinnerung an uns schenken.‹

Das freundliche Paar sagte, sie hätten wirklich alles,
was sie bräuchten, aber wenn ihnen unverlangt etwas
geschenkt werden sollte, dann einfach ein langes und
gutes Leben. Diesen Wunsch gewährten ihnen die
Schildkröten, und dann kehrten sie zu ihrem Heim im
Himmel zurück, wo sie seit jeher wohnten.«

Der alte Geschichtenerzähler zog seine Decke über die
Schultern und schien sich ganz in sich zurückzuziehen.
Seine Geschichte war zu Ende, und so kehrte er in die
Stille zurück, aus der er gekommen war. Niemand sagte
etwas, nicht einmal der Reisende aus dem Osten. Aber
alle, die vor dem Feuer saßen, sahen, daß der alte Mann
mit dem runden Rücken neben einer alten Frau mit rundem Rücken saß, und beide schienen im tanzenden
Licht der Flammen älter und weiser zu sein als jeder andere in der Hütte.

Die Geschichte von Er-Dessen-Schwanz-Davongeschwommen-Ist und von dem geringgeschätzten Geschichtenerzähler

Von dem Geschichtenerzähler, der sich an die Zeit der Ungeheuer erinnert, und von einem Gast, der als der geringgeschätzte Geschichtenerzähler bekannt wird

Nun war in jener eisigen Winternacht auch ein Mann von der westlichen Sonne zugegen, und er sagte: »Ich habe ein wenig vom Osten und ein wenig vom Süden gesehen, aber ich würde euch gern von dem Volk erzählen, das im Westen lebt.« Der Mann war groß und schlank wie eine Tanne; sein geflochtenes Haar war mit Otterpelz und rotem gewebtem Stoff zusammengebunden. Er stammte von dem Volk der Muscheln in den Flüssen, die dem Meer zueilen. Und dies ist seine Geschichte.

»Vor langer Zeit, als mein Volk aus der Erde kam, war das Land noch ungeformt – ein Klumpen Lehm in den Händen des Töpfers. Nun erzählt man sich bei uns, daß damals Ungeheuer die Erde bevölkerten. Diese Wesen waren so groß, daß nachts die Sterne ihre Köpfe bekränzten. Und wenn sie sich schlafen legten, reichten ihre Köpfe bis zum großen Wasser des Westens, während ihre Füße das große Wasser des Ostens berührten.

Nun, alle Dinge wollen unter der Sonne leben. Aber zur gegebenen Zeit muß alles Leben irgendwann enden und neues beginnen. So dreht sich der ununterbrochene Kreis, das Medizinrad unserer Monde. Die Tage, von denen ich spreche, waren das Ende der Ungeheuerzeit, und das wußten die Ungeheuer irgendwie. Niemand

172

hatte es ihnen gesagt, aber sie wußten es. Und sie, die so riesengroß und so schwer gebaut waren mit hoch aufragenden Köpfen und bedrohlichen Schwänzen, konnten, wenn sie mit den Schwänzen schlugen, die Erde aufreißen, einen Fluß hauen oder einen Berg formen.

Eines Tages nun sagte der größte des Ungeheuervolks: ›Brüder, die Welt wird alt, und auch wir werden alt. Es wird die Zeit kommen, in der es uns nicht mehr geben wird.‹

Als die anderen Ungeheuer das hörten, blickten sie auf, hoben die struppigen Brauen und spitzten die Ohren. ›Also dann, Brüder‹, fuhr der größte von ihnen fort, ›ich glaube, wir sollten lieber Gutes als Böses tun. Auf diese Weise wird man später, wenn man sich unser erinnert, auch noch an etwas anderes denken als nur an Zerstörung.‹

Die anderen Ungeheuer wälzten diesen Gedanken in ihren Köpfen, aber sie erkannten darin keinen Sinn. Sie wußten, sie waren nur für eines gemacht: zu zerstören. So erhoben sie sich einer nach dem anderen, richteten sich auf ihren Klauenfüßen auf, schnaubten durch ihre gehörnten Nasen und bellten mit aufgerissenen Rachen. Protestierend schlugen sie mit ihren Keulen, und plötzlich überkam sie eine finstere und sehr gefährliche Laune. Sie schlugen einander mit ihren Steinkeulen, bis der Himmel zitterte und die Erde unter ihren Schlägen bebte.

Einige bliesen Flammenwolken aus dem Maul, anderen stob Schnee aus der Nase. Die Erde wurde erst schwarz und dann weiß, und sie kämpften weiter, bis schließlich der größte von ihnen von den übrigen erschlagen wurde. Er konnte am Ende nur noch seinen Schwanz bewegen, den er wild von Osten nach Westen schwang. Und dabei, so sagen sie bei uns, fegte er die Berge weg, und es entstanden die großen Ebenen.

Die Ungeheuer versuchten, diesen wild schlagenden Schwanz zu bändigen, aber bevor ihnen das gelang, holte er noch einmal wütend aus und schlug das große Flußbett, das bis zum Meer hinunterreicht. Die Ungeheuer rangen mit ihrem Bruder, und als sie ihn schließlich überwältigt hatten, rissen sie seinen Schwanz in Stücke und warfen sie ins Meer. Und die kleinen Fetzen von dem Monsterschwanz, so erzählt es das Flußmuschelvolk, schlängelten sich davon und wurden Fische, die das Volk heute Schwimmer oder auch Lachse nennt. Schwimmer erinnert sich jedes Jahr, daß er einst Teil eines großen, sich rührenden Dings war, und der einst so große Schwanz des ungeheuren Bruders kommt jedes Jahr wieder zusammen. Voller Sehnsucht nach dem Ort, wo er entstand, müht er sich flußaufwärts und versucht, das Gebirge zu erreichen. Aber jenes Ungeheuer, dessen Herz sich zu spät zum Guten entschloß, ist natürlich der Berg geworden, der über unser Dorf wacht. Es ist der Berg, den das Volk Er-Dessen-Schwanz-Davongeschwommen-Ist nannte.«

Nachdem der Mann aus dem Westen seine Geschichte erzählt hatte, saß er ruhig da. Die Zuhörer nickten beifällig mit den Köpfen, und es folgte eine Weile höflichen Schweigens, das jedoch vorübergehend von einer mageren Person unterbrochen wurde, die außerhalb des Feuerscheins im hinteren Teil der Hütte saß. Obgleich nur ein schwacher Lichtschein auf sie fiel, war der Schatten des langen, schmalen Gesichts zu sehen. »Ich komme aus dem Norden, dem Süden, dem Osten und dem Westen«, prahlte er dümmlich, »und die Worte eures Geschichtenerzählers bringen mich fast zum Lachen, weil sie nichts anderes sind als Lügen.«

Daraufhin murrten die Zuhörer, und aller Augen wandten sich der unverschämten Person zu, die dort aus dem Hintergrund gesprochen hatte. Wer war dieser Mann mit den spitzen Ohren, die ihm vom Kopf abstanden? Niemand schien ihn zu kennen. Er jedoch nützte die Situation, indem er sich frech auf folgende Weise hervortat: »Ich lebe schon sehr lange«, sagte er mit kehliger Stimme, »lang genug, um den Unterschied zwischen einer Zedernschindel und einer Misthütte zu kennen.«

Das Gemurre steigerte sich zu empörtem Protest. Jetzt wußten die Leute, wer der Redner war, denn es gab nur eine Person, die es wagen würde, so zu sprechen.

»Alter Stänkerer!« rief jemand.

»Erster Zorniger«, sagte ein anderer.

»Stinkender Atem!« schrie ein dritter.

»Schamhaar«, höhnte ein vierter.

Der Mann mit den spitzen Ohren schien an den Beschimpfungen Spaß zu haben. Er stellte sich auf die Hinterläufe und entgegnete dreist: »Ihr Kinder von Ungeziefer! Wart ihr dabei, als das Wasser stieg und das Land bedeckte? Habt ihr die Lage gerettet und dem Volk geholfen, in die nächste Welt zu gelangen?«

Eine alte Frau sagte: »Du hast die Stimme von Sprechender Gott gestohlen. Welches Recht hast du, zu sprechen?«

»Ihr solltet wissen«, krächzte der Spitzohrige, »daß ich dabei war, als Erster Mann die Sterne mischte – «

»Nicht schon wieder«, winkte die alte Frau ab.

»Und ich war es, der den Berg namens Er-Dessen-Schwanz-Davongeschwommen-Ist gemacht hat. Biber war da, hat Erde aufgehäuft und Berge gemacht. Er sagte: ›Ich werde Festungen bauen.‹ Ich sagte zu ihm: ›Nein, das werde ich tun.‹ Und als er gegen mich kämpfte, habe ich geschworen, jede Festung, die er je bauen würde, auseinanderzunehmen, und das tue ich immer noch – er baut sie, und ich reiße sie nieder – , und

175

deshalb gibt es so viele Inseln, Hügel, Täler, Felder, Flüsse, Berge, Wälder und – «

Aber inzwischen hatten die Leute genug gehört. Einer nach dem anderen verließ die Hütte, wo die Geschichten erzählt wurden, und kehrte zu seinem eigenen Feuer zurück. Während sie gingen, redete der Spitzohrige weiter, als ob außer ihm kein anderer da wäre, und das ist der Grund, warum niemand bei Kojotes Geschichten zuhören will. Ja, er war am Anfang da – niemand wird das bestreiten –, aber er hat eine lose Zunge; er hat eine Art, jedermanns Mißgeschick bloßzustellen. Mit allem, was er tut, legt er jemanden aufs Kreuz, und deshalb stehen die meisten auf und gehen, wenn er mit seinen Geschichten anfängt. Es gibt natürlich auch Leute, die sagen, daß wir unsere Fähigkeit zu hören aufgeben, wenn wir uns von dem, was uns nicht gefällt, abwenden. Sie sagen: Laßt den alten Ränkeschmied sprechen, denn das Leben ist nicht nur Ehre und Blutsverwandtschaft; es ist tragisch und kurz, eine Handvoll aufgefangenen Wassers, das zwischen den Fingern verrinnt. Sie sagen: Ja, es ist gut, dem Gelächter von Kojote zuzuhören; es ist ein unsicheres Gelächter – wie unser eigenes.

Buch 9

Die Geschichte von Berggesang

In der sich Häuptling Berggesang und die Göttin der
Feuchtigkeit namens Frühnebel leidenschaftlich lieben
und durch ihre selbstsüchtige Liebe ein Elend
schaffen, wofür sie Vater Sonne bestraft

Kojote erzählte also seine Geschichte und hatte seinen
Willen, denn ob ihm die Leute zuhörten oder nicht, war
ihre Sache – ihm war es ziemlich einerlei. Meistens hörten sie ihm nicht zu, weil er alles auf der Welt besudelte
und bewies, daß Süßes auch Bitteres enthielt. Aber gibt
es nicht auch Orte, die so abgelegen, so unerreichbar für
das Schlechte sind, daß dort nichts Böses, sondern nur
Gutes geschieht? Es gab einen solchen Ort, behauptete
ein Geschichtenerzähler, in einem versteckten Tal, vor
dem ein pfadloses Land lag, ein Wald, der so dicht und
so tief war, daß ihn noch niemand bis ans Ende durch-
quert hatte.

Der Häuptling dieses heiligen Tals war weiser, als es
seine Jahre vermuten ließen. Es heißt, Vater Sonne habe
ihn bevorzugt, aber ob das nun stimmt oder nicht, er
hieß Berggesang, und sein Dorf, das entlang der Küste
nach Süden und landeinwärts vom Berg Dessen-
Schwanz-Davongeschwommen-Ist lag, war ganz gewiß
sicher vor Kojotes verwirrenden Umtrieben.

Wenn Berggesang morgens erwachte, atmete er die
Wohltat des Sonnenlichts erst durch das linke Nasen-

177

loch, dann durch das rechte; dann betete er, sich der auf-
gegangenen Sonne zuwendend, daß er stark genug sein
möge, um dem kommenden Tag zu begegnen. Er seg-
nete sein Dorf, indem er mit Pollen einen Kreis streute,
der mit der Sonne im Osten begann und sich im Norden
schloß, eine Prise Pollen auf seine Zunge legte und den
Rest der Sonne darbot. Aber von diesen täglichen An-
dachtsübungen einmal abgesehen, hätte Berggesang
nicht sagen können, warum sein Volk, das als Volk des
Nebels bekannt war, weil es allmorgendlich vom grauen
Nebel umgeben war – warum sie also weder Krankheit
noch Dürre noch die Gefahren des Krieges kannten. Er
dachte in der vollkommenen Abgeschiedenheit seines
Dorfes, daß alle Menschen auf der Welt so lebten wie sie.
Seine Macht, die aus den zwölf regungslosen Bergen geboren war, die alle Besucher ausschlossen, war so stabil,
als wäre sie aus dem Fels dieser Berge gehauen. Und so
war auch sein Wille aus einem stärkeren Stoff gemacht
als menschlicher Wille. Von Bergen bewacht, von der
Sonne behütet, hatte er keinen Gegner, der ihm seine
Macht entwunden oder ihm eine schlaflose Nacht bereitet hätte. So lebte das Volk des Nebels still und heimlich
und im heiligen Vertrauen auf die Elemente.

Nun gab es noch jemanden, der das Tal bewachte, und
das war Frühnebel. Morgens, wenn der Regenpfeifer
rief und Berggesang seine Gebete sprach, erschien auch
Frühnebel. Sie war die Wächterin von Gras, Moos und
Fichte; und wenn sie ihr taufunkelndes Kleid ablegte,
erfrischte sie die duftenden Felder und die Wiesen an
den Berghängen. Denn obwohl Vater Sonne über alles
wachte, so fegte doch allein sein Blick den Himmel rein
und erhitzte ihn. Und weil Mutter Erde dies wußte,
hatte sie Frühnebel bestellt, um die grünen Schößlinge
und zarten Pflänzchen zu pflegen und um zu verhüten,
daß die Wälder verbrannten oder Schaden litten.

178

Wenn Berggesang morgens zusah, wie Frühnebel ihr von weiblichem Regen schimmerndes Kleid ablegte, schauderte er in der Sonne – nicht weil er fror, sondern vor wollüstigem Verlangen. Was er sah, war nicht nur Geist, sondern auch Fleisch und Blut. Frühnebel hatte den Körper einer jungfräulichen Tochter, die Augen einer klugen Mutter, die schlichte Güte einer vertrauenswürdigen Schwester.

Sobald sie aus ihrem Kleid stieg, ergötzte Berggesang seine Augen an ihrer nackten Gestalt, und wenn sein Herz in hellen Flammen stand, löste sie sich in der dünnen Luft auf. Die lieblich gerundete, schmalhüftige, zartbrüstige Schönheit wurde zu einem Dunststreifen und schwebte davon. Dann klarte der Himmel auf, und der letzte Schimmer des Morgensterns verblaßte.

Nachdem sie gegangen war, leuchtete alles. Im Gras, wo die Feldmaus wohnt, prickelten funkelnde Kristalle; das Eschenlaub glitzerte regennaß. Alles – vom Moos bis zur Maus – war frisch und wie neugeboren.

Am Abend, wenn Berggesang sein einsames Lager bereitete – er hatte noch keine Frau genommen –, fragte er sich, warum das Leben auf so unberechenbare Weise traurig werden konnte. Wie war es möglich, daß er sich in einen Spuk, einen Geist der Morgendämmerung, verliebte? Jede Frau würde ihn nehmen; warum also mußte er sich das unentrinnbare Etwas aus süßem Regen, heißen Funken und schimmerndem Dunstschleier aussuchen? Er kroch unter seine Schaffelldecke und starrte in das rote Licht des Feuers. Seine Hütte war ein Ort der Leere. Kein Herz pochte neben ihm, keine Hand streckte sich in der Nacht nach ihm aus, keine Liebkosung begleitete ihn in den Schlaf.

Die Monde kamen und gingen. Der große Grasmond des jungen Sommers ging vorbei und auch der letzte Zikadenmond des alten Sommers. Dann kam der erste

Frostmond und der Mond dazwischen – die Zeit, in der das Volk des Nebels die erste Kälte vor dem Hauch des Winters spürt. Nun hatten die Leute viel zu tun, um sich auf den langen Winter vorzubereiten. Häute wurden gespannt und mit Schabern geglättet; Wild wurde gejagt, ins Lager gebracht und geräuchert, und ebenso die geangelten Fische. Die Frauen kochten Knochen, weichten Sehnen, und die Kinder arbeiteten an der Seite ihrer Mütter und Väter. Dies alles geschah zur Vorbereitung auf den Tag, an dem Mutter Erde ihr Kleid wechselte. Bald würden die kleinen daunigen Schneeflocken fallen, und sie würde ihr langes Kleid aus weichster, weißester Hirschhaut tragen. Bald würden die Schnee-Eule kommen und der hungrige Mond, wenn der Bär schläft, die Hirsche in den Mulden scharren und die trägen Flocken vom Himmel sinken.

Doch noch war es nicht soweit. Und eines kühlen Morgens, als der Herbst zu Ende ging, konnte Berggesang seine Leidenschaft nicht länger bezwingen. In dem Augenblick, als Frühnebel ihren Nebelumhang ablegte und sich erhob, um der Sonne entgegenzugehen, gab er seinem Verlangen nach und rannte auf sie zu. »Laß alte Männer sein, wie sie sind«, rief er. »Sollen sie reden von Recht und Unrecht und tagelang um das Ratsfeuer sitzen. Aber hör mich jetzt an: Lange schon habe ich deinem Morgentanz zugesehen, wie dein Mantel fällt, wie sich das Tal mit Licht füllt, wenn du zu ihm hinaufgehst, auf den ich eifersüchtig bin.«

Nun erfaßte der Morgenwind das neblige Vlies und teilte es vorne. Schwebend zwischen dem Grau und dem Gold, kommend und gehend, hörte sie ihm zu.

»Vergib mir, daß ich so etwas sage«, rief er, »aber geh noch nicht zu ihm. Bleib noch ein wenig länger auf der Erde. Laß mich deine weiche Haut fühlen, denn ich weiß jetzt, daß ich ohne dich nicht leben kann.« Er wollte ihr sagen, wie sehr ihn danach verlangte, nackt im dämmernden Morgen ihr Gesicht in seiner Halsbeuge zu fühlen, das Pochen ihrer Kehle an seinen Lippen, ihre glatte Haut und kühlen Brüste. Und sie hielt inne, schwebte und versagte sich dem wartenden Himmel. Zum ersten Mal in diesem von Bergen umringten Tal stieg Frühnebel nicht zur Sonne empor, und sie zog auch nicht ihren heiligen Nebelumhang aus. Sie behielt ihn an und lud Berggesang ein, unter ihre Decke zu kommen und ihr Dunstgespinst mit ihr zu teilen.

Die Tage vergingen, lange Tage und noch längere Nächte. Das Volk des Nebels fragte sich, was mit dem Häuptling geschehen war, und wartete gespannt auf seine Rückkehr. Aber Monate vergingen, und er kam nicht zurück. Der Jahreskreislauf war unterbrochen; es wurde nicht mehr Winter in dem bergumringten Tal; und keine Atemfedern von Mutter Erde kitzelten den Himmel und fielen auf den trockenen Talgrund. Die Kälte kam, aber die Luft enthielt keine Feuchtigkeit. Der trockene Laubbogen und die von Distelwolle behangenen Wiesen lagen tot in einer kalten, brennenden Glut.

Im Frühling des Jahres, als die Damkitze Flecken anlegten und den Adlerjungen Daunen wuchsen, wurde das Tal nicht grün, sondern verharrte goldbraun. Die Bäume reckten knochendürre Finger zum blanken Himmel. Eine schreckliche Dürre kam über das Tal und währte das ganze Frühjahr bis in den Sommer.

Aber Berggesang wußte davon nichts, denn sein Herz war blind vor Liebe. Das wußte er, aber mehr wußte er nicht. Verborgen vor allen, war nur er feucht und warm und überglücklich in der geheimnisvollen Umarmung von Frühnebel, die seine Liebe befriedigte – die ganze Jahreszeit über und zu jeder Jahreszeit.

Eines Tages, nachdem er zwölf Monde fort gewesen war, tauchte er für einen kurzen Augenblick aus Frühnebels Umarmung auf – und was er sah, ließ sein Herz stocken. Das Tal war ausgetrocknet; alles darin war gestorben. Überall lagen die nackten Knochen des Tals, das erstarrt war in einer unablässig strahlenden, tödlichen Sommersonne. Da war das Dorf, das er so viele Jahre gehegt und gepflegt hatte, und überall lag der im Eis der ausgebliebenen Jahreszeiten gefangene Staub. Die zerschlissenen Zelte schlugen im matten Wind; die Menschen waren abgemagert bis auf die Knochen, Skelette, gefangen im tödlichen Netz der strahlenden Sonne.

»Oh, was habe ich getan?« rief er. »Wo einst ein schönes Dorf war, starrt jetzt das leere Gesicht des Todes.«

Da hörte er die sanfte, verzeihende Stimme von Mutter Erde, die ihm ins Ohr flüsterte: »Größe ist eine Gefährtin, die einsam macht; aber Liebe ist die Freundin des Verderbens, wenn einer nur noch Augen für die Schönheit hat. Du hast Einsamkeit gekostet; du hast in Liebe geschwelgt. Wofür entscheidest du dich? Du hast die Wahl.« Und er ließ den Blick schweifen, sah den armen Präriehund tot in seinem Bau, den von der Hitze gefangenen Sommerfalken knochenbleich auf seinem Winterast.

»Oh, mein armes Volk«, sagte er schluchzend. »Ich habe dich getötet durch meine Nachlässigkeit.«

»Und das gleiche hat deine Geliebte Frühnebel getan«, sagte Mutter Erde. »Schau hin! Vater Sonne hat alles bis auf die Knochen verbrannt.«

»Was soll ich tun?«

»Du mußt dich an Vater Sonne wenden und abwarten, was er sagt. Nur er kann ungeschehen machen, was bereits geschehen ist.«

Berggesang verließ den Wolfsmilchleib des totgeborenen Tals und stieg auf die Spitze des höchsten Gipfels. Dort betete er vier Tage und vier Nächte und bat Vater

Sonne, zu ihm zu kommen. Er fastete lange und litt Entbehrungen, um eine Chance zu bekommen, das, was er falsch gemacht hatte, wieder zu richten. Er war bereit, mit seinem eigenen armseligen Fleisch für seine Selbstsucht zu zahlen.

Nach dem vierten Tag kam Vater Sonne auf dem roten Sonnenuntergangroß namens Sonnenweg geritten.

Berggesang sah ihn auf einer glühenden Wolkenbahn anhalten und einen Pollenpfad auf den Wind legen. Als Vater Sonne sah, daß der Pfad gut und golden war, stieg er von seinem roten Pferd und ging auf den Berggipfel zu.

Es gibt vieles, was er hätte tun können in seiner Macht und seinem Zorn über den ängstlich bittenden irdischen Häuptling.

Doch er tat nur das eine. Er sagte: »Du bist sterblich.«

»Ja.«

»Und doch stammt dein Name von diesem Berg.«

Berggesang nickte. »Das ist wahr.«

»Du hast eine Göttin geliebt, und du hast teuer dafür bezahlt«, sagte Vater Sonne.

Berggesang senkte den Kopf. Auch diese Vorwürfe trafen zu.

»Nun ist für dich die Zeit gekommen, wachsam zu sein.«

Und Vater Sonne traf Berggesang mit einem Blitzpfeil mitten ins Herz. Berggesang verwandelte sich in Geröll, häufte Gesteinsbrocken übereinander und wurde zu einem Ding, nach dem der benannt war – Berggesang. Und die anderen großen Berge ringsum wirkten neben ihm klein.

Am Morgen darauf ritt Vater Sonne auf seinem feurigen Schimmel Morgengrauenweg, um sich die Erde anzusehen, und kam wieder zu dem kleinen bergumringten Tal unter den Wolken. Er sah, daß Nebelfrau ihren

Dunstmantel ablegte, wie es ihre Gewohnheit war, und feierlich zum Himmel emporstieg.

Als er sie sah, sagte er zu ihr: »Auch du hast selbstsüchtig geliebt. Nun ist dein Geliebter jener Berg, der wachsam alle anderen überragt. Wenn du also Stein liebst, kannst du dich zu jeder Jahreszeit an ihn schmiegen. Nimm deinen Geliebten, Frühnebel. Weiche nie von seiner Seite.«

Dann ritt er über den Himmel, wechselte die Pferde vom blauen Mittag bis zum Abendrot und ließ Frühnebel zurück, die verblüfft innehielt und bald steigend, bald fallend zwischen Erde und Himmel dahintrieb.

Nach einer Weile umarmte Frühnebel ihren steinernen Liebsten, den Häuptling, der sich in einen Berg verwandelt hatte. Wenn es schneit, sagen die Leute, daß sie sich lieben. Und im Frühling erkennen sie am Geruch der Flüsse und Bäche, daß Berggesang und seine Frau Frühnebel, die sich immer noch an ihn schmiegt, über sie wachen.

Doch die Leute sagen auch, daß es eine Zeit gibt, in der Berggesang so zerknirscht ist, weil er sein Dorf vernachlässigt hat, daß Vater Sonne seinem Geist erlaubt, wieder über die blühenden Wiesen seines waldigen Tals zu gehen. Dann erinnert er sich an alles, was dort geschah, und er weint Tränen, weil er sein Volk getötet und Schande über sich gebracht hat. Die Tränen, die er vergießt, sagen sie, sind die weißen Veilchen, die auf den Bergwiesen wachsen, wo er geht und sich an die kurzen Tage auf der Erde erinnert, als er mit eines sterblichen Mannes Herzen eine unsterbliche Göttin geliebt hat.

Die Geschichte von Rote Muschel und Großer Mann

Wie Rote Muschel, die Frau von Berggesangs Bruder
Großer Mann, in die Geisterwelt verschwindet
und wie Großer Mann in diese Welt geht, um zu
erfahren, daß die Liebe stärker ist als der Tod

Das Volk des Nebels wandte sich wieder dem Leben in
dem von Bergen umkränzten Tal zu. Und die Geschichte von einem irregeführten Häuptling, der, nach-
giebig gegen sich selbst, seine Weisheit eingebüßt und
Verderben über sein Volk gebracht hatte, könnte die
Geschichte jeden Volkes unter der Sonne sein. Doch
selbst wenn ein ganzer Wald abbrennt, kommt
irgendwann wieder der Regen, und das Aas der Krähen
wird weggeschwemmt. Der Kreislauf der Wiedergeburt
beginnt von neuem. Zwischen den verbrannten zahn-
ähnlichen und stumpfigen Knochen der zerstörten
Nadelbäume sprießen Gras und Schößlinge. Aus ver-
kohlten Stämmen drängt der geringelte Farn; unter der
warmen Erde platzen die brütenden Samen, und das Leben, das das Leben liebt, beginnt erneut.

Eines Abends nun kehrte eine Frau namens Rote
Muschel, deren Mann der Bruder des unglücklichen
Häuptlings Berggesang war, von einem glücklosen An-
geltag nach Hause zurück, als sie etwas Merkwürdiges
entdeckte.

Unter einer Zeder sah sie ein frisch getötetes weibli-
ches Hirschkalb, an dem aber keine tödliche Wunde zu
sehen war. Ich werde es häuten, dachte sie, und weil wir
in unserer Hütte nichts zu essen haben, werde ich meinem Mann sagen, ein Freund habe es erlegt und uns geschenkt. Und das tat sie, obwohl ihr Volk geschworen
hatte, kein Fleisch von einem Tier zu essen, das nicht

185

durch einen Pfeil, einen Speer oder eine Falle getötet wurde.

Das Fleisch schmeckte gut, aber einige Zeit nach dem Essen wurde Großer Mann krank. Am nächsten Morgen war seine Kehle trocken. Er bat um Wasser, und sie ging zum Bach, um welches zu holen. Dort trat sie, ganz in Gedanken vertieft, auf eine Klapperschlange, die sie in den Knöchel biß.

Blaß und fiebernd humpelte sie nach Hause, und in der Nacht starb sie trotz der Versuche ihres Mannes, sie zu retten.

Großer Mann trauerte. Er zerkratzte seinen Körper, raufte sein Haar und schwärzte sein Gesicht. Benommen ging er umher mit einem Krähenschnabel und den Mokassins von Rote Muschel; irgendwie glaubte er, daß er sie wiedersehen würde. Das Lied, das er morgens, mittags und in der Nacht sang, ein Gebet für Rote Muschels Reise in die Geisterwelt, war unsäglich traurig. Es war so traurig, daß sogar die Toten, die rückwärts gehen, aufhorchten.

Eines Nachts, als Großer Mann sein Klagelied sang, blickte er von seinem Feuer auf und sah, daß sich im Dunkeln etwas regte. Er stand auf und sah nach, aber er fand nur ein totes Kaninchen mit einer aus Maismehl gezogenen Linie rings um das Maul. Der Pfeil, der das Kaninchen getötet hatte, steckte noch im Fleisch, aber es war ein Pfeil, wie er noch keinen gesehen hatte: Der Schaft war von einem fremden Baum, die Feder in der Kerbe von einem unbekannten Vogel, und die Spitze sah aus wie aus einer dunklen Wolke geschlagen. Der Pfeil verschwand, als er ihn aus dem Kaninchen zog.

Dies geschah drei Nächte lang: Großer Mann bekam ein Kaninchen mit einem maismehlbestäubten Maul, und der geheimnisvolle Pfeil verschwand. In der vierten

Nacht trat ein dunkler Mann aus dem Schatten. Bis auf die weißen Kaurimuscheln, die an seinem Hals klimperten, war er dunkler als die äußerste Dunkelheit, und sein langes offenes Haar verdeckte sein Gesicht vollständig. Er trug seine Mokassins verkehrt herum und ebenso die Leggings. Wortlos stand er vor dem Feuer und wartete, daß etwas geschah. Die kleinen Kaurischnecken läuteten im Wind; sonst war es völlig still. Als der dunkle Mann sprach, schien seine Stimme von weither zu kommen. »Deine Frau ist glücklich in der Geisterwelt«, sagte er, »und wenn dein Leben vollendet ist, kannst du bei ihr sein. Doch für jetzt sei zufrieden, daß es ihr gutgeht und daß sie dich liebt. Weißt du, daß dein Kummer eine schwere Bürde ist für sie, die dir auf dem Geisterpfad vorangegangen ist? Ich bin gekommen, um dir das zu sagen, und jetzt muß ich gehen.«

Er begann, sich rückwärts zu entfernen, aber Großer Mann fiel auf die Knie, weinte bitterlich und klammerte sich an die Fransen der dunklen Leggings.

»Du kannst nicht wissen, wie sehr ich mich sehne, ihr Gesicht zu sehen«, rief er. »Wenn ich sie nur noch einmal sehen könnte, würde ich zu einem normalen Leben zurückkehren. Aber so kann ich immer nur um sie trauern.«

Der dunkle Mann wies mit der linken Hand in die Dunkelheit. »Wenn ich dich auf den Geisterpfad, den Weg der Schatten, mitnehmen würde, würdest du versprechen, zu tun, was ich dir sage?«

Großer Mann nickte, Tränen liefen ihm über das Gesicht.

»Dann komm mit, so wie du bist.«

Sie gingen tief in die dunkle Höhle der Nacht und durch eine große Schlucht in die inneren Windungen der Erde. Großer Mann fühlte weder die Sonne auf dem Rücken, noch sah er den Widerschein des Feuers auf den geschwärzten Steinen seiner Feuergrube. Er wickelte sich nicht in die warme Decke, in der er so gerne schlief; sein Auge erfreute sich nicht mehr am hellen Glanz der Steine oder am Schimmer der sich im Wald neigenden Weiden. Denn die Unterwelt war ein fremder und lautloser Ort. Das einzige Geräusch war der dumpfe Fall ihrer Schritte und das Klingeln der Kaurimuscheln am Hals seines dunklen Führers. Sie gingen in schwarzer Finsternis; kein Schleier teilte sich oder verstellte ihnen den Weg, und es schien Großer Mann, als hätte er alles bis auf sein Herz der Dunkelheit dieser endlosen Schlucht gegeben.

Schließlich kamen sie zu einer Kiva-Leiter, die in eine große Höhle hinunterführte, an deren Grund sie ein kleines flackerndes Licht sahen. Der dunkle Mann stieg auf die Leiter und kletterte hinunter. Seine Kaurimuscheln klangen leise. Großer Mann folgte ihm tiefer in den Bauch der Erde und in die Wärme des Schoßes, der sie umschloß. Dann hörte Großer Mann Vögel singen. Am Boden der Kiva-Leiter sah er einen Fluß, der grau schimmerte wie der Himmel, wenn sich der Mond hinter einer Wolke versteckt. In dem Fluß badeten Menschen, deren Gesichter wie bei dem dunklen Mann hinter langen Haaren verborgen waren. Das müssen die Geister der Toten sein, dachte Großer Mann. Dann sah er Rote Muschel auf einer kleinen Felsbank sitzen. Sie hatte den Kopf in die Hände gelegt und schien zu weinen. Der dunkle Mann sagte zu ihm: »Du hast gesehen, daß es deiner Frau gutgeht. Jetzt mußt du gehen.« Aber Großer Mann rührte sich nicht. »Sie sieht mich nicht«, sagte er enttäuscht.

»Wir müssen jetzt in die obere Welt zurückkehren«, wiederholte der dunkle Mann.

Doch Großer Mann hielt sich trotz des heiligen Versprechens nicht an die Abmachung. Er mußte Rote Muschel berühren, um sich zu überzeugen, daß sie wirklich war.

»Berühre sie nicht«, sagte der dunkle Mann, der ahnte, was in Großer Mann vorging.

Aber er ließ sich nicht aufhalten. Er rannte zum Fluß, streckte die Arme aus und nahm Rote Muschel bei den Schultern. Und als sie aufblickte und durch den geteilten Vorhang ihres Haars in seine Augen blickte, fühlte er, daß sich ihre Anwesenheit auflöste. Einen Moment lang sah er ihre Augen, aus denen Tränen flossen, und dann verschwand sie.

»Ihre Augen!« rief er. »Ihre Augen haben um mich geweint!«

»Ich habe dich gewarnt«, sagte der dunkle Mann, während er Großer Mann zur Leiter führte und ihn bat, Sprosse für Sprosse zur oberen Welt hinaufzusteigen, in die er gehörte. Blind vor Tränen stieg Großer Mann auf die Leiter; er sah nur die Augen seiner Frau, die er verloren hatte, als sie sich vor ihm auflöste. Er stieg weiter, höher und höher, und fragte sich ständig: »Warum bin ich auf diese Reise gegangen, wenn ich nicht für immer in die Augen meiner lieben Frau blicken kann?« Da rutschte sein Fuß von einer Sprosse ab, und er ließ die Leiter los und fiel von dort, woher er gekommen war, zurück in die Geisterwelt.

Die Leute sagen, niemand hätte je wieder etwas von ihm gehört. Aber so ganz stimmt das nicht, denn es gibt einen Ort, wo das Tosen des Flusses in unermüdliches leises Plätschern übergeht und das im Schatten immer stiller werdende Wasser flüsternd in den Boden taucht, bis zwischen den alten grauen Wänden des Canyons nur noch die rufenden Tauben zu hören sind und die Reiher, wenn sie sich auf ihre großen Flügel schwingen. Hier, an diesem weltabgeschiedenen Ort ist ihr Ruf zu hören, der Ruf jener beiden, die Angst haben, die Sicherheit ihres stillen Felsenschlupfwinkels zu verlassen. Hier steigt ihr wie Silberglocken oder Kaurimuscheln läutender Gesang auf der unsichtbaren Leiter der Jahrtausende empor, füllt, von den Randfelsen zurückgeworfen, die steinerne Stille und zieht sich zurück – Canyon-Zaunkönige, die süßesten Sänger im Canyon-Land, trillernde Singvögel, deren Stimmen paarweise beim ersten Morgenlicht erschallen, im Abendwind läuten, sich im Geäst der Salzzeder verwirbeln und geheimnisvoll zurückfallen in die tieferen Felsen, aus denen sie kamen.

Die Geschichte von Blauer Hirsch

Von einem großen Wapiti, dem Bruder eines Jungen,
der nicht sprechen kann, und wie der Junge, nachdem
ihn der Hirsch verläßt, ein Mann wird und im
zauberischen Geweih seines Bruders seine Sprache
findet

In einem Dorf aus sonnengetrockneten Ziegeln, nicht weit vom Land der Canyon-Zaunkönige, wurde ein Junge geboren, ein schönes gesundes Kind, dem nur eines fehlte: Er konnte keinen Laut von sich geben. Er kam aus der Stille in die geräuschvolle Welt, ohne zu schreien. Und er versuchte auch nicht zu schreien, denn er hätte es nicht gekonnt. Der Medizinmann, der ihn untersuchte, lächelte, als erinnerte er sich an einen vergessenen Mythos: »Einige«, sagte er, »brauchen nicht zu sprechen.«

An dem Tag, als der Junge geboren wurde, tauchte ein großer Wapiti im Dorf auf. Sein Geweih, das den Ästen einer Schwarzeiche glich, warf einen langen blauen Schatten. Er kam aus dem Süden und ging langsam und stolz und unbesorgt.

»Es ist ein Zauberhirsch«, sagte der Medizinmann zum Pueblo-Volk, das sich versammelte, um Pollen auf den Pfad des Tiers zu streuen. Die Sonne fing sich in den schön verzweigten Geweihsprossen, und das Haar an dem großen muskulösen Hals war dick und dunkel. Auf leisen Hufen ging er durch das Dorf und blieb nur einmal bei dem Lehmhaus des neugeborenen Jungen stehen, wo er laut am Eingang schnaubte und um Einlaß bat. Die überraschten Eltern kamen an die Tür, aber als sie ihn in ihr Haus eintreten lassen wollten, paßte das Geweih des Hirschs nicht durch die Tür. Ein goldener Fliegenschwarm hatte sich um die Augen des Wapiti versammelt, und er stand da mit zuckendem Wedel. Irgendwie wußte die Mutter, warum der Hirsch gekommen war. »Ich glaube, er will unseren Jungen sehen«, sagte sie zu ihrem Mann. Der Vater holte das Kind und zeigte es dem Hirsch, der langsam elfmal mit dem Huf stampfte, und dann, ganz bedächtig, noch einmal, wobei er zwei Hufspalten im Lehm neben der Tür zurückließ. Dann drehte er sich um und ging so gemächlich, wie er gekommen war, durch den mittäglichen Sonnenschein davon wie ein Traumtier. Er wurde nie wieder in dem Pueblo gesehen.

Als nun der Junge, der Blauer Hirsch genannt wurde, zwölf Jahre alt war – zwölf Schläge des gespaltenen Hufs –, verliebte er sich in ein Mädchen, das genauso alt war wie er. Der Junge war nie fähig gewesen, einen Ton zu äußern, aber diejenigen, die ihn kannten, wußten, daß er am Tag seiner Geburt von dem großen Wapiti gesegnet worden war. Sie glaubten, die Kraft zu sprechen, die ihm traurigerweise fehlte, würde aus einem unbekannten Grund in ihm zurückgehalten.

Aber wie dem auch sei – Blauer Hirsch konnte dem Mädchen Sonnenblume nicht sagen, wie gern er sie hatte. Tatsache war, daß er nicht mehr schlafen konnte, weil er immer an sie denken mußte. Ihr Lächeln machte ihn schwach und schwindlig. Ihre Bewegungen entzückten ihn so, daß er sich tagelang daran erinnerte. Er sehnte sich danach, mit ihr zu sprechen, aber es war ihm nicht vergönnt. Und so begnügte er sich damit, ihr zuzuschauen, wenn sie Wasser holte und mit ihrer Mutter Brot backte. Ihn interessierte alles, was sie tat und wohin sie ging. Eines Tages, als er über die Wiesen oberhalb des Pueblo-Dorfs ging, sah Blauer Hirsch seinen Namensgeber, den großen Wapiti, der am Tag seiner Geburt an die Tür gekommen war. Er kam aus den Fichten ins schulterhohe Heidekraut. Langsam, wie auf Blüten schwimmend, trollte er auf den Jungen zu; sein gehörnter Kopf war wie ein Dickicht aus Roßkastanienzweigen. Blauer Hirsch stand und schaute, während sich der große Hirsch vor die Sonne schob, näher und näher kam, bis der Junge seinen blumigen Atem auf dem Gesicht fühlte und die Süße von Felsenklüften, Sonnenpfaden und wolkenspiegelnden Teichen roch. Der warme, nach Rinde, Blüten und Buschwerk duftende Atem des mächtigen Hirschs war gut, und sie verstanden ihn beide als ein Band der Liebe, als ein unzerbrechliches Glied in ihrer Lebenskette.

Lange Zeit sah das Pueblo-Volk den stummen Jungen neben seinem Hirsch-Bruder an den Berghängen gehen. Gemeinsam streiften sie durch das Hochland. Blauer Hirsch machte einen Kopfschmuck aus Blumen und setzte ihn dem Wapiti ins Geweih; oder er ritt auf dem Rücken des Hirschs durch die Berge, wo die Jäger die beiden wie einen großen untrennbaren Schatten aus dem Wald kommen sahen. Dann, eines Tages im Herbst, als die Gänse ihr Lied nach Süden sangen, sprach der Wapiti zum ersten und einzigen Mal zu dem Jungen.

»Ich muß jetzt gehen«, sagte er, »aber du mußt bleiben.«

Blauer Hirsch versuchte die Worte auszusprechen, die purzelnd und sprudelnd auf seine Lippen drängten, aber seine Zunge weigerte sich. Die Worte blieben ihm im Hals stecken wie Stöcke in einem Bergbach. »Wenn ich fort bin«, sagte der Hirsch, »wird mein Geweih hierbleiben. Pflanze es in die Erde, und etwas Gutes wird geschehen.«

Einige Zeit danach kam ein Jäger aus dem fernen Westen in das Land des Pueblo-Volks. Bei einem Abendfeuer erzählte er einigen Jägern von dem schönen Wapiti, den er mit seinem Bogen erlegt hatte, dessen Sehne so straff gespannt war, daß keiner der Pueblo sie mehr als ein paar Fingerbreit dehnen konnte.

»Das Fleisch dieses Hirschs«, sagte er, »würde mein Dorf einen ganzen Winter lang ernähren. Schade, daß ich so weit von zu Hause fort bin.«

»Aber wie hast du ein so großes Tier töten können?« fragten die Leute staunend und ängstlich zugleich.

Der Jäger sagte: »Er gab mir seinen Atem. Da habe ich gewußt, daß er bereit war, diese Welt zu verlassen.«

Als Blauer Hirsch die Geschichte hörte, lief er in die Berge und rastete nicht, bis er zu der Stelle kam, wo er und sein Hirsch-Bruder sich immer getroffen hatten. Dort fand er Blutspuren im zertretenen Gras. Er folgte ihnen in den Fichtenwald, wo sein Bruder erlegt worden war und seinen Atem gegeben hatte. Und er sah, wo der Jäger das schwere Geweih in die schwarze Erde gepflanzt hatte.

»Was mein Bruder gewünscht hat, ist getan«, sagte Blauer Hirsch. Er verließ den Berg und kehrte ins Pueblo-Dorf zurück, wo er um seinen Bruder trauerte. In jenem Winter war der Schnee tief. Als er endlich schmolz, stiegen die Flüsse; sie traten über die Ufer und füllten die Täler mit tosenden Wassermassen und wirbelndem Nebel. Und als die Schneeschmelze schließlich vorüber war, kam der Sommer und die Zeit, in der die Hirsche auf den Bergwiesen Klee äsen. Blauer Hirsch, der sich ohne seinen Bruder sehr einsam fühlte, stieg die steilen Hänge hinauf, um zu sehen, ob das Geweih seines Bruders gewachsen war. Als er unter die blauen Tannen trat, sah er, daß das schöne, blanke Geweih im dunklen Nadelwald weiß leuchtete. Er ging näher. Das Geweih hatte sich mit Stangen und Sprossen und von Ast zu Ast am Stamm einer jungen Roten Zeder emporgerankt.

Dies hier wird mein Platz sein, dachte Blauer Hirsch, solange ich lebe.

Er baute sich eine Hütte, von der aus er das schneeige Geweih mit den gefiederten Schwingen der jungen Zeder wachsen sehen konnte. Mit der Zeit wuchs das Geweih in den Baum und der Baum in das Geweih, so daß die beiden eins wurden.

Eines Nachts hatte Blauer Hirsch einen Traum, in dem er seinen Hirschbruder wiedersah, und der Wapiti sagte zu ihm: »Du kannst nicht ewig um mich trauern.«

»Ich kann dich nicht vergessen«, sagte Blauer Hirsch.

»Du wirst eine Stimme haben«, erwiderte der Wapiti, »eine Stimme, die aus dem Geweih und der Zeder kommt. Wenn du mit dieser Stimme sprichst, wird die, die du liebst, kommen. Dann wirst du deine Familie gründen.« Der große Hirsch verschwand in den Traumhügeln, und Blauer Hirsch erwachte. Jetzt wußte er, was er tun würde. Er bat die Rote Zeder um ihren Segen, schnitt einen Teil des heiligen Holzes ab und schnitzte daraus eine Flöte. An das Ende band er mehrere Hirschsehnen, die er mit roten und blauen Perlen besetzte. Dann rieb er das glatte Holz mit dem Fett des Bergschafs ein, und das rote Holz mit der fließenden Maserung glänzte wie ein Fluß in der Sonne.

194

Blauer Hirsch spielte auf der Flöte, aber eigentlich sprach er mehr in sie hinein – so wie es vielleicht ein Kind getan hätte. Sein Atem gab der Flöte eine Stimme, und es kam ein Lied aus ihr, daß das Tiervolk innehielt und den reinen Tönen lauschte. Auch die Menschen im Pueblo-Dorf hörten es, und es dauerte nicht lang, daß sie einen neuen Namen sagten, wenn sie ihn in den Wäldern trafen. Roter Zeder Mann nannten sie ihn, und der Name ist ihm geblieben.

Eines Tages, als er das Lied von den fortziehenden Gänsen spielte, kam eine junge Frau zu seiner Hütte. Sie setzte sich vor ihm auf den Boden und hörte ihm zu. Er erinnerte sich gut an sie; aber jetzt war sie eine Frau, geschmeidig wie eine Pappel und strahlend schön.

»Sonnenblume«, sagte er mit der Flöte, die ihre Töne in die Luft klettern ließ. Das Lied berührte das Herz der Frau und machte, daß sie lächelte.

»Ich erinnere mich an dich, Blauer Hirsch«, sagte sie leise.

Er schaute ihr in die Augen. Ihr Gesicht umrahmte langes blauschwarzes Haar. Dann sprach er wieder mit der Flöte, und sie hörte zu. Die Diademhäher und die blauroten Hüttensänger kamen und kreisten durch sein sinnreiches Lied. Bärenjunge lugten unter Felsen hervor, und ihre Honigwaben schleckenden Mütter horchten auf. Es schien, als wäre die ganze Welt still; für einen Augenblick hörte das Leben dem Lied von Blauer Hirsch zu, das wie ein Geweih in alle Richtungen strebte und den Wapiti auf der Halde berührte, den Weißwedelhirsch in der Lichtung, den Bären im Brombeerstrauch, den Vogel im Baum. Bis weit jenseits der Bergwiesen lauschte das träumende Land dem Lied der Zedernflöte, einem mächtigen Geschenk des großen Wapiti.

TEIL VIER
MYTHEN VOM KRIEGE

BUCH 10

Die Geschichte vom Krieg auf Erden
In der das Übel des Krieges, mit dem das Ameisenvolk
angefangen hat, für immer in die Herzen der
Menschen gelangt

Eines Tages trafen sich Vater Sonne und Mutter Erde,
um über die Gewohnheiten von Männern und Frauen
auf der Welt zu sprechen, über die Lage des Tiervolks
und ob der Friede den Krieg überleben würde. Denn es
schien ihnen, daß sich die Welt ständig am Rand einer
nicht vorhersehbaren Katastrophe bewegte. Die glück-
liche Zeit, als es noch keine Menschen gab, keinen Laut
oder irgendein sich regendes Ding, war vorbei; damals

gab es weder Unheil, noch wanderten Menschen umher. Es gab nur den ruhigen Himmel und das leere Meer, nur Stille, Dunkelheit, endloses Nichts...

»War es damals nicht besser?« begann Vater Sonne, aber Mutter Erde schnitt ihm das Wort ab und sagte: »War das Kind besser vor der Geburt?« Vater Sonne entgegnete ihr ähnlich herausfordernd wie damals, als sie ratsuchend zu Berg Alter Mann gegangen waren: »Sag mir, welche Errungenschaften die Erdenwesen – die Tiere, Menschen, Insekten – bis jetzt vollbracht haben. Was haben sie denn schon groß geleistet?«

»Sie haben sich zu vielen Völkern mit vielen Lagern vermehrt«, antwortete Mutter Erde. »Sie kommen nicht immer miteinander aus, aber sie kämpfen auch nicht immer.«

»Deine Ameisenleute«, sagte Vater Sonne abschlie-ßend, »waren die ersten, die kämpften, und die letzten, die ihre Waffen niederlegten.«

»Und sie waren die ersten, die bauten«, erinnerte ihn Mutter Erde. Aber er hatte für so etwas kein Gedächt-nis, und so erzählte sie ihm einmal mehr, was er eigent-lich längst hätte wissen müssen – wie nämlich das Ding genannt Krieg entstanden war.

»Sie arbeiteten; sie verbrachten ihr ganzes Leben mit Arbeit und dachten kaum an etwas anderes. Wenn sie schliefen, waren sie nur still; ihre Augen waren offen, ihre Fühler regten sich im endlosen Traum von Arbeit. Aber Dinge, die in Bewegung gesetzt sind, berühren sich zwangsläufig früher oder später, oder schlimmer: Sie stoßen zusammen.

Es war also nur eine Frage der Zeit, bevor ein Späher des ersten Ameisenvolks einen vom zweiten Ameisen-volk entdeckte. Diese zwei Späher erzählten sich gegen-seitig Geschichten. Jeder sah dem anderen ins Auge, und danach erzählten sie ihren Häuptlingen, was sie erlebt hatten. ›Hör zu‹, sagten sie jeweils, ›ich habe lange Kolonnen gesehen von den Nichts…‹ Hier mußten sie ein neues Wort erfinden, ein Wort für etwas, das schlecht schmeckte – und dieses Wort war *Feind*. Dann taten die Häuptlinge etwas, was noch kein Häuptling zuvor getan hatte. Sie suchten beide ein Wort, das zu *Feind* paßte. Und dieses Wort war *töten*. Gemeinsam veränderten diese beiden Worte die Welt, die bis dahin still und friedlich gewesen war. Als nun das erste Ameisenvolk mit dem zweiten Ameisenvolk kämpfte, füllte sich die Welt mit Leid. Die Leiber von toten Ameisenleuten bedeckten die Erde, und die Folge war, daß ein weiteres Wort entstand. Und dieses Wort war *Tod*. Die Häuptlinge wurden jetzt Kriegshäuptlinge genannt, und so kam zu den drei neuen Wörtern ein viertes.

Erster Mann zog mit dem Volk in eine andere Gegend, weit fort von den Ameisen; aber wohin sie auch kamen, überall hing der beißende Ameisengeruch in der Luft und vergiftete sie. Ich, Mutter Erde, habe gesehen, daß da etwas nicht stimmt und in welcher Gefahr die Erde schwebte. Ich war sehr traurig, denn die Ameisen waren meine Kinder genauso wie die Tiere und die Menschen. Deshalb schuf ich ein großes Feuer, das alle kriegerischen Ameisenvölker vernichtete. Ich schlug einen heiligen Feuerstein, den ersten, den die Welt kannte, und steckte die Erde in Brand. Erster Mann und Erste Frau sagte ich, sie sollten ins Innere der Berge fliehen. Als sie dort in Sicherheit waren, fächelte ich die Flammen, daß sie bis zum Himmel schlugen, und die Ameisen hörten auf zu kämpfen und blickten auf die schwarze Erde. Als sie die Kiefer öffneten und die Hände von ihren Feinden nahmen, sahen sie eine hellrote Feuerwolke herankommen, die über sie hinwegfegte und sie zu Asche verbrannte. Danach herrschte auf der Erde für einige Zeit Ruhe und Frieden. Die Menschen kamen aus den Bergen, und weil sie sich erinnerten, wie sie gerettet wurden, gingen sie sorgsam umher und brachten die Dinge in Ordnung. Und für eine Weile waren die Worte und Taten der Ameisenleute so gut wie vergessen.«

Als Mutter Erde mit ihrer Geschichte zu Ende war, sagte Vater Sonne: »Was du da erzählst, ist ganz falsch. Nicht du hast den ersten Feuerstein geschlagen, sondern ich. Du hast den Zunder bereitgelegt, ich habe das Feuer entfacht – so ist es gewesen.« Keiner wollte dem anderen recht geben, und so stritten sie weiter über die Natur des Krieges. Der Streit ist bis heute nicht zu Ende. Und kein Zeitalter, kein sterbliches oder unsterbliches Wesen und keine Kreatur über oder unter der Sonne hat eine Antwort, die erklärt, warum wir, die Menschen, nach so viel Verheerung immer noch in Kriegen schwelgen.

Die Geschichte vom zweiten Rat der Tiere

Wie das Tiervolk beschließt, Krieg gegen das Zweibeinige Volk zu führen, und Gilamonster, Kolibri und Chipmunk zu allen gute Beziehungen aufrechterhalten wollen

Als das Tiervolk seine zweite Ratsversammlung hielt, wurde das Ameisenvolk nicht eingeladen; denn es kam ihnen nicht darauf an, herauszufinden, wer den Krieg angefangen hatte, sondern wie er zu beenden war. Und sie waren der Meinung, daß sich die Zweibeinigen rascher vermehrten als sie und daß ihre tückische Jagd mit jedem Tag gefährlicher wurde. Bei dieser zweiten Versammlung fragte Alter Mann Weißer Bär, der ein Häuptling war, das Bärenvolk, was unternommen werden sollte; und sofort stand Grizzlybär auf und begann zu sprechen.

»Wir kennen seit langem das Geheimnis des Lebens«, sagte er. »Die Zweibeinigen aber kennen unser Geheimnis noch nicht. Bevor mich ein Jäger tötet, verstecke ich mein Herz, meine Leber, meine Milz. Ich stecke sie in meinen Schwanz. Auf diese Weise kann ich wieder zum Leben zurückkommen, wenn sie mich töten. Ich setze alle meine Teile wieder zusammen und lebe.«

»Wo, sagst du, versteckst du deine Teile?« fragte Erdhörnchen.

»In meiner Schwanzspitze«, antwortete Grizzlybär.

Dann sagte Alter Mann Weißer Bär: »Das wird nicht mehr helfen. Die Zweibeinigen kennen diesen Trick. Sie zerschneiden unsere Schwänze in kleine Stücke und geben sie ihren Kindern zum Spielen.«

»Sie verwenden unsere Haut als Decken«, sagte Büffel Alter Mann empört.

»Und machen Mokassins daraus«, fügte Hirschfrau hinzu.

So beschloß das Tiervolk, nachdem viele geredet hatten, daß sie Waffen benötigten, um sich gegen die Zweibeinigen zu verteidigen. Einer aus dem Bärvolk gab seine eigene Sehne für einen Bogen; aber als Alter Mann Weißer Bär versuchte, den Bogen zu benutzen, verhakten sich seine langen Krallen in der gedrehten Sehne und blieben darin hängen.

»Ich weiß, was wir tun«, sagte Grizzlybär. »Wir schneiden unsere Krallen und machen sie kurz.«

»Das geht nicht«, sagte Stachelschwein. »Mit kurzen Krallen können wir nicht auf Bäume klettern. Wir werden verhungern.«

»Sehr richtig«, meinte Büffel Alter Mann, dem seine Hufe ebenso kostbar waren wie seine Hörner.

»Ich habe eine Idee«, sagte Alter Mann Ziesel. »Ich werde jedem Zweibeinigen, der daherkommt, ein Zahnweh geben.«

»Kannst du das denn?« fragte Alter Mann Weißer Bär überrascht.

»Das kann ich.«

»Sehr gut«, sagte Alter Mann Weißer Bär lächelnd. »Betrachten wir das als erledigt.«

»Ich«, meldete sich Hirschfrau, »werde jedem zweibeinigen Jäger, den ich sehe, wehe Gelenke geben.«

Das Tiervolk fand auch dies wünschenswert und betrachtete es als getan. Und so gelobte jedes Tier, seine Art durch einen Zauber zu schützen, und ihre Zauber waren zahlreich und vielfältig. Schlange bot schlechte Träume an, Adler das trübe Auge, Bär den schlimmen Husten und so fort. Kleine Weiße Made hörte sich alle diese Flüche an, mit denen die zweibeinigen Bösewichte überhäuft wurden, und fand sie so komisch, daß er vor Lachen auf den Rücken fiel. Seitdem ist er nie wieder auf die Beine gekommen, und deshalb kriecht er immer noch so herum wie heute.

Das einzige Tier, das aus unerfindlichen Gründen keinen Fluch verhängen wollte, war Chipmunk.

»Was hast du anzubieten?« fragte ihn Alter Mann Weißer Bär; aber Chipmunk schüttelte nur den Kopf. »Die Zweibeinigen haben mir nichts getan«, sagte er gleichgültig. Das gefiel Grizzlybär gar nicht. Ärgerlich hob er die Tatze, und als er mit seinen Krallen über Chipmunks Rücken strich, verpaßte er ihm jene verräterischen Streifen, die alle Chipmunks bis heute tragen. Chipmunk war jedoch der einzige, der nicht gegen die Zweibeinigen Krieg führen wollte, und das zum Glück, denn wenn es alle getan hätten, würde es auf der Erde kein Zweibeiniges Volk mehr geben. Gilamonster, Kolibri, Chipmunk, Büffel, Kranich und viele andere beschlossen, auf friedlichem Fuß mit den Zweibeinigen zu leben, ja, sie hatten sogar Mitleid mit den Jägern und ihren Familien, die bald mit Krankheiten überhäuft würden. Und die Krankheiten breiteten sich aus, als alle Männer und Frauen den beißenden Flügelstaub von Adler in den erblindenden Augen fühlten, vom heiseren Bären den trockenen Husten bekamen, den widersprüchlichen, von Träumen heimgesuchten Geist des keckernden Kojote. Ohne die Freundlichkeit der Medizintiere, die die zweibeinigen Medizinmänner alles lehrten, was sie von Pflanzen und Heilmitteln wußten, würde es nichts als Krankheit auf der Welt geben. Doch mit der Zeit lernten die Medizinmänner von allen Tieren, sogar von denen, die geschworen hatten, die Zweibeinigen krank zu machen. Einiges von diesem Wissen wurde in den Kriegen verwendet, die die Völker gegeneinander führten. Aber es gab kein Heilmittel gegen den Krieg.

Die Geschichte vom Krieger Junger-Mann-Der-Seine-Pferde-Fürchtet

In der Spricht-Im-Schlaf von der Heldentat seines Bruders Junger-Mann-Der-Seine-Pferde-Fürchtet erzählt, einem der berühmten Reiter und Pferdestehler aus dem Volk, das sich Krähe nennt

Das Pferd war stolz, aber der Mann, der das Pferd ritt, war noch stolzer. Zusammen waren sie eins. Deshalb galt ein Mann, der ein Pferd besaß, als guter Mann, und er galt auch nicht als arm. Und ein Mann, der viele Pferde besaß, war ein reicher Mann und höchstwahrscheinlich ein Krieger, mit dem man rechnen mußte; denn wie hätte er viele Pferde erwerben können, wenn er nicht mutig und tapfer gewesen wäre?

In ein feindliches Lager ohne bestimmten Grund einzudringen wäre töricht gewesen; doch sich hineinzuschleichen mit der Absicht, Pferde zu stehlen, war eine ehrenwerte Sache, die Mut verlangte und bei der sich ein Mann bewähren konnte. Wie der Wind auf dem Pferd eines Feindes dahinzufliegen war eine großartige Leistung, von der Kinder träumten und für die Männer ihr Leben riskierten.

Und so schuf das Geschenk der Götter, das heilige Pferd, bei Männern, Frauen und Völkern eine Rangordnung.

»Wie viele Pferde besitzt dein Volk?« fragte ein Krieger seinen Feind.

»Wie viele Pferde besitzt dein junger Mann?« fragte der Vater die Braut.

Die Pferde lernten tanzen wie Menschen, und die Menschen lernten tanzen wie Pferde. Es gab Medizinmänner für Pferde, und sie folgten ihnen in den Kampf. Pferde fielen in der Schlacht mit ihren Reitern; alte Häuptlinge, die bald sterben würden, gingen nicht allein in die nächste Welt, sondern begaben sich auf dem Rücken ihres Lieblingspferds auf den Geisterpfad. Nun wuchs unter dem Volk ein großer Krieger heran mit dem Namen Junger-Mann-Der-Seine-Pferde-Fürchtet. Spricht-Im-Schlaf, der mit ihm ritt, errang großes Ansehen als Geschichtenerzähler, indem er von seines Bruders Heldentaten auf dem Kriegspfad berichtete. Hier also ist die Geschichte von Junger-Mann-Der-Seine-Pferde-Fürchtet, erzählt von Spricht-Im-Schlaf:

»Junger-Mann-Der-Seine-Pferde-Fürchtet wurde so genannt, nicht weil er Angst vor seinen Pferden hatte, sondern weil er als Kind nie etwas Schöneres gesehen hatte als ein Pferd. Er fürchtete, daß ihm diese Herrlichkeit nicht vergönnt sein könnte, daß sie gar aus dem Land verschwinden könnte. Deshalb wurde er so genannt; und er wuchs heran und bewies, daß Pferde, und besonders seine eigenen, dazu da waren, um sich zu vermehren und ihn reich zu machen. Als alter Mann besaß er eine ganze Herde, und die Pferde folgten ihm wie Hunde, wohin er ging.

Einmal, als er noch ein Junge war, machte Junger-Mann-Der-Seine-Pferde-Fürchtet bei einem Überfall mit. Er und andere aus seinem Volk, das sich Krähe nannte, ritten aus den Bergen hinaus auf die Ebene und bis an den Rand vom Fluß Ohnegleichen. Dort sahen sie das Lager des Volks der Krummen Nasen.

Es war ein großes Lager mit Zelten, so weit das Auge reichte. Die Krummen Nasen waren grimmige Krieger und gute Reiter, und sie hatten viele Pferde, die an vielen verschiedenen Stellen rings um das Lager angebunden waren. Die besten Pferde, die Rennpferde, befanden sich zwischen dem äußeren und inneren Kreis der Zelte. Dort standen die besten Tiere des großen Pferdehäuptlings Tötet-Mit-Dem-Auge, wertvolle Hengste und Stuten, aber sie wurden Tag und Nacht bewacht von Jungen, die zu Reitern ausgebildet wurden.

Deshalb dachte Junger-Mann-Der-Seine-Pferde-Fürchtet: ›Bin ich nicht einer von ihnen, ein Junge, der sich hervortun will? Strebe ich nicht auch nach der Macht der Höhergestellten? Dann sind wir also gleich. Wenn wir gleich sind, sollten wir uns respektieren, und das tue ich.‹ Und so dachte er sich einen schlauen Plan aus.

Er und seine Gefährten aßen nur getrocknetes und mit Beeren vermischtes Fleisch, und sie entzündeten auch kein Feuer, um sich zu wärmen. Sie ließen ihre

Pferde hinter dem Pappeldickicht am Fluß und versteckten sich im hohen Gras, das am Ufer wuchs. Im Morgengrauen beobachteten sie die jungen Männer der Krummen Nasen, wenn sie die schönen Pferde in die Morgensonne und an den Fluß zur Tränke führten. Jeder Tag begann damit, daß die Pferde getränkt wurden. Dann tranken die jungen Männer selbst, und manchmal tollten sie im klaren Wasser umher und spritzten sich naß. Einmal stürzte einer von ihnen vom glitschigen Ufer ins Wasser, und die anderen zogen ihn heraus.

Es kam der Morgen, an dem Junger-Mann-Der-Seine-Pferde-Fürchtet sich wie geplant verkleidete. Er hatte sich aus einer in der Sonne getrockneten Büffelhaut eine riesige Fischflosse gemacht, die er sich nun mit Sehnensträngen auf den Rücken band. Arme und Beine steckte er in Ärmel und Leggings aus Rinde, und das Gesicht beschmierte er sich mit dunklem Lehm.

›Ich werde der größte Fisch sein, der je in diesem Wasser geschwommen ist‹, sagte er grinsend zu seinen Freunden.

›Ich habe einmal eine Geschichte von so einem Ungeheuer gehört‹, sagte einer der Jungen. ›Es war dreimal so lang wie ein Mann.‹

›Eben drum‹, sagte Junger-Mann-Der-Seine-Pferde-Fürchtet und lachte.

Als die Sonne aufging, sagten sie ihre Gebete, und dann beobachteten sie, wie die Krummen Nasen kamen und ihre tänzelnden Prachtstücke an der Böschung entlang zur Tränke führten. Nachdem die Pferde getrunken hatten, banden die jungen Männer die Tiere an einen Baum und gingen ein kleines Stück flußaufwärts, um selbst zu trinken. Und weil sie im Herzen noch Kinder waren, begannen sie sofort, ausgelassen und lärmend umherzuspringen. Plötzlich schwamm ein riesiger Fisch vorbei, ein Mordskerl, der mindestens so groß war wie einer von ihnen. Ein Krummnase lief los, um Pfeil und Bogen zu holen; ein anderer lief nach seinem Speer; ein dritter sprang mit einem Messer zwischen den Zähnen in den Fluß. Bald hatten alle ihre eigentliche Aufgabe vergessen. Die Pferde des Häuptlings standen unbeaufsichtigt und unbeachtet.

Sie strampelten im Wasser herum auf der Suche nach dem Fisch ihrer Träume, tauchten, stießen und stachen in den Fluß und kamen, nach Luft schnappend, wieder nach oben. Hin und wieder zeigte sich die gezackte Flosse, aber immer ein Stück weiter flußabwärts. Sie sahen sie in der Sonne aufblitzen und wieder in der Tiefe verschwinden. Dann jagten sie, wie verrückt mit den Armen rudernd und auf das Wasser eindreschend, hinterher. Pfeile zischten, Bogensehnen schnalzten, aber der große Fisch war immer außer Reichweite.

Schließlich kamen sie an eine Stelle, an der sich der Fluß weitete. Hier wuchs ein hoher Schilfwald mit glänzenden braunen Rohrkolben, in dem sich die Schwimmer immer wieder verirrten. Aber jedesmal, wenn sie die große Schwanzflosse sahen, schrien sie wild und dachten, sie hätten ihren Fisch im seichten Wasser des Schilfs in der Falle.

Aber es war Junger-Mann-Der-Seine-Pferde-Fürchtet, der sie in eine schreckliche Falle geführt hatte, denn, im Röhricht verborgen, lauerten seine Krähe-Gefährten, die einen nach dem anderen niederschlugen, ohne je ihr Versteck preiszugeben.

Als die letzte Krummnase bewußtlos geschlagen war, verschwanden die Krähe-Jungen im Pappelgehölz, wo die anderen ihrer Gruppe bereits mit den schönen Hengsten und Stuten warteten.

Und so kam es, meine Freunde, daß Junger-Mann-Der-Seine-Pferde-Fürchtet von diesem Tag als Junger-Mann-Der-Weiß-Was-Ihm-Gehört bekannt wurde.«

Damit schloß der berühmte Erzähler Spricht-Im-Schlaf die Geschichte von seinem angesehenen Bruder, der später, als er seinen Speer niederlegte, selbst ein Geschichtenerzähler wurde und von sich sagte: »Einmal ein Krieger, immer ein Geschichtenerzähler.«

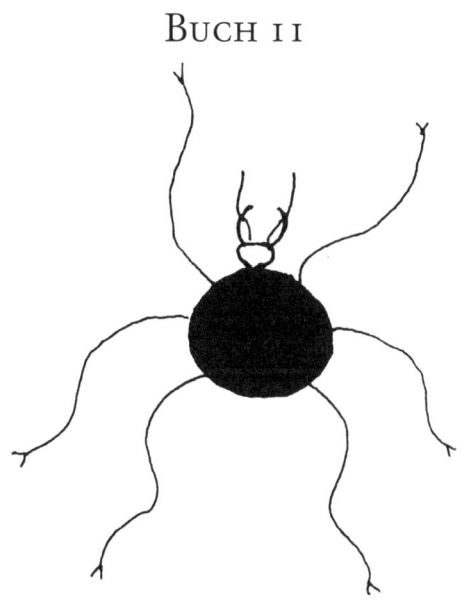

BUCH 11

Die Geschichte von Bussardsturm

Von dem jungen Schnelle Taube,
der zum berühmten Krieger Bussardsturm wird,
an den sich der alte Geschichtenerzähler namens Viele
Namen erinnert

Wenn ein Krieger zu alt war, um noch in die Schlacht zu
ziehen, lehrte er häufig die jungen Männer die Geheimnisse der Jagd und wie man Pferde stiehlt; und er lehrte
sie die Kunst des Schlägesammelns, wobei man einen
Feind am Brustbein berühren muß, ihn überrascht, aber
nicht tötet. War es ihm vergönnt, noch älter zu werden,
bildete er keine jungen Männer mehr aus, sondern er-

zählte den Kindern am Winterfeuer Geschichten, und sie hörten ihm zu, denn sie konnten sehen, daß sein Gesicht war wie das eines Felsens, zerklüftet vom Wind, gepeitscht vom Regen und runzlig vom Frost.

Genauso verhielt es sich mit dem betagten Geschichtenerzähler, der unter dem Namen Viele Namen bekannt war.

»Als ich jung war, wohnte in dem Zelt neben mir ein Junge, dessen Mutter bald nach seiner Geburt getötet worden war. Als ich ihn kennenlernte, lebte er bei seiner Großmutter. Dieser Junge hatte für sein Alter erstaunliche Kräfte. Er saß gern im Gras und schaute den Klippenschwalben zu. Einmal sagte er zu mir: ›Siehst du, wie sie fliegen? So sollten wir laufen.‹ Und er zeigte mir, wie wir laufen sollten – Ellbogen an Ellbogen, damit der eine vom anderen Kraft bekommt.

Er wurde als Schnelle Taube bekannt, weil er die Tauben noch mehr beobachtete als die Klippenschwalben und ihre Bewegungen nachahmte. Eines Tages nun, als er etwas älter war, aber noch nicht ganz erwachsen, wurde seine Großmutter von denen, die sie Wolfaugen nennen, geraubt. Die Wolfaugen nahmen sie mit in die Wüste, wo das Volk lebt, das Silber aus der Erde holt. Die Wolfaugen sind zu Recht für ihre Grausamkeit berühmt. Sie schlugen die Großmutter von Schnelle Taube, wenn sie ihnen Wasser vom Fluß brachte, sie schlugen sie, wenn sie ihnen Brennholz sammelte, und manchmal schlugen sie sie ohne Grund, nur weil sie eine von uns, ihren Feinden, war.

Schnelle Taube folgte seiner Großmutter in das südliche Land, wo er die Macht des Taubenvolks anrief, ihm zu Hilfe zu kommen. Sein Gebet wurde erhört, und so ging er eines Tages unbemerkt ins Lager der Wolfaugen. Die Wolfaugenfrauen meinten, sie hätten etwas gesehen, und blickten von ihrer Arbeit auf. Sie spürten, daß etwas in ihr Lager kam, aber sie bemerkten nur eine kleine graue Taube, die sich an einer Gestrüpphütte duckte. Ohne auf den kleinen Vogel zu achten, stampften sie weiter ihren Mais. Dann landete Schnelle Taube auf der Schulter seiner Großmutter und sah an den frischen Wunden auf ihrem Arm, daß sie mit glühenden Stöcken gebrannt worden war. Er verwandelte sich zurück in einen Jungen, und seine Großmutter umarmte und streichelte ihn liebevoll, aber sie sagte: ›Du mußt heimfliegen, Kleiner. Der Wolfaugenhäuptling wohnt in dieser Hütte, und er wird bald zurückkommen. Wenn er dich sieht, wird er dich töten.‹

›Ich habe keine Angst vor dem Wolfauge, Großmutter‹, sagte der Junge. Aber noch während sie miteinander sprachen, trat plötzlich der Wolfaugenhäuptling in die Hütte.

›Was soll das? Warum flüsterst du mit dieser Taube?‹ fragte er die alte Frau. Er stieß sie zu Boden, packte die graue Taube und drückte sie, bis das Blut aus ihren Augen spritzte und winzige weiße Knochen durch das blutige Gefieder stachen.

›Ist das deine ganze Hexerei?‹ Der Häuptling lachte häßlich und warf die Knochen und Federn vor die Hütte. Als dies geschah, stieß die Großmutter einen lauten Klageschrei aus, der weithin zu hören war. Sie ging mit den Fäusten auf den Wolfauge los, aber er stieß sie von sich und sagte verächtlich: ›Erbärmlicher alter Hund, deine Zähne beißen nicht mehr.‹ Dann ging er nach draußen, aber er hatte noch keine zwei Schritte getan, als die Knochen der kleinen Taube, die dort im Sand lagen, in die Höhe flogen und in einer dunklen Staubwolke zusammenkamen, in der große Schwingen aufblitzten. Ein großer Bussard stürzte sich auf das Gesicht des Häuptlings und hackte ihm die Augen aus.

Bevor der grausame Häuptling auf die Knie fiel und sein Gesicht bedeckte, drehte der Bussard ab und stob in die Hütte, ergriff die Großmutter hinten an ihrem Hirschlederkleid und flog mit ihr davon. Noch am selben Tag brachte er sie nach Haus. Das Volk fand es großartig, was dort unten in der Wüste geschehen war, und Schnelle Taube wurde bekannt unter dem Namen Bussardsturm.«

Die Geschichte von Feuersturm

In der Bussardsturm Gefahren begegnet und
seinen zweiten Kriegernamen Feuersturm erhält und
in der ihm die Geisterverbündeten auf dem
Schlachtfeld helfen

Als sich die Kinder das nächste Mal am Feuer des Geschichtenerzählers versammelten, baten sie Viele Namen, ihnen von der schlimmsten Gefahr zu erzählen, die Bussardsturm zu bestehen hatte; und so erzählte er ihnen wie Bussardsturm seinen zweiten Kriegernamen erhielt, und davon handelt diese Geschichte.

»Es geschah vor langer Zeit, als das Volk, das sie Verbrannte Mokassins nannten, die Männer angriff, die mit Bussardsturm auf die Jagd gegangen waren, und doch kommt es mir vor, als sei es gestern gewesen.

Seht ihr, mein Freund war seit einiger Zeit unter dem Namen Bussardsturm bekannt, aber es war ein Jungenname. Er hatte noch viel eindrucksvollere Dinge getan, nachdem er diesen Namen erhalten hatte, die ihm noch größere Beliebtheit als junger Krieger eingebracht hatten. Aber seinen Männernamen bekam er erst, nachdem er den Verbrannten Mokassins auf dem Schlachtfeld begegnet war. Die Verbrannten Mokassins hatten

Bussardsturm gejagt, und sie fingen ihn schließlich und fesselten ihn an eine große, vom Blitz getroffene Platane. Nun, das ist gewiß kein Baum, der Glück bringt. Sie banden ihn also dort fest mitten in einem Gewitter und hofften, der Blitz würde wieder in die Platane einschlagen. Kurz darauf tat er das auch, und der Baum begann zu brennen. Nun rief Bussardsturm nach seinem Verbündeten, dem Bussard, aber kein Bussard kam.«

»Warum, Großvater, hat er sich nicht selbst in einen Bussard verwandelt?« fragte eines der Kinder.

Der Häuptling machte ein finsteres Gesicht. »Willst du damit sagen, du weißt die Antwort nicht?«

Das Kind schüttelte verwirrt den Kopf.

»Wenn du ein Mann bist, der Kräfte hat«, sagte er, »verschwendest du sie nicht ohne Not.«

»Aber Großvater, er wäre doch gestorben«, protestierte das Kind.

»Du darfst nicht vergessen, daß er seine Zauberkraft nicht bekommen hat, um sein eigenes Leben zu retten, sondern um das von anderen zu retten«, mahnte der alte Häuptling.

Damit schienen sich die Kinder zufriedenzugeben. Sie wurden wieder still, und Viele Namen erzählte weiter.

»Als nun Bussardsturm betete, daß ein Verbündeter kommen möge, hörte ihn Rabe und flog zu ihm. Doch die Flammen der brennenden Platane kamen seinen Federn so nah, daß er selbst Feuer fing und kohlschwarz wurde, wie ihr ihn heute kennt.

Als Bussardsturm wieder betete, ein Verbündeter möge kommen, hörte ihn Schreieule und kam. Doch die Flammen versengten ihr die Augen, daß sie hellrot wurden, und so sind sie bis heute.

Wieder betete Bussardsturm um die Hilfe eines Verbündeten, und Braune Schlange erschien und schlängelte sich in ein Loch in der brennenden Platane. Aber auch sie verbrannte sich am ganzen Leib, und wenn wir sie heute sehen, nennen wir sie Schwarze Schlange.

Nun betete Bussardsturm zum vierten Mal, ein Verbündeter möge kommen, und es kam Spinnenfrau. An einem feinen Seidenfaden ließ sie sich von einer Wolke nieder und knabberte mit ihren scharfen Zähnen die Stricke entzwei, mit denen Bussardsturm an die brennende Platane gefesselt war. Und so, ihr Kinder, entging Bussardsturm dem Tod, und die Krieger der Verbrannten Mokassins hatten das Nachsehen.«

»Großvater, was ist mit Bussardsturms neuem Namen?« fragten die Kinder.

»Das, ihr Enkelkinder, hört ihr ein anderes Mal«, sagte der alte Häuptling und lächelte stillvergnügt in sich hinein.

Die Geschichte von Wasserspinne

In der Viele Namen die Geschichte von Bussardsturms drittem Kriegernamen Wasserspinne erzählt, und wie ihn unser Held erwirbt

Als sich die Kinder das nächste Mal um Viele Namen scharten, nannte er ihnen den neuen Namen von Bussardsturm, und der war Wasserspinne.

»Warum haben sie ihn so genannt?« fragte ein Mädchen.

»Nun, ihr wißt doch noch, wie er von Wasserspinne gerettet wurde«, sagte der alte Häuptling. »Das bedeutete, daß ihm das Spinnenvolk wohlgesinnt war. Also erhielt er seinen neuen Namen von einem Angehörigen des Spinnenvolks.«

»Aber warum Wasserspinne?«

»Weil sie sagen, daß nur Wasserspinne unverbrannt aus einem Feuer hervorgehen kann.«

»Was ist danach mit ihm passiert?«

Und Viele Namen erzählte.

»Wasserspinne war nach wie vor ein großer Krieger. Einmal, nach einer langen, blutigen Schlacht kehrte er mit zwei Freunden nach Hause zurück. Er hatte ein verwundetes Bein, so daß ihn seine Freunde tragen mußten. Bis zu ihrem Dorf lag noch ein weiter Weg vor ihnen; sie wurden verfolgt, und es wurde bereits dunkel. Schließlich kamen sie zu einem kleinen Canyon, wo ein Bach zwischen den Felsen floß, und einer der Männer sagte: ›Ich werde dort hinuntergehen und unseren Wassserbeutel füllen.‹ Aber während er in den Canyon kletterte, kam ihm die Idee, daß sie Wasserspinne hierlassen könnten; auf diese Weise hätten sie vielleicht noch eine Chance, den Feinden zu entkommen.

Und so stießen diese zwei Feiglinge ihren Gefährten Wasserspinne über den Rand der Klippe. Dann liefen sie in ihr Dorf, wo sie heil ankamen und erzählten, daß Wasserspinne tapfer gekämpft habe, aber am Ende doch besiegt und mit einem Pfeil im Herzen gestorben sei.

Mittlerweile fand sich Wasserspinne in einem verlassenen Canyon wieder. Er hatte beide Beine gebrochen. Das einzige, was er tun konnte, war, sich, auf dem Bauch kriechend, irgendeinen Unterschlupf für die Nacht zu suchen.

Nachdem er sich mehrere Stunden lang hingeschleppt hatte, fand er eine kleine Höhle. Er wälzte sich hinein und stieß einen langen, erleichterten Seufzer aus. An der Rückseite der Höhle sah er ein flakerndes Licht und einen nackten Mann mit völlig kahlem Kopf auf einem Stein sitzen. Die Beine des alten Mannes waren schwach und nutzlos, und seine Arme, dünn wie Kinderarme, schienen kaum kräftiger zu sein.

›Willkommen, Enkel‹, sagte der alte Mann auf die herkömmliche Weise. Er bot Wasserspinne ein frisch getötetes Kaninchen an. Wasserspinne bemerkte zwei kleine Löcher an der Kehle des Kaninchens, aber kein anderes Tötungsmal.

Der alte Mann lächelte nur und sagte: ›So töte ich sie immer, genau dort am Hals. Aber ich werde zu alt für die Jagd. Wenn mir jemand das Wild zutreiben würde, wäre ich vielleicht noch ein ganz guter Jäger. Aber wie du siehst, bin ich einfach zu alt, um wie früher herumzugehen.‹

Wasserspinne lachte gequält auf. ›Du bist besser dran als ich, Alter‹, sagte er, aber er fügte hinzu: ›Morgen früh werde ich sehen, was ich tun kann, um dir zu helfen.‹ Sie teilten sich das Kaninchen, und bald danach legten sie sich schlafen. Wasserspinne hörte den alten Mann schnarchen, und es klang, als käme das rasselnde Geräusch von seiner Kehrseite.

Am nächsten Morgen zeigte ihm der alte Mann, wie er aus der Höhle rutschen und sich bäuchlings auf dem Boden fortbewegen konnte. ›Wir taugen beide nicht viel‹, sagte der Alte kichernd, ›aber wir sind zu zweit.‹ An jenem Morgen fingen sie eine Wachtel am Fluß. Wasserspinne trieb sie in Richtung des alten Mannes, der sie auf die gleiche Weise tötete wie das Kaninchen am Abend zuvor. Stolz zeigte er die kleinen Einstiche. ›So kriege ich sie immer‹, brüstete er sich.

In den folgenden Tagen jagten die beiden jeden Morgen, und immer trieb Wasserspinne das Wild in die Richtung des alten Mannes, dem es irgendwie gelang, die Beute mit einem Schuß zu treffen. ›Ich würde gerne einmal den Bogen sehen, den du benutzt‹, sagte Wasserspinne, aber der alte Mann antwortete nur: ›Irgendwann wirst du ihn sehen.‹

Eines Nachts, als sie sich schlafen legten, beobachtete Wasserspinne, wie der alte Mann seinen Kopf waagrecht nach vorne reckte und auf einen Stein legte. Bald darauf schnarchte er mit weit geöffneten Augen und vorgestreckter, zitternder Zunge. Am nächsten Morgen dankte Wasserspinne dem alten Mann für die freundliche Aufnahme, aber es sei jetzt Zeit für ihn zu gehen. Der alte Mann war traurig, als er dies hörte. ›Wir haben gut miteinander gejagt, Enkel‹, sagte er. ›Aber wenn du gehen mußt, möchte ich, daß du diesen kleinen Beutel mitnimmst. Hänge ihn dir um den Hals, damit du ihn nicht verlierst.‹

›Was ist in dem Beutel, Großvater?‹

›Es ist die Medizin, mit der ich meine Feinde einschläfere.‹ Wasserspinne dankte ihm, kroch aus der Höhle und kletterte langsam aus dem Canyon. Er brauchte ziemlich lang, und als er oben war, wußte er, daß es sinnlos wäre, wenn er versuchte zu gehen. Seine Beine trugen ihn noch nicht. Doch nach all der Zeit bei dem alten Mann war es Wasserspinne gewohnt, sich auf die gleiche Weise wie dieser fortzubewegen; er war sogar richtig gut darin geworden. Er bewegte erst die Schultern, dann den Bauch, dann die Hüften, und mit Knien und Zehen anschiebend, rutschte er über den Boden. Es ging langsam, aber er kam voran; und er hatte auch keine andere Wahl.

So kroch er den ganzen Tag und die ganze Nacht und rastete nur kurz an einer kleinen Quelle, um zu trinken. Am nächsten Tag kroch er weiter in Richtung seines Dorfes und hielt nur einmal an, um Elsbeeren zu essen. Am Abend des vierten Tages sah er die Lagerfeuer seines Dorfes, und die Tränen traten ihm in die Augen, weil er nicht gedacht hatte, daß er sie je wiedersehen würde.

Doch als er sich aufmachte, um durch das Gras den Hügel hinunterzukriechen, wurde er von Spähern entdeckt – und zufällig waren es dieselben Männer, die versucht hatten, ihn zu töten.

›Sieh, wer da nach all der Zeit angekrochen kommt‹, sagte der eine.

›Ja‹, sagte der andere, ›es ist Wasserspinne, der einmal unser Freund war und jetzt unser Feind ist – denn er wird erzählen, wie wir ihn im Stich gelassen haben.‹

›Ich werde niemandem etwas erzählen‹, sagte Wasserspinne grimmig. ›Helft mir einfach heimzukommen, wie man das von euch erwartet.‹

Aber die beiden Männer wagten nicht zu glauben, daß Wasserspinne ihnen zuliebe schweigen würde. Grimmig nickend legten sie Pfeile auf ihre Bogen und zielten auf den unbewaffneten Mann zu ihren Füßen. Als er sah, daß sie ihn töten wollten, bat er sie, ihm eine letzte Bitte zu gewähren. Die Bogen blieben gespannt, aber die Verräter ließen ihn sprechen.

›In diesem Beutel an meinem Hals ist die heilige Medizin, mit der ich überlebt habe. Wenn ihr mich am Leben laßt, gebe ich euch etwas davon.‹

Die zwei grinsten nur hämisch über Wasserspinnes kindliche Unschuld. Der eine sagte: ›Wir nehmen sie uns selbst, und dann töten wir dich.‹ Und sie lachten beide. Darauf bückte sich der eine und schnitt die Zugschnur durch, an der der Beutel um Wasserspinnes Hals hing; und während sein Partner neugierig näher kam, öffnete er den kleinen Beutel. Sofort flogen vier Stachelschweinborsten heraus und bohrten sich den beiden Männern in den Hals. Sie wankten, taumelten und fielen auf die Knie. Ihre Gesichter wurden purpurrot von dem Gift, und sie starben.

Da nahm Wasserspinne den Beutel wieder an sich und schob sich auf dem Bauch durch das Gras, bis er sein

Dorf erreichte, wo er große Überraschung hervorrief und wie ein Held empfangen wurde. Danach erzählte er alles, was ihm widerfahren war, und dies brachte ihm einen neuen Namen ein, den ich euch verraten werde, wenn der nächste große Wind am Türlappen unseres Zelts rüttelt.«

Der alte Häuptling wünschte den Enkelkindern, die sich am Feuer versammelt hatten, eine gute Nacht und ging, während sie ihm verwundert nachschauten.

Die Geschichte von Schlanges Medizin

Von dem großen namengewinnenden Krieger
Wasserspinne, der auf dem Schlachtfeld einen letzten
Ehrennamen erhält, und von seinem neuen Namen
Schlanges Medizin

»Der Kriegsheld, der als Schlanges Medizin bekannt war, wurde der Abenteuer allmählich müde. Er war beinahe lahm und wollte zur Ruhe kommen, eine Familie haben und nicht länger Krieger sein.«

»Hat er seinen Speer in die Erde gesteckt?« fragte eines der Kinder am Lagerfeuer des Geschichtenerzählers.

»Das hat er getan«, antwortete Viele Namen, »und er wurde ein Häuptling, der weit und breit für seine Weisheit und Macht berühmt war.«

»Hat er auch Kinder gehabt, Großvater?«
Und Viele Namen erzählte.

»Er heiratete eine junge Frau namens Büffelkalb, aber es ist schwer zu sagen, warum sie keine Kinder hatten. Sie versuchten es, aber es war ihnen nicht möglich. Viele Jahre lebten die beiden in einer kinderlosen, sternenlosen Welt, einer Welt des Winters ohne Frühling. Und dann eines Tages, als Schlanges Medizin im Wald Pilze sammelte, sah er etwas, das ihm auffiel: einen aus dem Stamm einer großen Kiefer wachsenden Astknoten. Je genauer er ihn betrachtete, um so mehr war er überzeugt, daß er hier etwas für seine kinderlose Hütte gefunden hatte.

Es war ein Knäuel aus gezwirbeltem Holz, ein Astknoten, der wie das Gesicht eines Kindes aussah. Er nahm sein Messer und schnitt den Knoten heraus; dann setzte er sich hin und befreite ihn von der Rinde. Was für ein wundervolles Ding, dachte er; es sieht aus wie ein lustiger kleiner Junge. Als er ihn schön blank geschabt hatte, brachte er ihn seiner Frau und sagte nur, er hätte ihn auf dem Weg gefunden.

Büffelkalb nahm den Astknoten in die Arme, drückte ihn zärtlich an die Brust und legte ihn in ein schönes, mit Perlen verziertes und warmem Pelz ausgeschlagenes Wiegenbrett. ›Mann‹, sagte sie, ›erzähl niemand etwas davon, denn es ist unser Geheimnis und geht außer uns niemand etwas an.‹ Er war einverstanden, und die beiden fütterten und kleideten den Kiefernastknoten, den sie Kerbenmachender Junge nannten. Sie sprachen zu ihm und behandelten ihn liebevoll, gerade so, als wäre er ihr neugeborener Sohn. Büffelkalb gab ihm feine Süppchen aus gekochtem Mais, und es kümmerte die entzückten Eltern wenig, daß der Brei wieder aus dem geschnitzten Mund herausfloß. Ihr Wunsch war endlich in Erfüllung gegangen: Sie hatten ein Kind.

Elf Monde kamen und gingen, und Schlanges Medizin und Büffelkalb taten, als hätten sie einen Sohn namens Kerbenmachender Junge. Aber eines Morgens, als Büffelkalb ihr Kind mit ein paar zerquetschten Beeren fütterte, sprang es plötzlich aus dem Wiegenbrett und schrie: ›Mutter, ich will Fleisch!‹ Nun, Büffelkalb fiel beinahe um, so überrascht war sie, aber dann siegte doch ihre hingebungsvolle Liebe, und sie fütterte den Jungen mit einem Stück gebratener Büffelschulter, das er mit einem einzigen Haps und ohne zu schlucken verschlang. Den ganzen übrigen Tag lang aß er, was sie ihm anbot, und er wurde ziemlich dick. Als Schlanges Medizin mit einem Bock über den Schultern nach Hause kam, wollte der Junge den ganzen Bock aufessen.

Schlanges Medizin war erstaunt. Der Junge, den er aus einem Kiefernastknoten geschnitzt hatte, aß rohes Wild! Und nicht nur das: Kerbenmachender Junge schien den Bauch nicht vollzukriegen. Er aß alles von dem Hirsch – Blut, Knochen, Geweih, Hufe, sogar das Fell –, und für seine Eltern blieb nichts übrig. Aber sie beklagten sich nicht, denn dieses Kind war, was sie sich immer gewünscht hatten.

Kerbenmachender Junge wurde sehr groß. Nach vier Tagen war er so groß wie ein Büffelhautzelt. Und inzwischen, wie ihr euch vorstellen könnt, aß er Pferde, die er wie Erdbeeren in den Mund steckte. Als die Pferde seines Vaters aufgegessen waren, aß er die der anderen Leute. Und als sie alle aufgegessen waren, ging er auf die Jagd und aß eine ganze Büffelherde. Doch nicht genug damit – Kerbenmachender Junge begann jetzt, auch Hügel und Gebirge, Ebenen und Täler zu essen.«

Als die Kinder das hörten, wurden sie ein wenig unruhig. Sie sahen ängstlich hinter sich, und als der Wind stöhnend um die Tipiwände fuhr, krochen ihnen kleine Schauer über den Rücken, und sie bekamen ganz große Augen.

»Ist er immer noch irgendwo da draußen?« fragte eines der Kinder.

Der alte Häuptling schüttelte den Kopf.

»Er ist nicht mehr da«, sagte er, und es klang irgendwie traurig.

»Was ist mit ihm geschehen?«

»Nun, sein Vater mußte ihn mit einer Steinaxt töten. Zuerst hackte er ihm einen Fuß ab, so daß Kerbenmachender Junge vornüberfiel; dann hackte er ihm ein Bein ab, und dann spaltete er seinen Bauch. Und was glaubt ihr, was dann passierte?«

Die Kinder sahen sich ratlos an.

»Alle Tiere«, fuhr der alte Häuptling fort, »die Kerbenmachender Junge gegessen hatte, kamen aus seinem Bauch und liefen davon – Weißschwanzhirsche, Büffel, Wapitis, Gabelböcke, Kaninchen, Mäuse, Ratten, Eichhörnchen, ganz zu schweigen von den Vogelscharen, den Hügeln, Bergen und Tälern.«

»Ist er dann gestorben?« fragte ein Junge.

»Oh«, sagte der alte Häuptling, »wißt ihr nicht, daß eine Lüge niemals stirbt, daß sie nie vergeht? Kerbenmachender Junge ist noch dort draußen, und wie alle Lügen auf dieser Welt wartet er auch jetzt wieder darauf, geboren zu werden.«

»Großvater. Was geschah mit dem großen Krieger Schlanges Medizin?« fragte ein Mädchen.

Viele Namen stocherte grinsend in der Glut und sagte: »Er ist auch noch da.«

Die Kinder sahen sich um.

»Du meinst, er lebt noch?«

Der alte Häuptling zuckte die Achseln. »Ich denke schon.«

»Was hält ihn am Leben?« fragte das Mädchen.

»Geschichten«, antwortete der Alte und kicherte. »Geschichten und kleine Kinder wie ihr.«

BUCH 12

Die Geschichte von Schildkrötentänzer und seinen Söhnen

In der Schildkrötentänzer, ein Kriegshäuptling
von den Ebenen, über das Leben, den Krieg und das
Leben eines Kriegers nachdenkt und erzählt, wie er,
über einen Fluß auf die Schildkröteninsel
schwimmend, seinen großen Namen erhält

Der Cheyenne-Kriegshäuptling Schildkrötentänzer machte sich einen großen Namen, aber wie viele Männer, die auf dem Kriegspfad ritten, wurde er gegen Ende seines Lebens des Kämpfens müde. Dann erinnerte er sich, wie er seinen Namen bekommen hatte und daß ihm die Geister der Erde immer zu Hilfe gekommen waren, wenn er sie brauchte. Auf sein langes Leben zurückblickend, fragte er sich: Wer kann das Leben kennen, wenn er nicht wirklich gelebt hat? Wie soll jemand die Macht des Krieges kennen, wenn er nicht stets bereit ist zu sterben?

Solche Gedanken bewegten Schildkrötentänzer, den Kriegshäuptling, der in vielen gefahrvollen Schlachten kämpfte und bis ins hohe Alter überlebte mit allem, was dazugehört – Zahnschmerzen, ein gebeugter Rücken, gebrochene Knochen, aber mit ungebrochenem Willen. Er führte sein Volk gut. Er sah die Sonne aufgehen und untergehen in guten und in schlechten Zeiten und in Zeiten, die weder gut noch schlecht waren.

Einmal, so geht die Geschichte, wurde er von seinen Feinden verfolgt, und obwohl er am ganzen Körper verwundet war, gab er nicht auf. Er ging wie die mit ihrem großen hinderlichen Panzer beladene Schildkröte. Aber während er sich dahinschleppte und die donnernden Hufe seiner Verfolger hörte, dachte er an die Zeit des Beginns, als Schildkröte auf den Grund des welttragen-

den Meeres tauchte und ein bißchen Lehm herauf-
brachte, um die Erde zu machen, auf der wir leben. Und
in Gedanken sah er die Buckel auf Schildkrötes Rücken:
Das waren die Berge. Er sah die Linien auf Schildkrötes
Rücken: Das waren die Flüsse und Bäche. Er sah sich
selbst, einen Klumpen Lehm, umgeben von all dem
Wasser; und mit diesem Bild vor seinem inneren Auge
begann er zu singen:

> Watend gehe ich durch gelbes Wasser;
> Watend gehe ich durch Schildkrötenwasser;
> Watend gehe ich durch feindliches Pfeilwasser;
> Watend gehe ich durch mein Leben.

Da war ihm, als bewegte er sich nicht mehr auf trockenem Boden. Er schwamm mühelos trotz seiner Wunden
über das große Schildkröteninselwasser. Auf der anderen Seite der erwachenden Welt sah er seine Freunde
und seine Familie, die auf ihn warteten und ihm zurie-
fen, schneller zu schwimmen. Doch unmittelbar hinter
ihm ertönte das Hohngeschrei seiner Feinde, die ihn
fangen wollten. Als die Stimmen von Freund und Feind
in einen einzigen dumpfen Gesang übergingen, hörte er
die Musik der Krähen und sah, daß sie sich über ihm
sammelten – eine beschützende Schar der guten schwarzen Krähen, der Boten des Vaters.

Und so sagte er sich, während er weiterschwamm:
»Ah, ich bin in Sicherheit.« Denn seine Verfolger lärm-
ten nicht mehr, und seine Lieben drängten ihn nicht
mehr. Er hörte nur den süßen Gesang der Krähen, und
während er stetig weiterschwamm, sah er, daß seine blutenden Hände braune Paddel mit langen Fingernägeln
waren; und sein Rücken war eine schwer beladene Kuppel, die die ganze von Sorgen gezeichnete Welt trug.
Dennoch schwamm er leicht über das große Wasser, das
Geisterwasser. Er schloß die Augen vor dem Licht und

schwamm; und als er die Augen wieder öffnete, lag er auf dem Sand des sicheren Ufers.

Seine Feinde lagerten auf der anderen Seite des Flusses. Er konnte den Rauch ihrer Feuer sehen und daß sie ihn beobachteten; aber aus irgendeinem Grund kamen sie nicht herüber. Überall am Ufer sah er die durcheinanderlaufenden Spuren von Schildkröten, den Boten der Mutter; und über sich hörte er das Lied der Krähen, der singenden Boten des Vaters.

In seinen späteren Jahren sprach Schildkrötentänzer nicht über seine Erlebnisse als Krieger; aber er saß stundenlang am Feuer und erzählte von seinen zwei Söhnen.

»Als sie noch klein waren und Jäger spielten, sagte der Jüngere zum Älteren: ›Wenn du ein Tier sein könntest, welches würdest du sein?‹

Und der Ältere antwortete: ›Wolfbruder, das ist doch klar.‹

›Warum Wolfbruder?‹

›Weil er mager und stark ist und gut gebaut für die Jagd. Er kann meilenweit laufen ohne Fleisch oder Wasser. Er ist ein grimmiger Kämpfer, der nie aufgibt. Aber, sag mir, Bruder, welches Tier würdest du sein wollen?‹

›Ich wäre lieber Fuchsbruder. Er ist schnell und schlau und kennt jedes Versteck. Seine Spuren sind schwer zu verfolgen, und er kämpft nur, wenn er kämpfen muß.‹

Als sie etwas älter waren, wurde der Jüngere bei einem feindlichen Überfall gefangen, und während sein Bruder als Wolfbruder und Kriegshäuptling bekannt wurde, der überall im Land gefürchtet war, verschwand sein Bruder, bevor er sich einen Namen machen konnte.

Eines Tages nun, als Wolfbruder auf dem Kriegspfad war, stieß er auf einen feindlichen Anführer, dessen Krieger in jeder Hinsicht so gut waren wie seine eigenen. Es kam zu einer fürchterlichen Schlacht, aus der keiner als Sieger hervorging. Beide Seiten erlitten große Verluste. ›Wer ist jener Kriegshäuptling, der so viel Schlauheit auf dem Schlachtfeld beweist?‹ fragte Wolfbruder einen seiner Männer.

›Das ist der, von dem sie nicht wissen, woher er kommt. Sie nennen ihn Fuchs Junger Mann.‹

›Ich verstehe‹, sagte Wolfbruder.

Die Schlacht zog sich zwölf Tage lang hin. Keine Seite besiegte die andere. Die Toten und Sterbenden waren zahllos. Schließlich schickte Wolfbruder einen Boten zu dem anderen Kriegshäuptling und ließ ihm ausrichten: ›Es ist eine Sache zwischen uns beiden. Sag deinen Männern, sie sollen nach Hause gehen, und ich werde das gleiche zu meinen Männern sagen. Wenn ich dich dann nicht innerhalb von vier Tagen finde, werden wir einen Waffenstillstand schließen und unsere Bogen niederlegen.‹

Fuchs Junger Mann war einverstanden. Und an dem Tag, als die Sonne auf den ersten Frost des Winters schien, machte sich Wolfbruder auf die Suche nach Fuchs Junger Mann.

Wolfbruder dachte, er würde der Spur leicht folgen können, denn die Hand von Kaltmacher hatte das Gras weiß bereift. Aber bis zum Mittag war die Fährte von Fuchs Junger Mann geschmolzen und in der trockenen Luft verdunstet. Es war nichts mehr da, dem er hätte folgen können. Am nächsten Tag fiel ein leicht prickelnder Regen. Wolfbruder nahm die Spur wieder auf, aber bis zum Abend hatte sie ihn in einem verschlungenen Kreis an die Stelle zurückgeführt, wo sie am Morgen begonnen hatte. Am Tag darauf verfolgte Wolfbruder Fuchs Junger Mann in einem gefrorenen Sumpf, wo es der aufsteigende Dampf unmöglich machte, der Fährte zu folgen. Sie fädelte sich von einem Grasbüschel zum anderen, bis sie schließlich ins kalte Wasser schlüpfte,

wo keine Spuren bleiben. In jener Nacht betete Wolfbruder zu seinem Verbündeten Wolfgeist und bat ihn
um Hilfe.

Am Morgen, vor Sonnenaufgang, warf er seinen warmen Umhang ab und zog Hemd und Leggings aus.
Dann rollte er sich über den gefrorenen Boden, bis seine
Haut wie von eisigen Nesseln gestochen brannte. ›Er-
laube mir, daß ich ihn sehe – das ist alles, worum ich
bitte‹, sagte er, während er die aufgegangene Sonne in
sich aufnahm und zum Vater betete. Aber jener Tag
wurde für ihn schlimmer als jeder andere. Es schien, als
spielte Fuchs Junger Mann mit ihm. Er führte ihn zwischen die kahlen Bäume und wieder hinaus, ließ ihn eisige Bäche durchqueren, jagte ihn hügelauf und hügelab
und erschöpfte ihn völlig. Gegen Ende des Tages wurden seine Augen schwach, so daß er viele Zeichen über-
sah. Am Abend befiel ihn ein Fieber, und es schüttelte
ihn die ganze Nacht. Kurz vor Sonnenaufgang sah er für
einen Augenblick die rauchige Gestalt eines grauen
Fuchses, der über ihm stand und lachte; aber er war
überzeugt, daß es ein Fiebertraum war, der ihn zum
Narren hielt und verspottete wie der Fuchshäuptling,
den er jagte.

›Gewähre mir heute seinen Tod‹, betete Wolfbruder
zu seinem verbündeten Wolfgeist. Dann schnitt er sich
ein Stück seines kleinen Fingers ab und ließ es in einer
Blutlache auf einem Stein in der Sonne liegen. Doch bis
zum Mittag hatte er keine Fortschritte gemacht. Die
Fuchsspuren schienen sich zu vermehren; wo er hinsah,
waren mehr und mehr Spuren. ›Ich muß sein Herz
haben‹, schwor Wolfbruder, während er sich mit dem
Messer die Brust aufschlitzte und einen Fetzen Haut auf
einen anderen Stein in der Sonne legte. Bei Anbruch der
Dämmerung war er nicht besser dran; der schlaue Fuchs
hatte ihn den ganzen Tag an der Nase herumgeführt,

hatte ihm viel versprochen und nichts gegeben als Spuren und noch mehr Spuren. An jenem Abend litt Wolfbruder so große Schmerzen, daß er kein Feuer machen konnte. Er fieberte und zitterte am ganzen Leib. Ich glaube, ich werde sterben, dachte er und sang zwischen zusammengebissenen Zähnen das Todeslied des Wolfs. Aber noch während er sang, sah er aus dem Augenwinkel einen Schatten über seinen Lagerplatz schleichen. Im Sternenlicht wurde der Schatten dichter. Wolfbruder spannte zitternd den Bogen unter seinem Mantel. Der Schatten kam schnürend und an den Sternen schnüffelnd nah und näher. Wolfbruder wartete, den Bogen unter dem Mantel gespannt, und der Schatten des Fuchses legte sich über ihn. Da ließ er die Bogensehne los. Der Pfeil traf, und der Fuchs war auf der Stelle tot. ›Ich habe dich getötet!‹ rief Wolfbruder und warf seinen Mantel ab. Doch als er hinging, um sich den toten Fuchs anzusehen, fand er nur einen kleinen grauen Fellfetzen, der an einem Kaninchenstrauch steckte.

›Feind, komm heraus!‹ rief er. Seine Stimme klang hohl zwischen den kahlen Hügeln.

›Ich bin hier‹, antwortete jemand leise, und als sich Wolfbruder umdrehte, sah er Fuchs Junger Mann, der ihn lächelnd begrüßte.

›Hast du gedacht, ich würde mich freiwillig stellen?‹ Wolfbruder, der noch den Fellfetzen in der Hand hielt, warf ihm das Ding ins Gesicht. Dann brach er in die Knie, denn das Fieber hielt ihn noch in den Klauen.

›Mein Bruder‹, sagte Fuchs Junger Mann, ›du bist von einem Geisterfuchs genarrt worden. Die ganze Zeit hast du nur meinen Doppelgänger verfolgt, während ich sicher und warm in meiner Hütte saß.‹

Er lachte, als Wolfbruder wütend wurde und knurrte: ›Ich wollte dein Blut haben‹. Aber Fuchs Junger Mann schüttelte nur leicht belustigt den Kopf.

›Verstehst du denn nicht, Bruder?‹ fragte er.

›Ich verstehe, daß du gewonnen hast und ich verloren habe.‹

Fuchs Junger Mann sah seinen Bruder an, und Mitleid füllte sein Herz. ›Wir sind früher einmal zusammengewesen, du und ich‹, sagte er. ›Doch es scheint, als hätten wir uns auseinanderentwickelt. Ich lebe nicht, um zu kämpfen. Ich kämpfe nur, damit ich leben kann.‹

Wolfbruder antwortete heiser und mit klappernden Zähnen, weil ihm das Fieber die Knochen verbrannte: ›Ich werde den Frieden zwischen uns in Ehren halten, aber ich werde dich nicht als meinen Bruder anerkennen.‹

›Der Friede reicht‹, flüsterte Fuchs Junger Mann traurig und verschwand in der heraufziehenden Nacht der Präriesterne.«

Als Schildkrötentänzer seine Geschichte beendet hatte, fügte er noch hinzu: »Und obwohl meine Söhne für den Rest ihres Lebens Frieden hielten, sahen sich die beiden, die sich einmal so nahestanden, nach jener Nacht nie wieder von Angesicht zu Angesicht.«

Die Geschichte von Feuer-Wird-Gegeben

In der Schildkrötentänzer erzählt, wie seine Enkelin Feuer-Wird-Gegeben ihren Kriegernamen Gibt-Ihre-Pferde-Auf erhält

Einige sagen vom Volk der Ebenen, daß bei ihnen der Mann herrscht und die Frau dient. Aber das war nicht immer so. Es gab Männer-Frauen, die nicht weniger geschätzt wurden als Männer und sich auf ihre natürliche

Weise benahmen. Einige zeichneten sich im Krieg aus, aber die meisten verrichteten Frauenarbeit, die ihnen gefiel. Und es gab, so sagen sie, Frauen-Männer, auch wenn sich nur wenige als solche hervortaten, weil sie wußten, daß Männer und Frauen gleiche Partner sind im Kampf um das Leben und es für sie keine große Rolle spielte, wie man an den Feuern über sie sprach. Denn sie scheuten sich nicht, wie Männer zu leben. Sie lebten immer an der Grenze; sie wollten es so haben, und so schafften sie es, am Leben zu bleiben. Diese Geschichte von der Kriegerin Feuer-Wird-Gegeben wird wieder von Schildkrötentänzer erzählt, dem Stammesältesten, auf den, wie ihr sehen werdet, mehr zurückgeht als diese Geschichte:

»Wolfbruder und Fuchs Junger Mann wurden beide sehr alt, aber Wolfbruders Söhne fielen im Kampf, während Fuchs Junger Mann vier Töchter hatte. Drei Töchter schenkten ihm Enkel; aber die vierte war anders als ihre Schwestern. Sie hieß Feuer-Wird-Gegeben. Von Anfang an tat sie gern Dinge, die Jungen tun. Sie ging mit Begeisterung auf die Jagd, focht Ringkämpfe aus und maßte sich sogar an, Pferde zu stehlen. Niemand zweifelte daran, daß sie es versuchen würde, denn Angst hatte sie gewiß nicht.

Als junges Mädchen war Feuer-Wird-Gegeben so stark, mutig und rastlos wie jeder ihrer Gefährten. Aber sie konnte besser reiten als ihre Freunde, und deshalb wurde sie von ihnen respektiert. Eines Tages ritt sie zusammen mit einigen anderen und ohne ihren Eltern etwas zu sagen von Hügel zu Hügel bis zum Jagdlager ihrer Feinde, der Chopunnish oder Nez Percé, wie sie später genannt wurden. Sie waren vor Sonnenaufgang aufgestanden, um die Sonnenlieder zu singen, die Krieger sangen, wenn sie auf eine heilige Mission gingen.

Dann betete jeder für sich um Erfolg im Vertrauen auf den Verbündeten, der über sie wachte. Als sie das Lager der Nez Percé erreichten, lagen die Hügel im roten Abendschein. Die Reiter versteckten sich in einem Pappel- und Speibeerendickicht. Alle Pferde der Nez Percé waren zum Grasen auf der Weide. Die Jungen versammelten sich um Feuer-Wird-Gegeben, denn sie war die einzige, zu der sie aufblickten, weil Glück und der Wind des Krieges immer eins mit ihr waren.

Ein Junge namens Sprechender Berg, der ein Wolfsfell über Kopf und Schultern trug, bat sie um ein Medizinlied, und sie begann ganz leise, damit sie ihr Versteck nicht verriet, zu singen.

> Wir kommen mit Feuerstein;
> mit Feuersteinherzen, mit Feuersteinliedern,
> mit Blitzen in unseren Füßen;
> wir kommen mit List
> und werfen sie auf unsere Feinde.

Nachdem sie das Medizinlied gesungen hatte, bat sie die anderen, ihr zu folgen. Die Pferde der Nez Percé grasten anscheinend unbewacht ein wenig abseits vom Lager. Auf Händen und Knien krochen Feuer-Wird-Gegeben und ihre Freunde dicht an die Pferde heran, die nicht wegliefen, weil sich die Jungen langsam bewegten und sich immer wieder ins Gras legten, so daß sich die Pferde an ihren Geruch gewöhnten.

Die Pferde waren kräftig und schön und viele Handspannen hoch; es waren Falben, Füchse, Schecken und Braune. Sie ließen sich ruhig die geflochtenen Roßhaarschlingen über den Kopf legen, und die Fesseln an ihren Füßen waren rasch durchtrennt. Dann wurden sie von den immer noch auf allen vieren kriechenden Jungen auf die höhergelegene Wiese und nach Norden hinter das dichte Wäldchen geführt.

Während sie durch das Gras krochen, vorsichtig darauf bedacht, nicht von einem Huf getreten zu werden, blickte Feuer-Wird-Gegeben über die Schulter zurück. Sie konnte die Flammen der Lagerfeuer sehen; sie hörte, wie die Männer redeten, und roch den würzigen Rauch von gebratenem Wildbret. Aber all dies schob sie weit von sich und dachte nur an eins: den Ritt nach Hause. Sie ritten die ganze Nacht und führten die gestohlenen Pferde hinter sich her. Als sie im Morgengrauen das Lob der Sonne sangen und um eine sichere Heimkehr beteten, sahen sie die Nez Percé, viele Reiter mit Pfeil und Bogen, über die Hügel kommen. Rasch saßen sie auf, und aller Augen waren auf Feuer-Wird-Gegeben gerichtet.

›Der direkte Heimweg ist uns versperrt; sie kommen zu schnell. Wir müssen zum Blinde Frau Canyon reiten‹, rief sie. Sprechender Berg schüttelte den Kopf. ›Ich nehme den anderen Weg.‹ Er galoppierte los, und sofort traf ihn ein unverhoffter Pfeil. Er fiel vom Pferd und rollte tot ins Gras.

Die anderen drei Reiter folgten Feuer-Wird-Gegeben einen Grashang hinunter. Dann ging es über einen kleinen Fluß und eine dürftig begrünte Lehm- und Schotterhalde. Die Pferde rutschten, glitten aus, schnaubten und scheuten, aber sie trieben sie weiter, aus dem offenen Hügelgelände hinaus und in den Canyon, wo sie die Pferde galoppieren ließen. Der Canyon war schmal, beinahe ein Tunnel, und gewunden wie eine Schlange, die bald ins helle Licht gleitet, dann wieder ins Dunkel schlüpft.

Schließlich kamen sie an die Stelle, wo der Canyon abgeriegelt war. Eine Felswand stieg senkrecht aus dem Geröll auf und warf, hoch über ihre Köpfe ragend, einen großen Schatten. An dieser Stelle, so erzählt die Legende, fand die blinde Frau nicht mehr heraus, nachdem sie ein Steinungeheuer in die Falle gelockt hatte. Nun saßen Feuer-Wird-Gegeben und ihre Freunde in derselben Falle wie ihre legendäre Vorfahrin.

›Wir sind tot‹, sagten sie.

Aber Feuer-Wird-Gegeben ließ ein kurzes heimliches Lächeln erkennen, das ihnen zeigte, daß Leben und Tod zwei verschiedene Dinge sind. Sie waren lebendig, sagte ihr Lächeln, und nicht tot. ›Mein Vater hat mich gelehrt, wenn ein Fuchs nichts zu verlieren hat, ist er immer noch bereit, alles zu verlieren, nur nicht sein Leben. Deshalb hört zu: Wenn ich das Zeichen gebe, schneidet ihr die gestohlenen Pferde los.‹ Mittlerweile war der Mond aufgegangen und schien kalt über den oberen Rand der Felsen.

Sie warteten auf das Geräusch der Verfolger, die sich den Canyon heraufpirschten, und als die Nez Percé aus der Dunkelheit ins Licht und wieder ins Dunkel kamen, spiegelte ihnen der Wechsel von Licht und Schatten Dinge vor, die gar nicht da waren. Und plötzlich füllte sich der Canyon mit trommelnden Echos. Von allen Seiten kamen ihnen Pferde entgegen. Es gab keinen Platz, um zu fliehen. Ihre eigenen Pferde stürzten auf sie zu wie die Wogen einer großen Flut, und die vom Mond geblendeten Nez Percé sahen sie zu spät kommen. Blind rannten sie in die preschenden Hufe, die ihre Leiber auf den scharfen Felsen zertrampelten. Und so gab es keinen Kampf, keine Flucht, keine Bestattung. Danach, so sagen sie, erhielt Feuer-Wird-Gegeben den Namen Gibt-Ihre-Pferde-Auf, und kein Mann sah sie an, der nicht auch zu ihr aufblickte, denn sie war eine anerkannte Kriegerin.

Heute als alter Mann, als Veteran vieler Schlachten, kann ich sagen, daß immer das gleiche Blut vergossen wird, immer die gleichen Blutflecken auf derselben Erde zurückbleiben. Im Krieg geht die Sonne über denselben

Gesichtern des Todes auf und unter. Und wer kann uns sagen, daß er vom Schöpfer gelobt wurde, weil er getötet hat und dann getötet wurde? Was nützt es zu sterben, wenn die, die man liebt, zurückbleiben? Ich sage euch, habt keine Angst vor dem Tod, aber rennt nicht in ihn hinein. Fürchtet den bösen Geist und liebt den guten, der uns vor Schaden bewahrt. Das Leben ist nur das kurze Aufleuchten des Glühwürmchens in einer Sommernacht; aber was der Tod ist, können wir nicht sagen, denn was wissen wir schon von ihm, bevor wir diesen Weg in unseren eigenen Mokassins gegangen sind?«

BUCH 13

Die Geschichte von Rollender Donner

In der Rollender Donner, der größte Krieger von allen,
einen Traum hat, der sein Volk rettet, und deshalb bis
heute unvergessen ist

Vor tausend Wintern, so sagen sie, gab es einen Krieger,
der tapferer war als alle, die je gelebt haben. Sein Name
war Rollender Donner. Er war ein berühmter Krieger,
ein großer Träumer und ein wunderbarer Geschichtenerzähler. Hier erzählt er – nicht von der Tapferkeit von
Männern, sondern von mutigen Frauen und Kindern
und von der Gunst der Götter.

»Im Land, wo das Büffelgras nie welkt, lebte und gedieh das Krähe-Volk. Das Land gab ihnen alles, was sie brauchten, trotz der langen und schneereichen Winter. Mutter Erde spendete reiche Ernten jahrein, jahraus: Gänse, Enten, Präriehühner, Hirsche, Gabelböcke. Im Dickicht der Pflaumen- und Beerenbüsche gab es reichlich Süßes; und wenn im Frühling die Erdbeeren reiften, hatte jeder einen roten Mund.

Zur Zeit der Ebenenkriege, als wir gegen das Pawnee-Volk kämpften, wurde ich ausgeschickt, um ihr Lager auszukundschaften, ihre Pferde zu nehmen und, wenn möglich, einen Schlag zu machen. Aber als ich zu ihrem Lager in den Kiefern kroch, sah ich ein Pawnee-Mädchen, und beim Anblick ihres Gesichts schlug mein Herz lauter. Ich hörte ihre Stimme, die wie der Nachtwind in den Kiefern klang. Ihre Schönheit war die über den Bergen aufgehende Sonne, das hinter den Bergen glühende Abendrot.

Sie ließ mich meinen Auftrag vergessen. Ich ergab mich; die Pawnee nahmen mich gefangen. Aber ich war glücklich darüber, denn nun konnte ich sie immer sehen, und wenn ich sie sah, ich gestehe es, dachte ich nicht mehr an das Krähe-Land, das Land meiner Väter. Mit der Zeit stieg ich vom Gefangenen zum freien Mann auf und bewies mein Können als Jäger und Ernährer. Eines Tages erhielt ich die Hand des Mädchens, der ich bereits mein Herz geschenkt hatte. Sie hieß Südwind, und wir zogen zusammen in ein Erdhaus und waren so glücklich wie unser Leben vollkommen war.

Eines Tages dann nahmen mich die Pawnee in ihre Kriegergesellschaft auf. Ich saß bei ihnen im Rat, wie ich bei meinem eigenen Volk im Rat gesessen wäre. Ich genoß ihr ganzes Vertrauen; ich war eins mit ihnen, obwohl ich wußte, daß ich nicht mit ihnen gegen mein Volk kämpfen könnte, sollte es je dazu kommen. Dann geschah es, daß ich auf einer Ratsversammlung vom Plan der Pawnee erfuhr, die Krähe zu umzingeln und zu töten. Was ich immer befürchtet hatte, sollte jetzt eintreten: Ich mußte die Hand gegen mein eigenes Blut erheben.

Am nächsten Tag sagte ich zu meiner Pawnee-Frau Südwind, ich würde zu der heißen Quelle gehen, um zu baden, und sie kam mit. Dort, im dampfenden Wasser, erzählte ich ihr vom Plan ihres Volkes, mein Volk zu zerstreuen wie Blätter im Wind. ›Ich weiß‹, sagte sie. ›Deshalb will ich mit dir gehen.‹ Ich schüttelte den Kopf und sagte: ›Nein.‹ Aber sie sagte: ›Ich reite nicht wie eine Frau, sondern wie ein Mann.‹ Damals waren wir jung. Wir liebten uns; wir kannten das gemeinsame Glück – und jetzt, dachte ich, würden wir gemeinsam den Krieg kennenlernen. Trotzdem sagte ich zu ihr: ›Du bist Pawnee, ich bin Krähe.‹ Und sie antwortete mit blitzenden Augen: ›Dein Herz spricht nicht, nur deine Lippen. Ich bin deine Frau, und du bist mein Mann.‹ Ich wollte, daß sie verstand, was ich meinte, und sagte: ›Ich gehe zurück zu *meinem* Vater, um gegen *deinen* Vater zu kämpfen.‹

Aber sie antwortete: ›Wo du hingehst, will ich auch hingehen.‹

In derselben Nacht verließen wir auf zwei schnellen Büffelponys das Lager, wo wir zum ersten Mal glücklich waren. Wir ritten weit hinauf in die Canyons zum Lager meines Volkes am Fuß der Berge. Ich wollte das Heimkehrlied der Krähe singen, die alten Worte über meine Lippen fließen lassen, aber als ich zu Südwind blickte, wurde mir das Herz schwer. ›Wirst du nicht Sehnsucht nach deinem Volk haben?‹ fragte ich. Und sie antwortete: ›Du hast dein Volk für mich verlassen; nun verlasse ich mein Volk für dich.‹

Wir ritten in das enge Tal zwischen dem Gebirge auf der einen Seite und den Spitzkuppen auf der anderen, und mein Herz wurde warm beim Anblick der vertrauten Umgebung. Jeder Stein, jeder Baum und jeder Bach sang meinen Namen, und ich sang ihnen mein Loblied. Schließlich kamen wir zu dem steilwandigen Canyon, der mit der Sonne nach Westen geht. Endlich waren wir im Krähe-Land. Das ebene, mit Nadelbäumen getüpfelte und von Flüssen funkelnde Land grüßte mein Auge, als hätte ich es nie verlassen. Und es hieß mich, den verlorenen Sohn, im Beisein der Väter meines Vaters willkommen.

Was glaubt ihr, wie wir geschmaust und getanzt haben! Der verlorene Sohn war zurück – mit einer schönen Frau –, und die Rufer ritten durch das Dorf und verkündeten allen, die es hören wollten, daß wir da waren. Dann kamen alle Berg-Krähen und Fluß-Krähen, die ihre schönsten Festtagskleider angelegt hatten, und es wurde nächtelang getanzt, gegessen, gesungen, und viele Reden wurden gehalten. Das Licht der Feuer sprang zu den Sternen, als Medizinmänner, Läufer und Wolfspäher kamen, um unsere Gesichter zu sehen, wobei sie erst mich ansahen und dann meine schöne Frau, deren Haar im Feuerschein glänzte.

Wir rauchten die roten Steinpfeifen bis zum Morgengrauen; wir wiesen mit der Pfeife nach Osten, Westen, Norden und Süden und sprachen über viele Dinge und auch darüber, daß unsere Feinde kommen würden. Ich sagte ihnen dann: ›Sie sind so zahlreich wie die Grashalme. Wir sind stark im Herzen, aber wenige neben ihrer großen Schar. Sie wollen unser Land, unsere Büffel und Schafe, unser Gras und unser Wasser; und bevor der nächste Mond um ist, werden sie von Norden kommen und in unser Tal eindringen. Sie werden mit Mord im Herzen kommen. Wie jeder weiß, bewegen sich unsere Berge nicht; sie schützen uns; sie mauern uns ein. Und unsere Feinde werden uns hier einschließen und im Schatten unserer Berge schlachten.‹

Viele gute Männer sprachen in jener Nacht, und ihre Worte waren ziemlich gleich: Gegen einen so zahlreichen Feind in offener Schlacht zu kämpfen bedeutete nur eines: Tod. Dann trafen sich die weisen Männer jede Nacht, während Alte Frau Mond hoch am sternbestreuten Himmel stand, und redeten über Krieg, aber damit war nichts gewonnen; es war das Rascheln von trockenem Laub, wenn der Wind damit spielt.

Doch es kam die Nacht, in der ich einen Traum hatte, eine Vision, die mein Volk retten würde. Der Traum war ungefähr so: Ich sah den gewundenen Fluß, an dem wir lebten, die Schattenberge, die blauen Zedern und Kiefern, die schwarznackigen Büffel. Alle waren lebendig, taumelten wirr durcheinander und wirbelten den Staub auf. Die Zedern waren Krieger; sie bewegten sich geschlossen mit hoch erhobenen Köpfen. Und auch die Büffel waren Krieger, die ihre Hörner als Spieße benutzten. Ich erzählte meinen Traum dem alten Häuptling, und er nannte ihn einen großartigen Traum. ›Dein Herz ist jung‹, sagte er, ›aber dein Kopf ist alt. Dieser Traum wurde uns vom Vater unserer Väter geschickt, um ihre Kinder und Kindeskinder zu retten.‹

Bald wußte jeder im Lager der Zwei Krähen von diesem Traum, und alle bereiteten sich auf den bevorstehenden Krieg vor. Aber jetzt hatten wir eine große Waffe, eine, mit der unsere Feinde nicht rechnen würden. In der Nacht vor dem Angriff sagten unsere Wolfspäher, der Feind sei nur einen Schlaf entfernt. Am Morgen hörten wir ein dumpfes Grollen, die Schläge von Tausenden von Hufen auf der Erde. Eine große Büffelherde strömte durch den Engpaß und verdunkelte das Tal mit ihren rauhen, zottigen Fellen.

›Seht ihr‹, sagten die Frauen, ›der Große Macher liebt seine Kinder, die Zwei Krähen. Er schickt alle Büffel der Welt, um uns zu helfen.‹

Das stimmte, denn jetzt würden die Büffel Verwirrung in den Kampf bringen und uns gleichzeitig Deckung geben. Nun warteten wir auf die Pawnee, auf Tausende von ihnen, und wir waren nur fünfhundert, einschließlich Frauen und Kinder. Doch Südwind kannte meinen Traum und glaubte, daß wir siegen würden.

›Du wirst gegen mein Volk kämpfen‹, sagte sie. ›Es ist gut, denn ich bin deine Frau; aber du mußt versuchen, eines für mich zu tun. Mein Vater, der Häuptling Rotes Tomahawk, ist alt; sein Herz schlägt langsam. Er wollte Frieden mit deinem Volk, aber als die jungen Männer Krieg verlangten, konnte er sie nicht aufhalten. Ich bitte dich – wenn ihr die Schlacht gewinnt, schone das Leben meines Vaters.‹

Ich blickte lang – und sehnsüchtig – in die Augen meiner Frau, denn ich wußte, daß ich sie vielleicht nicht wiedersehen würde. Dann sagte ich: ›Wenn ich am Leben bleibe, werde ich deinen Vater unversehrt zu dir bringen.‹

Dann sagte sie: ›Wenn ein Pfeil dein Herz treffen sollte, mein Mann, dann will ich auch nicht mehr leben, denn ich will dich nicht allein in die Geisterwelt gehen lassen.‹

Als nun die Feinde kamen, strömten sie in das Tal wie die Wassermassen eines großen Flusses. Was die Krieger sahen, als sie auf donnernden Pferden herankamen, die spitzen Lanzen erhoben und den gefiederten Tod auf den Bogen, war eine kleine Schar der Zwei Krähen, die sich nach Norden in die Sackgasse des Canyons flüchtete. Sie sahen die panische Angst in unseren Gesichtern – die wir nur spielten –, und daß wir keinen Widerstand leisteten, sondern zu fliehen versuchten. Da peitschten sie ihre Pferde und füllten die Luft mit schwirrenden Pfeilen. Und wir rannten und lockten sie immer tiefer in den Canyon. Die Pfeile hagelten auf uns nieder, aber wir tauchten unter die Büffel, die überall waren. Die Bullen stürmten mit wütend gesenktem Kopf den Reitern entgegen; die Kühe drehten sich im Kreis, wirbelten Staubwolken auf und waren den Reitern im Weg. Wir sprangen, tanzten und rollten zwischen und unter den gewaltigen braunen Bäuchen und ragenden Schultern, doch weil wir zu Fuß waren und nur wenige, überlisteten wir sowohl die aufgeregten Büffel als auch die todbringenden Reiter.

Als die Feinde fast alle Pfeile verschossen hatten und ihre Pferde schweißbedeckt und außer Atem waren, erreichten wir endlich die Stelle des Canyons, wo es für niemanden mehr die Möglichkeit eines Rückzugs gab. Es sollte ein Kampf auf Leben und Tod werden. Die Pawnee hatten von ihren Pferden aus jedoch nur eine kleine Schar fliehender Männer gesehen – vielleicht an die zweihundert –, und so galoppierten sie sofort auf sie zu und schossen ihre Pfeile in die von unzähligen Hufen aufgewirbelten Staubwolken.

Aber jetzt verwandelte sich meine Traumvision in Wirklichkeit. Während die Pawnee in den Canyon donnerten, kam Leben in die Zedernbäume. Sie wurden zu einem Zedern-Krähe-Wald. Obwohl wir zahlenmäßig fünf zu eins unterlegen waren, kämpfte hier jeder Mann, jede Frau und jedes Kind. Die Feinde zögerten beim Anblick der dicht mit Ästen und Zweigen besetzten Bäume, die uns, über der Wurzel abgeschnitten, Schutz und bewegliche Deckung boten. Während eine Frau mit dem Baum vorrückte, konnte der Mann hinter ihr sorgfältig zielen und den entgegenkommenden Reiter vom Pferd schießen. Das Sirren der fliegenden Pfeile ging im Wiehern der verwundeten Pferde unter; und die dunkelbraunen Gestalten der verzweifelten Büffel drängten sich im Getümmel, rempelten, stießen und rannten nieder, was ihnen in den Weg kam. Pfeile wurden aus den Hälsen der zusammengebrochenen Pferde gerissen und wieder verwendet, und so ging es bis weit in den Nachmittag, bis die Schlacht zu einem Kampf mit Keulen und Messern und Mann gegen Mann wurde.

Als die Sonne in die Kerbe der westlichen Gipfel sank, zogen sich die Pawnee zurück, geschlagen von einem Gegner, den sie für zu stark hielten, um ihm standzuhalten. Auf unserer Seite waren die beweglichen Zedern, die zornigen Büffel und kämpfende Männer, Frauen und Kinder. Es war, als wäre das, was sie mit ihren von Schweiß und Tränen brennenden Augen sahen, die Wahrheit: Die Erde selbst hatte sich gegen sie gewendet. Im roten Staub des Abends, der ihren Rückzug verhüllte, machten sie sich davon und ließen ihre Toten und Sterbenden, wo sie lagen.

Ich fand den alten Mann Rotes Tomahawk. Er lag mit dem Gesicht auf der Erde, und eine Frau meines Clans war schon dabei, ihm das weiße Haar abzuschneiden. Ich stieß sie beiseite und wehrte die anderen Frauen ab, die den alten Krieger zerstückeln wollten, wie es der Brauch verlangte.

›Er ist der Vater meiner Frau‹, erklärte ich ihnen, ›und ob Feind oder nicht, er ist auch mein Vater. Denn als ich allein im Feindesland war, hat er mich aufgenommen und zu seinem Sohn gemacht. Jetzt kann ich für ihn nicht weniger tun.‹

Ich rollte Rotes Tomahawk auf den Rücken und sah, daß er trotz seiner vielen Wunden noch lebte und überleben würde. Dann brachte ich ihn auf einem gestohlenen Pferd nach Haus. Als er Südwind sah, erwachte er aus der Starre, in die er gefallen war. Sein Mund bewegte sich, aber es kamen keine Worte. Ich sprach für uns alle, als ich zu den beiden sagte: ›Wir sind jetzt eine Familie.‹ Südwind und ihr Vater weinten unverhüllt, und wir drei hielten uns umschlungen, während sich der rote Staub des Krieges ringsum auf Tote und Sterbende legte.«

So endete die Geschichte von Rollender Donner, und ihr denkt vielleicht, sie ist hübsch erfunden – ein paar schön gesetzte Worte, ein bißchen Erzählkunst, aber bestimmt keine nachweislich belegte Geschichte. Aber wenn ihr einmal in das Wind-Fluß-Land kommt und zufällig das Tal von den Zwei Krähen findet, hört ihr vielleicht ein geisterhaftes Singen, wenn die Sonne über den Pryor Mountains untergeht. In einer Vollmondnacht, wenn die Berge zu singen scheinen, kann man den Geistergesang mit Sicherheit hören. Und wenn ihr genau hinseht, werdet ihr feststellen, daß die Erde unter dem vorspringenden Lookout Butte an manchen Stellen geschwollen ist von aufgehäuften Steinen, unter denen die Knochen der bestatteten Toten liegen. Viele Male hat es geschneit in den vierhundert Jahren, seit Rollender Donner seinen Traum von den Kriegerzedern geträumt hat, die sich erhoben und gingen; von den Büffeln, die kämpften; und von den Frauen und Kindern, die ihr Land nicht preisgeben wollten.

Die Geschichte von Weißes Bisonkalb

Wie der Enkel von Rollender Donner, Adlerhieb, in einem mächtigen Medizintraum seine Geisterverbündeten trifft – und wie er beim Versuch, einen Schlag zu sammeln, seinen besten Freund verliert und dabei erkennt, daß Leben im Tod und Tod im Leben ist

Der Enkel von Rollender Donner hieß Adlerhieb – ein Junge, der seinem Großvater an Mut und Körperkraft gleichkam. Er hatte einen Freund, Starker Hals, und beide waren mit dem gleichen Traum, der gleichen Sehnsucht geboren: Sie wünschten sich ein sicheres Auge und eine geschickte Hand; sie wollten auf alles achten, in der Einöde fasten, mit anderen spielen, den Körper lieben und den Verstand loben, den Vater ehren und dankbar sein für die Mutter. Sonne und Erde – das lebten und atmeten sie und machten das Beste aus der kurzen Zeit auf der Erde.

Eines Tages, als Adlerhieb in der Einsamkeit fastete, sah er in einer Vision seinen Geisterverbündeten, den Adler. Adlerhieb lag auf einem Felsen und blickte zur Sonne. Der Schweiß rann ihm aus allen Poren. Er hatte drei Tage lang nichts gegessen und nichts getrunken, und wirre Träume narrten sein Auge. Als er nun, zitternd vom kalten Feuer des Fastens und von Entbehrungen geschwächt, in der Sonne lag, sah er viele Dinge. Er sah den grausamen, düsteren Silberlöwen übermütig in der kühlen Sommerluft Schmetterlinge jagen; und als sich ihm das ernst blickende Gesicht zuwandte, sagte er: »Bruder«, worauf der dämmergraue Puma zwischen Felsspalten verschwand. Dann sah er, wie sich ein braun- und weißgefleckter Adler mit gespreizten Klauen und hungrigem Gesicht auf einem Pappelast niederließ und den kühn gebogenen Schnabel öffnete. Er sagte zu dem großen Vogel, von dem er seinen Namen hatte: »Bruder.« Und der Adler erkannte ihn, flatterte auf und glitt durch die herbstgelben Zitterpappeln davon.

Dann sah er eine im Schnee steckengebliebene Büffelherde und in der Mitte der sich gegen den eisigen Nordwest zusammendrängenden Kühe einen prachtvollen Bullen, weiß von den Hufen bis zu den Hörnern, als hätte ihn der Schöpfer mit Himmelslehm bestrichen. Und der wissende alte Bulle sah ihm in die Augen und schwenkte den Bart in seine Richtung. Der weiße Bison stieß eine Dampfwolke aus, die Adlerhieb umhüllte, in den Himmel hob und schwebend zu Vater Sonne trug.

248

Dann erwachte er staunend, denn er wußte plötzlich, daß das Auge von Vater Sonne rund war wie sein eigenes und daß der gelbe Puma, der gefleckte Adler und der weiße Bisonbulle alle ein Teil seines Herzens und seines Denkens waren, seine Verbündeten und Freunde, die ihn, wenn die Zeit kam, beschützen würden. Als Adlerhieb ins Dorf zurückkehrte, sagte er zu seinem Freund Starker Hals: »Du weißt, daß die Sioux am Musselshell* Winterfleisch machen. Laß uns hinreiten und einen Schlag sammeln.«

Nun war dieses Sammeln von Schlägen wie das Sammeln von Wintern eine Möglichkeit, die Tage zu messen, die guten und schlechten, schwachen und starken. Wollte ein Krieger seinen Mut beweisen, mußte er nur zeigen, daß er seinen Feind nicht fürchtete. Indem er ihn mit einem Schlagstock berührte, bewies er, daß er dem Feind ebenbürtig oder sogar überlegen war.

Und so packten die zwei Jungen, die kaum alt genug waren, um Schläge zu sammeln, geräuchertes Fleisch in ihre Lederbeutel und ritten auf munteren Ponys durch den nächtlichen Pappelwald. Sie sangen das Herbstlied vom Blätter regnenden Mond, und danach erzählten sie sich Geschichten, um sich beim Reiten die Zeit zu vertreiben. Starker Hals sagte: »Vor einiger Zeit habe ich ein weißliches Tier gesehen mit einem Fell, das wie bereift aussah. Weißt du, wen ich meine?«

»Opossum«, antwortete Adlerhieb.

»Weißt du auch, warum er den Schwanz hängenläßt?«

»Nein, sag es mir.«

»Er läßt den Schwanz hängen, weil er einmal in Silberfuchs verliebt war. Aber sie hat ihn wegen eines anderen sitzenlassen, und nun schämt er sich so, daß er auch den Kopf hängenläßt.«

---

* Fluß, der in Montana entspringt und in den Missouri mündet.

»Aber warum ist sein Schwanz so nackt?« fragte Adlerhieb.

»Weil Skunk auf ihn eifersüchtig war und Raupe überredet hat, Opossums hübschen Schwanz abzunagen und ihm zu bringen. Deshalb hat Skunk einen schönen und Opossum einen knochendürren Schwanz.«

So verbrachten die beiden Jungen ihre erste Nacht auf dem Kriegspfad mit Geschichtenerzählen, während sie Seite an Seite durch das trockene Flußbett ritten und ihre Herzen sich berührten, denn sie waren wie Brüder. Keine zwei Jungen waren je so vertraut miteinander aufgewachsen. Sie dachten das gleiche zur gleichen Zeit, und oft brauchten sie ihre Gedanken nicht auszusprechen, weil sie beide dasselbe fühlten. Hätten sie dieselbe Frau geliebt, sie hätten auch sie miteinander geteilt. Nichts konnte die Liebe trüben, die sie füreinander empfanden. Jetzt ritten sie wie ein Reiter, ihre Schatten flossen im Mondlicht zusammen, ihre Herzen schlugen wie ein und dieselbe Trommel.

Als die Sonne am nächsten Tag hoch am blauen Himmel stand, wagten sie nicht weiterzureiten aus Furcht, von den scharfen Augen der feindlichen Wolfspäher gesehen zu werden. Sie scharrten sich ein Lager im trockenen Laub, fesselten ihre Pferde an einer nahen Stelle, wo sie reichlich Gras zum Fressen fanden und keine unnötigen Geräusche machen würden. Sie schliefen den ganzen Tag, und in der Nacht aßen sie unter dem aufgehenden Mond ihr getrocknetes Fleisch. Die hohen Berge waren kühl und dunkel. Eine Eule rief in den Eschen.

Die feuchten Wälder ringsum waren tief und dunkel. Nun mußten sie ihre Pferde mit Eschenrinde füttern, weil die Wiesen dichtem Laubwald gewichen waren. Ein Stück weiter, wo sich das Flußbett zur Quelle windet, kamen sie in einen Kiefernwald. Sie umwickelten die Hufe ihrer Pferde mit Hirschhaut, denn ein knakkender Ast oder ein knirschender Stein hätte einen horchenden Späher auf sie aufmerksam gemacht. In dieser ihrer zweiten Nacht erzählten sie sich keine Geschichten. Sie ritten schweigend und achteten auf das geringste Geräusch.

Gegen Morgen schliefen sie im Eingang einer Höhle neben dem von Steinen und Laub gesprenkelten Flußbett. Von ihrem Lagerplatz aus konnten sie in das breite Tal des Yellowstone blicken, hinter dem die Crazy Mountains und die Beartooth Mountains aufragen. Nun befanden sie sich tief im Feindesland. Sie spähten durch die scharfen Schatten der Randgebirge. Die Sioux hatten ihr Jagdlager am Rand der flachen Talebene errichtet und sangen und schmausten. Sie erwarteten mit Sicherheit keinen Angriff. Dies war ihre jährliche Büffeljagd, die sie mit allem, was sie für den langen Winter brauchten, versorgen würde. Beide Jungen spürten plötzlich die Gefahr, in der sie schwebten.

Der ferne Gesang und das gelegentliche, sich in kurzen hohen Tönen verlierende Heulen eines Kojoten machten ihnen noch deutlicher, wie abenteuerlich es war, im Feindesland Ruhm zu suchen. Sie wußten, hier konnten sie ebenso leicht getötet wie gesehen werden. Hier konnten sie zu Tode gefoltert, an Pferde gebunden, geviertteilt werden. Hier konnte das Pferd eines Reiters in ein Präriehundloch treten, sich das Bein brechen und den Reiter zum Folteropfer machen. Hier oben, in dieser Nacht noch, waren sie sicher unter den herbstlichen Eschen und Pappeln, aber dort unten in den trockenen Rinnen und Gräben, in der großen, von Felsauswüchsen durchzogenen Prärie waren sie leichte Beute.

Sie zitterten vor Kälte. Weiße Hauchwölkchen kamen aus ihrem Mund, als sie jetzt im Flüsterton miteinander sprachen. So weit vom eigenen sicheren Lager entfernt dachten sie immer wieder an den Tod, und obwohl sie von ihrem ersten Wiegenlied an gelernt hatten, Angst zu haben und Angst zu überwinden, hatten sie jetzt ein flaues Gefühl im Magen.

Sie schliefen bis zu der Stunde, wenn der Ruf der Eule zum letzten Mal ertönt. Dann standen sie schweigend auf, legten einen Kieselstein unter die Zunge, um den Durst zu unterdrücken, und gingen hinunter zu den Büffelfeldern. Sie bewegten sich rasch und fühlten den Waldboden unter den Sohlen ihrer Mokassins.

»Wir sind ganz nah«, flüsterte Starker Hals und erschreckte Adlerhieb mit dem Geräusch seiner Stimme, während sie mit großen Sprüngen zwischen Krüppelkiefern und jungen Eichen in das graue Dämmerlicht des Morgens liefen. Als sie sich dem offenen Land näherten, sahen sie, daß sich auf den Ebenen das Leben zu regen begann. »Wir sind ganz nah«, flüsterte Starker Hals erneut zwischen kurzen Atemstößen.

Schließlich gelangten sie an einen trockenen, vom Wasser ausgewaschenen Graben, der das offene Tal vom dichtbewaldeten Berghang trennte. So weit das Auge reichte, breiteten sich die Ebenen in alle Richtungen aus. Sie duckten sich in den Graben und fragten sich, was sie als nächstes tun sollten. Sie hatten einen langen Weg zurückgelegt. Hatten sie dies nur getan, um ihren Feind, die Sioux, zu berühren?

Aber schon dröhnte die Erde unter den Büffelhufen. Sie hörten die Rufe der Jäger, das Grunzen der Büffel, die wimmernden Pfeile, die sich in Hals, Buckel und Flanke bohrten, das Gebrüll der verwundeten Tier, die keuchenden Kälber, die stolpernden Kühe. Die Luft erstarrte in Lärm und Tod. Die Jungen lagen knapp außer Sichtweite, ihre Nerven waren gespannt wie Hirschsehnen. Sie überlegten, ob sie überhaupt eine Chance hatten für ein kühne Tat. Aber zum Umkehren war es zu spät. Jeder holte tief Luft, sprang auf und wälzte sich über den Grabenrand.

Sofort ritt ein halbes Dutzend Jäger an und machte Jagd auf die Jungen, die sich trennten und, von Pfeilen umschwirrt, in verschiedene Richtungen rannten. Starker Hals, der nach Osten lief, wurde von drei Reitern verfolgt. Adlerhieb, der sich nach Westen wandte, folgten die anderen drei und dann vier weitere mit Peitschen, Bogen und Speeren. Ihre einzige Chance bestand darin, wie ein Kaninchen zu rennen – immer in mehrere Richtungen gleichzeitig, täuschend und Haken schlagend in der Hoffnung, die Pferde auszutricksen. Dann nahmen auch Füße in Mokassins die Verfolgung auf. Aber während Adlerhieb um sein Leben rannte, hörte er einen entsetzlichen Schrei, der so sehr wie sein eigener klang, daß er stehenblieb. Starker Hals war, von Pfeilen durchsiebt, zusammengebrochen. Dann sausten die geflochtenen Roßhaarpeitschen auf ihn nieder, und während er ihnen auszuweichen versuchte, tauchten, langsam und gemächlich daherwatschelnd, ein paar dicke Frauen auf, die ihm wie beiläufig die Messer, mit denen sie die Büffel häuteten, zwischen die Rippen bohrten; und sie lachten dabei, während ihnen die Peitschen schwingenden Männer begeistert zujubelten.

Der Schlagstock von Starker Hals lag neben ihm in einer kleinen Blutlache. Der Junge starb, indem er erstickte. Mit einem verwunderten Ausdruck, der für immer auf seine Stirn geritzt blieb, blickte er zum Himmel. Adlerhieb wurde an Händen und Füßen mit Strikken gefesselt. Mit gesenktem Kopf wartete er auf die Folter, von der er hoffte, daß sie kurz sein würde, und wußte, daß es nicht so sein würde.

Sie ließen sich Zeit, während sie ihn an Pflöcke banden und Vorbereitungen trafen, um ihn in Stücke zu reißen. Vier Reiter ritten in vier verschiedene Richtungen und stellten sich auf, um seine Knochen und Gelenke zu brechen, das Bein aus der Hüfte zur reißen, den Arm aus der Schulter, und ihn zu vierteilen.

Was jetzt geschah, sah er auf die gleiche Weise, wie er seine Tiergeister im Traum gesehen hatte. Die verknoteten Seile zerrten an seinen Gliedern. Ein Pferd tanzte sonnenwärts, ein anderes nachtwärts. Eines ging zum Boden der Erde, ein anderes zum Gipfel der Sonne. Er hörte seine Rippen krachen, seine Sehnen reißen. Er fühlte seinen Körper auseinanderfliegen wie Lichtstrahlen, die sich nach überallhin gleichzeitig ausbreiten.

Und dann explodierten die Sterne in seinem Kopf. Der Wind ging durch ihn hindurch. Er sah den Puma, der seine Finger und Handgelenke liebkoste, den Kojoten, der sein Gesicht leckte, den Bison, der ihm mit seinem Atem die Zehen wärmte. Über ihm, im blauen Himmel, rief sein Verbündeter voll sehnsüchtiger Erwartung: »Komm!« Dann fühlte er wieder, wie sie ihn leckten, ihm Atem einhauchten und zu ihm sangen.

Schließlich erhob er sich, ein Schatten seiner selbst. Auf schwachen Beinen ging er hinüber zu seinem gefallenen Freund. Starker Hals war tot. »Wir sind ganz nah« – das waren seine letzten Worte, und es war alles, was Adlerhieb jetzt zu ihm sagen konnte. Dann taumelte er weiter, merkwürdig lahm und matt, als wäre er ohne Leben.

Und nun stellt euch seine Heimkehr vor. Die Hunde bellten, und Kinder mit staunenden Augen streckten die Hände aus, um ihn zu berühren. Es wurde gerufen, geredet, gescherzt und gelacht. Er wurde gefeiert und mit Mokassins beschenkt. Hirschzähne klimperten an Hand- und Fußgelenken. Mit Perlen und Stachelschweinborsten bestickte Leggings aus weißem Gabelantilopenleder häuften sich in seiner Hütte. Doch als ihm jemand ein mit Adlerfedern geschmücktes Tomahawk gab, wies er es zurück und sagte, er würde in Zukunft Weißes Bisonkalb heißen und nicht mehr kämpfen.

Siebzig Jahre später, als er wieder auf einem Berg betete, hörte Weißes Bisonkalb eine vertraute Stimme, eine Stimme, die seit langem verstummt war. Er wandte sich um und sah seinen alten Freund Starker Hals.

»Trauere nicht mehr um mich«, sagte er. Er trug dieselben Buckskins wie an seinem Todestag. »Denke nicht mehr an den Schnee, der gefallen ist; denk an den, der noch fallen wird.«

Weißes Bisonkalb blickte in das Gesicht seines Freundes und fragte: »Bist du ein Geist?«

Starker Hals lachte. Sein Lachen war leise wie das Seufzen der Kiefern im Wind. »Ich bin, was ich war«, sagte er. »Nichts hat sich geändert.«

»Warum hast du so lange gewartet, um mir das zu sagen?« fragte Weißes Bisonkalb.

»Warum hast du so lange nicht gefragt?« erwiderte Starker Hals und ging lachend in die dünne Bergluft.

In den letzten Jahren wurde Weißes Bisonkalb ein Schamane, der die Menschen lehrte, daß es genausoviel Leben im Tod gibt wie Tod im Leben. Er sagte seinem Volk, es solle aufhören zu kämpfen. Und er war es, der, als er seinen Atem aufgab, sagte: »So viel wir gekämpft haben, so wenig haben wir geliebt.« Danach ging er zu seinem Freund, den er einhundertundvierzehn Winter zuvor beim Schlagsammeln auf der Ebene zurückgelassen hatte.

Teil Fünf
Mythen von zwei Welten

BUCH 14

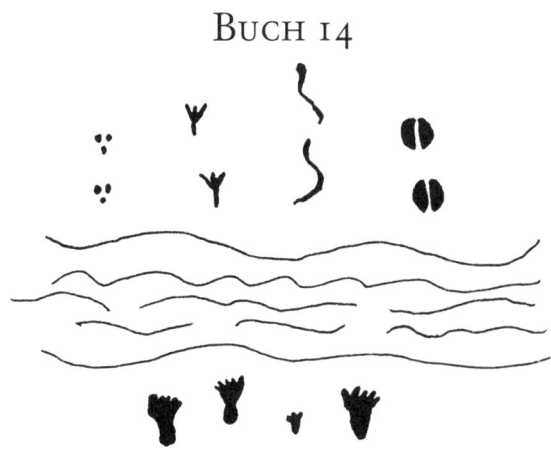

Die Wächter des Felsens

Von den Späherkriegern des Krähenflusses, die nicht
durch Pfeile oder Speere sterben, sondern einer
fremden Krankheit erliegen, und von ihrer
heldenhaften Tat, mit der sie die Krankheit zum Wohl
ihres Volkes besiegen

Es gab einmal einen Clan der Flußkrähen, dessen Männer auf der Erde nicht ihresgleichen hatten. Sie waren
über sechs Fuß groß. Dichtes, glänzendes Haar wallte
ihnen über die Schultern. In der Schlacht oder bei der
Jagd trugen sie das Haar geflochten oder nach hinten gebunden, aber wenn sie im Lager waren, ließen sie es lose
herabfallen, und dann reichte es ihnen bis an die Fersen.
Diese Krieger hatten keine Frauen, und sie lebten am
Rand der Spitzkuppe, die als Sacrifice Cliff bekannt ist
und von der aus sie die Ebene, die weit unter ihnen lag,
in jede Richtung überblicken konnten. Ihre einsame Tä-

259

tigkeit bestand darin, unentwegt wachsam nach dem Feind auszuschauen.

Sie saßen mit untergeschlagenen Beinen und herabgelassenem Haar und hielten die Augen, die scharf waren wie frisch abgeschlagene Feuersteinsplitter, auf die zwei gezackten Gipfel gerichtet, wo die Sonne ihr Blut verströmte, bevor die Nacht heraufzog, denn dies war die Richtung, aus der ihre Feinde in das Tal kommen würden. Es heißt, die Augen der Flußkrähen-Männer, dieser Hüter des Nachtwache-Landes, seien so gut gewesen wie die des Weißkopfseeadlers. Sie waren mutig genug, um den Bisonbullen herauszufordern; ihre Ohren waren besser als die der Eulen, und ihre Herzen schwangen sich in den Himmel wie Bussarde und Falken. Sie trugen mit Sehnen bespannte Bogen aus Bergeschenholz, die ihnen aufrecht gestellt bis ans Kinn reichten. Seit undenklich vielen Wintern lebten sie ihr Leben unter dem großen blauen Himmel und bewachten die Krähe-Dörfer unten im Tal. Man erzählt sich, das Wolkenvolk habe ihre Lieder vom Geist der Brüderlichkeit aufgefangen, so daß ihr sie in einer stillen Nacht vielleicht hören könnt; vielleicht seht ihr sogar, wie ihre höher als Hemlocktannen auflodernden Zeremonienfeuer die Sternkinder kitzeln und zum Lachen bringen. Die Frauen aus dem Tal brachten ihnen Büffelzunge, gedörrtes Wildbret und gebratenen Büffelnacken, so daß es ihnen an nichts fehlte, diesen Brüdern der Wolken, deren Augen nichts entging, die in die Tage blicken konnten, die kommen würden.

Doch es kam der Tag, als eine unbekannte Krankheit das Land heimsuchte; es heißt, sie zog den großen, die Gebirge teilenden Fluß, den Missouri, herauf. Das Volk des Nordens, die Siksika oder Schwarzfüße, hatten keine Angst vor der Krankheit, und viele von ihnen starben. Die Sioux hatten auch keine Angst, und sie starben zuhauf an der unheilbaren Krankheit. Sie starben in verwüsteten, von den Feuern der Medizinmänner rauchgeschwärzten Dörfern, und die sich vergeblich bemühenden Medizinmänner starben auch.

Die unbekannte Krankheit begann bei den Besuchern von jenseits des großen Wassers. Man hielt sie für Zauberleute. Sie waren hellhäutig und trugen schwarze Stöcke, die donnerten und blitzten und von ferne töteten. Doch als die Flußkrähen solches Geschwätz vernahmen, war ihnen nicht bang. Vater Sonne wachte über sie. Mutter Erde lenkte sie. Der Schöpfer liebte seine Enkel, die Flußkrähen; ihnen würde kein Leid geschehen.

Der Lebenssaft der Jugend floß in ihren Adern; und – wie man oft sagt – ein junger Baum ist biegsam, aber er bricht nicht. Eines Morgens jedoch konnte ein Krieger ihres Clans nicht von seinem Büffelfell aufstehen. Er sagte, sein Körper sei schwer wie ein in der Erde wurzelnder Eichenstamm. Er schlief, ohne zu träumen. Seine Augen glänzten von einem inneren Feuer; dann erlosch die Flamme, sein Atem ging schwächer, und auf Gesicht und Körper erschienen rote Punkte wie die Giftsporen eines bösen Pilzes. Der sterbende Krieger sagte, die Flecken seien schmerzhafter als ein Schlangenbiß oder eine Pfeilwunde. Und in sein Herz sowie in die Herzen aller, die ihn sahen, war etwas Neues gekommen: Sie hatten Angst.

Rasch bauten sie eine Schwitzhütte, erhitzten Steine und gossen Wasser darüber. Sie brachten ihren sterbenden Bruder in die von heißem Dampf erfüllte Hütte, damit er die bösen Geister ausschwitze. Als der Schweiß in salzigen Bächen über seine fleckige Haut rann, trugen sie ihn zu einem Bach, damit ihn das kalte reinigende Wasser gesund mache. Der Kranke schien weder zu wissen, noch schien es ihn zu kümmern, was sie mit ihm ta-

ten – ob Medizinfedern Rauch über seine Augen fächel-
ten oder eiskaltes Wasser an seinen Knochen nagte;
denn inzwischen war er schon jenseits des eigenen
Trommelschlags, jenseits des Lieds von »Alles ist gut«.
Und als er starb, wickelten sie ihn mit den Dingen, die er
im Leben am meisten geliebt hatte – seinen Bogen und
seinen Kopfschmuck –, in eine Decke und banden ihn
an eine überhängende Kiefer am Rand des Wächterfel-
sens. Er hatte Dörrfleisch bei sich für seine einsame
Reise auf dem Geisterpfad. Sein getötetes Pferd wartete
auf ihn am Fuß der Klippe.

Dann erkrankten auch die anderen Krieger. Die krö-
tenähnlichen Flecken erschienen auf jedem Gesicht.
Der rote Tod besuchte alle, machte ihre Knochen
schwach und ihre Füße betrunken. Immer mehr Krieger
starben, und ihre Schreie hallten in der Nacht. Einige
starben ganz plötzlich; andere stürmten unsichtbaren
Feinden entgegen, sprangen über die Klippe und tanzten wie toll in der Luft. Einige gingen ehrenvoll, indem
sie sich ihr Kampfmesser ins Herz stießen. Andere ver-
endeten langsam; sie wandten ihre von der Krankheit
befallenen Gesichter zum Himmel und flehten zu Vater
Sonne, seine ihm so treu ergebenen Kinder nicht zu verlassen. Und dann baten die Schwachen, die Starken sollten aus dem Dorf fortgehen, aber oft waren es gerade die
Starken, die zuerst starben, indem sie plötzlich zusam-
menbrachen. Doch kein Bruder ließ den Bruder im
Stich; jeder schlief ein letztes Mal auf der alten Wächter-
stätte des wolkenverhangenen Felsens.

Am Ende waren von den vielen nur noch sechzehn
übrig, die sich wie der geduldige Nebel an den heiligen
Felsen klammerten. Und eines Nachts hielten diese
Übriggebliebenen ein Ratsfeuer ab. Schweren Herzens
und fast blind von der Krankheit ließen sie ein letztes
Mal eine Medizinpfeife herumgehen. Der älteste, ein

Mann namens Flammenherz, sagte: »Das, was unsere Brüder dahingerafft hat, ist auch in uns. Wir können weder laufen noch kämpfen. Das einzige, was wir tun können, ist sterben.« Doch ein junger Mann namens Kind-Der-Erde – er war der letzte, der in ihre Gemeinschaft aufgenommen worden war – sprach nun offen und mit großem Mut, und die anderen hörten ihm zu.

»Meine Brüder«, sagte er »ich glaube, daß unsere Gebete, obwohl wir sie gut gesprochen haben, nicht gehört wurden. Wir müssen Vater Sonne eine Botschaft schikken, die er versteht. Wir müssen ein Feuer machen, so groß wie unser Lager, damit die Flammen bis zum Haus der Sonne hinaufreichen. Dann, meine Brüder, werden unsere Gebete gehört.«

Gegen Morgengrauen entzündeten sie ein Feuer, das, mit der aufgehenden Sonne wetteifernd, hoch in den Himmel loderte. Dann sagte Kind-Der-Erde: »Es ist gut. Er hat unsere Worte gehört.« Und auf sein Zeichen stiegen alle sechzehn auf ihre Pferde und ritten, den Blick nach Osten gewandt, über den Rand der Klippe. Die Pferdehufe, so erzählt sich das Volk, suchten Halt in der leeren Luft, aber sie fanden nur die Lücke in der Wolke, die über der Klippe hing. Und so endeten die tapfersten Wächter ihres Clans; sie stürzten ins Leere und zerschellten auf der Schotterhalde. Der Tribut, mit dem sie Vater Sonne huldigten – ihre gesplitterten Knochen –, ist noch da, obwohl die sechzehn Ehrenhügel längst unter Schutt und Lehm begraben sind. Heute heißt dieser Ort Sacrifice Cliff, Opferfelsen, aber heimlich wird er auch Gebet-An-Die-Sonne genannt, denn einige Zeit, nachdem die sechzehn stolzen Krieger auf hellen Wolken in den Tod ritten, verließ die schlimme Krankheit das Land und kehrte nicht mehr zurück.

Der Traum von dem Mann namens Kein Fleisch

In dem sich dem Visionär Kein Fleisch die Ankunft
eines weißen Gottes mit blutenden Händen offenbart
und in dem sich die Ankunft der ersten Weißen
ankündigt

Eines Tages, lange Zeit nach dem tragischen Tod jener
sechzehn Helden, kam ein Krieger in das Lager der
Krähe. Er sagte, er komme aus den vier Richtungen und
habe einen wundervollen, lebenschaffenden Traum gehabt. Er nannte sich Kein Fleisch, und seine hungrigen
Augen und hohlen Wangen bestätigten seine Worte.
Dies ist die Geschichte, die er, auf seinen Büffelstock ge-
stützt, erzählte, als er zum ersten Mal ins Krähe-Land
kam.

»Ihr seht mich; ich lebe. Seit ich auf der Erde bin, sind
die Decken meiner Brüder fadenscheinig geworden,
ihre Mokassins durchlässige Lappen. Seht mich an; ich
habe viel gesehen, aber nur wenig gelernt. Auf meiner
Wanderung durch dieses schöne Land habe ich einen
großen Traum gesehen, der in einem Schneesturm von
Lügen unterzugehen droht. Wir haben jetzt einen
neuen Bruder unter uns, dessen Haut hell ist wie die
Rinde der Eschen. Ihr sagt, er singt ein fremdes Lied,
obwohl es die meisten von euch nie gehört haben und
dem Sänger nie begegnet sind. Ihr habt das Lied erdul-
det, aber den Mann nicht kennengelernt. Nun komme
ich zu euch mit einer kleinen Wahrheit. Habt keine
Angst vor dem, was ihr nicht kennt. Ihr habt nicht aus
seinem Blechbecher getrunken, der die doppelte Süße
von Kaffee und Zucker enthält. Ihr habt nicht sein Pferd
gesehen oder sein Gewehr, noch habt ihr seinen Herz-

schlag im Wort seiner Zunge gehört. Obwohl seine Haut hell ist wie unsere dunkel, hat uns der Schöpfer hier zusammengeführt – denn warum sonst sollten wir uns begegnen?

Nun werde ich euch von meinem großen Traum erzählen, der auch mein Lied ist.

Ich erzähle euch von einem Vorläufer, einem Vorboten der Geister, der mich ins Wolkenland führte, wo mir der Erdenmacher selbst einen der weißen Götter vorstellte, der Kleider aus Fell trug wie ich, aber dessen Gesicht so hell war wie der Staub eines Mottenflügels. Durch eine Öffnung im Himmel wurden mir alle Länder dieser Erde gezeigt, nicht nur die Schildkröteninsel, auf der wir leben, sondern alle Jagdgründe unserer Väter, seit alles begann. Nun erklärte mir der Erdenmacher, daß alles, worauf ich blickte, eine Erde ist und daß dort alle Menschen Brüder und Schwestern sind.

Dann öffnete der bleiche Gott die Hände, und ich sah die blutenden Wunden darin. Ich fragte ihn, warum seine Hände bluteten, und er antwortete: ›Sie bluten aus Liebe, wie eine Mutter Blut verliert, um das zu bekommen, was sie am meisten liebt – ihr Kind.‹

›Und wer ist das Kind, das aus deinen Händen geboren wird?‹ fragte ich den bleichen Mann, der für mich blutete, und er antwortete: ›Du, mein Sohn. Für dich bin ich gekommen.‹ Deshalb bin ich jetzt hier, um das wenige zu sagen, das ich von ihm weiß. Aber was ich von ihm weiß, ist gut, und es kann jedem von uns nur Gutes bringen.«

Das Lied der Flußmutter

Wie die Hellseherin Berührendes Wasser vom Besuch
des ersten Missionars erzählt und wie sie ihr Volk
zum alten Glauben an die Wassermutter zurückführt

Unter den verschiedenen Völkern der Ebenen, Gebirge,
Wüsten und Küsten verbreitete sich die Kunde von der
Ankunft der hellhäutigen Besucher, die von weither ins
Land gekommen waren und wünschten, daß die Rats-
versammlungsdecken für sie vorbereitet würden, damit
sie sagen könnten, was sie von der Welt wußten.

Und immer, seit die Geschichte zum ersten Mal erzählt wurde, hofften die Menschen auf den Mann mit
den blutenden Händen. An den Ufern des großen Flusses, der zum Meer fließt, im Land von Nebel und Moos,
lebte damals ein Volk, das sich die Pascagoula nannte.
Sie unterschieden sich von den anderen Völkern ihrer
Art durch ihre Farbe. Ihre Vorfahren, sagten sie, seien
wahrlich vom Meer gekommen. Sie hatten eine honig-
farbene Haut, ernährten sich von Muscheln und wurden
behütet von der Flußmutter, die halb Frau und halb
Fisch war.

In den Nächten, wenn der Mond voll und klar am
Himmel stand, versammelten sie sich um die schön ge-
schnitzte Figur ihrer Göttin, schüttelten Rasseln, schlugen Trommeln, spielten auf Flöten und sangen für sie.

Eines Tages kam ein hellhäutiger Mann in ihr Dorf.
Einige sagten, seine Haut sei so weiß gewesen wie der
Rachen der Wassermokassinschlange; andere verglichen
sie mit einer von rosigem Licht beschienenen Wolke.
Der Mann trug einen schwarzen Mantel und im Gesicht
einen Bart wie die moosbehangenen Sumpfzypressen.
Er hatte keine Wunden an den Händen, aber er trug ein
kleines silbernes Kreuz, von dem er sagte, es sei ein Ge-

schenk des Mannes mit den blutenden Händen. Aus seinem Mantel zog er einen schwarzen Kasten hervor mit weißen Blättern darin, die er ehrfürchtig küßte und von denen er sagte, sie enthielten die Worte des Schöpfers. Ihre Kraft, erklärte er, würde die Knochen der Berge bewegen und das Haar des Meeres teilen. Das Volk wollte diese Dinge sehen, aber alles, was er ihnen zu bieten hatte, war das Versprechen, daß sie, wenn sie gut waren, eines Tages von dem Mann mit den verwundeten Händen besucht würden.

Unter den Pascagoula befand sich eine junge Frau namens Berührendes Wasser, die sowohl das Ungewöhnliche als auch die Kraft des bleichen Mannes sah, aber beides weder verehrte noch fürchtete. Sie erzählt uns, wie er versucht hat, ihr Volk zu überzeugen, denn sie war es, deren Vision ihn verstummen ließ.

»Ich, eine Pascagoula, habe viele Dinge gesehen, seit die Weißen in unser Land kamen. Ich habe mit dem Mann in Schwarz gesprochen, dessen weißen Bart unsere Kinder so gern berühren. Er trägt ein loses schwarzes Gewand und hat immer ein kleines silbernes Kreuz bei sich, von dem sie sagen, es sei die Quelle seiner Zauberkraft. Der Mann hat Zauberkraft – das ist gewiß –, denn er spricht unsere Sprache, und doch hat ihn niemand ein einziges Wort gelehrt. Er kannte unsere Sprache schon, als er zu uns kam. Und das hat unsere Häuptlinge beeindruckt. Er ist ein ernster, gutaussehender und freundlicher Mann. Wenn er spricht, hören wir ihm zu. Es ist viel Wahres in dem, was er sagt. Er spricht von der Großen Flut. Wir haben davon gehört. Unsere eigenen Priester erzählen von der Zeit des Regens, als das große Kanu vorbereitet wurde und alle Tiere hineinkletterten bis auf Opossum, dessen Schwanz ins Wasser hing und alle Haare verlor.

Der Mann mit dem kleinen Kreuz erzählt die Geschichte gut. ›Und der Geist Gottes schwebte auf dem Wasser‹, sagt er so wohlklingend, daß wir die Kraft seiner Worte spüren können und die seines Herrn, der im Himmel wohnt.

Aber ich bin eine Pascagoula und weiß nicht, wie lange der Mann mit der hellen Haut und dem Silberkreuz auf dieser Erde sein wird, genausowenig wie ich weiß, wie lange wir Brotesser auf der Erde sein werden. Doch er sagt, er weiß es – dies und noch mehr. Seine Artgenossen, die Weißen, sagt er, werden immer hier sein. Sie sind die auserwählten Kinder des Himmelsbewohners, sagt er. So etwas beunruhigt unser Volk. Wir beten um eine Vision. Wir fasten und warten auf ein Zeichen.

Eines Nachts bei Vollmond gehe ich hinaus in die Bucht. Ich frage unsere Mutter, die im Wasser wohnt, was wir tun sollen. Sollen wir auf den Fremden hören, der zu uns gekommen ist, der unser Brot mit uns teilt, das auf den Felsen gekocht und gegessen wird? Plötzlich tanzt das Wasser im Mondlicht. Das kleine Einbaumkanu zittert über dem Getümmel der Fische, die plötzlich wild mit den Flossen schlagen. Die weiche Luft ist voll von Fischen. Wenn ich sie fangen wollte, wären meine Arme nicht stark genug, um nur einige zu fangen, denn es sind Fische von allen Formen und Größen und unzählig viele. Das kleine Boot tanzt auf den Wellen; es steigt und fällt, und die Fische springen darüber – Hai und Delphin, Schildkröte und Seekuh, Rochen und Meeräsche. Dann beginnt das Wasser zu wirbeln; es hebt sich über meinen Kopf, und das Boot taucht in eine Höhle, in der das Herz des Meeres schlägt. Und hier ist es ruhig.

Ich bin allein. Der Mond ist voll. Ich höre, wie das Herz des Meeres schlägt. Dann ist es unsere Mutter. Ich höre einen Gesang, den ich noch nie gehört habe. Die

Wellen teilen sich. Es ist unsere Mutter. Ich habe viel über sie gehört, aber sie noch nie mit eigenen Augen gesehen. Sie sieht traurig aus, als sie mich ansieht. Sie steht auf dem Wasser auf einem Fischschwanz und mit dem Körper einer Frau. Und ihr Haar wallt im mondhellen Wasser wie liebliches Seegras. Sie spricht nicht, aber ein Lied kommt von ihren Lippen, und ich kann es verstehen, weil ihre Sprache dieselbe ist wie die unsere.

Sie sagt: ›Komm zu mir, Kind des Meeres. Laß dein Volk nicht auf die Glocke, das Buch oder das Kreuz des freundlichen Fremden blicken. Denn was ich bin, seid auch ihr, und gemeinsam sind wir stärker als dieser Mann und alle seine Brüder.‹

Dann lächelt sie mich an und sinkt zurück ins Wasser der Bucht, und ihr langes schwarzes Meerwasserhaar breitet sich auf dem nassen Mondlicht aus. Dann ist nur noch ein wäßriges Gewirr ihres Haars zu sehen, das im Schaum untergeht, und alles ist verschwunden. Als ich meinem Volk erzähle, was geschehen ist, hören sie zu. Aber der Mann mit dem silbernen Kreuz wird böse auf mich, denn was ich gesagt habe, verträgt sich nicht mit dem, was er sagt. ›Unsere Mutter belügt uns nicht‹, sage ich.

Er sagt: ›Du wirst verdammt sein für deine Worte. Du wirst in der Hölle brennen.‹

Aber wir kennen keinen solchen Ort. Unsere Häuptlinge sagen: Hört nicht mehr auf ihn, denn wenn er spricht, ist seine Stimme ein lauter Wind, der uns entgegenbläst, der aber oft die Richtung wechselt und nichts bedeutet. Er ist seitdem nicht mehr derselbe. Vor kurzem habe ich gehört, daß er krank ist und bald sterben wird. Wir leben weiter.

Wir sind Pascagoula, die Brotesser.«

Die Geschichte von der weißen Hirschkuh namens Virginia Dare

In der von der zugrunde gegangenen Kolonie der
ersten weißen Siedler erzählt wird und von dem ersten
in Amerika geborenen Kind englischer Eltern, dem
Mädchen Virginia Dare, von dem die Legende
berichtet, daß es als schneeweiße Hirschkuh
erschienen ist

Auf einer der Bay-Inseln, wo die Weißen ihre ersten festen Siedlungen errichteten, wurde ein Kind geboren,
das Mädchen Virginia Dare. Die Bewohner der Inseln,
das Chesapeake-Volk, nannten das Neugeborene Weißes Kitz. Seine Geschichte wurde überall in der Umgebung der von Kiefern gesprenkelten Inseln und grünen
Seegrashalbinseln erzählt. Es hieß, der Geist des toten
Kindes habe die Gestalt eines weißen Hirschkalbs angenommen, das stets wehmütig zum Meer blickte, als
sehnte es sich nach dem fernen Ufer jenseits des Meeres,
woher seine Art gekommen war; und wenn je ein Läufer
die herangewachsene weiße Hirschkuh mit einem Pfeil
treffen würde, dessen Spitze aus Silber geschmiedet war,
würde sie ihre sterbliche Gestalt zurückerhalten.

Nun waren die sich weithin erstreckenden Sand-
bänke und Inseln vor der Küste, auf die nur selten Reisende kamen, auch die Heimat des Hatteras-Volkes,
aber die langen stürmischen Winter mit ihren hungrigen
Monden trennten sie von ihren hellhäutigen Freunden,
und mit der Zeit verloren sie sich aus den Augen. An
einem Herbsttag stieß ein Jäger namens Kleine Eiche auf
einige verfallene Blockhäuser im Riedgras der Siedlung
auf Roanoke. Hier lebten keine hellhäutigen Menschen
mehr. Aus den Ritzen der wettergebleichten Hölzer
wuchsen Brombeer- und Hagebuttensträucher. Lang-

same Herbstschildkröten lagen neben den kalten Herd-
stellen aus geborstenem, aschgrauem Lehm. Alles, was
Kleine Eiche noch von den früheren Bewohnern fand,
war eine alte Kinderrassel, die zwischen den Dornen-
ranken hing. Und dann entdeckte er eine schöne weiße
Hirschkuh. Instinktiv spannte er seinen Bogen, aber er
schoß den Pfeil nicht ab; er hielt ihn zurück, obwohl ihn
die gestreiften Truthahnfedern am Ohr kitzelten.

Die Zeit verging, und jeder Jäger auf Roanoke kannte
die weiße Hirschkuh. Oft sah man sie im Rudel der
braunen Hirsche äsen, die hier lebten, aber meistens
hielt sie sich ein wenig abseits, wandte den Kopf nach
Osten und träumte mit traurigen Augen in die Richtung
der fernen See. Es gab einige, die nicht widerstehen
konnten, ihr nachzustellen; aber sie sagten, auch wenn
sie noch so gut zielten, landeten ihre Pfeile stets vor den
Hufen der weiße Hirschkuh, worauf sie geschwind wie
Seidenpflanzenhaar mit dem Westwind über die Dünen
flüchtete und die flinken Brachvögel und Kraniche in
den schiefergrauen Himmel jagte.

Das Gerede über die weiße Hirschkuh floß wie ein
Bach, der von der Quelle in zerklüftete Felsen stürzt
und verschiedene Wege nimmt. Einige Leute fürchteten
das Tier, weil sie glaubten, es sei ein trostlos umherirren-
der Geist. Sie sagten, nur ein Geisterhirsch könne über
die grasbewachsenen Höhen von Croatan wandern und
sich am selben Tag in den Kranbeerenmooren am East
Lake zeigen.

Immer traurig, das Gesicht dem im Osten glänzenden
Meer zugewandt, immer schön und ein wenig abseits
tanzte die weiße Hirschkuh in ihrem Traum. Dann,
eines Tages im Frühherbst, beschloß das Volk der Inseln, eine große Hirschjagd zu veranstalten und die besten Bogenschützen dazu einzuladen. Anschließend
sollte gefeiert werden. Ihr Plan war es, so erzählt man

sich, die milchweiße Hirschkuh zu jagen. Wenn sie ein Läufer oder ein Jäger – und es würden die besten versammelt sein – mit einem Pfeil erlegen könnte, würden alle wissen, ob sie Fleisch und Blut war oder ein Geist; und wenn sie die Jagd überlebte, sollte sie von niemandem mehr verfolgt werden. So wurde es beschlossen, und die Jagd begann. Einige gingen auf die sonnenverbrannten Hügel oberhalb der Meerenge, andere zu den tiefliegenden Distelwiesen der flachen Ozeaninseln. Wie ein Heidebrand breiteten sich Jäger und Läufer aus auf festem und schwankendem Boden, hohem und tiefem Gelände; und die Grasebenen erschallten von den Rufen unzähliger Vögel. Die besten Bogen wurden gespannt, die am genauesten ausgerichteten Pfeile aufgelegt. Aber nur ein Jäger besaß einen Pfeil mit einer silbergeschmiedeten Spitze, die über das Meer gekommen war von einer Insel namens England – eine silberne Pfeilspitze, die, wie man sich erzählte, von der großen Königin persönlich überreicht worden war. Diese Pfeilspitze, so sagten sie, konnte das Herz eines jeden Lebewesens erreichen, und sei es noch so sehr durch Zauber geschützt.

Und so kam es, daß die flinke weiße Hirschkuh im dichtwuchernden Gras des schwankenden Landes aufgescheucht wurde. Der schnarrende Ton einer Bogensehne erschreckte sie und ließ sie auf dem Atem des Nordwinds dahinfliegen durch wirres Gebüsch und pfadloses Moor, durch Sumpf und Hochland. Und die zahllosen Bogensehnen summten wie harmlose Bienen hinter ihrer blendenden Weiße. Sie stürzte sich in die Wogen der Meerenge und erreichte die Dünen von Roanoke. Hier blieb sie auf den Ruinen des alten Forts stehen, auf grau verwitterten, silbrig gesplitterten Balken, und atmete keuchend die fernste östliche Brise. Ihre kleine Zunge flatterte wie ein rosiges Blütenblatt. Da erschien im hohen wogenden Gras der Jäger Kleine Eiche. Er zielte auf das leuchtendweiße Tier, ließ die verhängnisvolle Sehne schwirren und schickte den silberköpfigen Pfeil auf seine unumkehrbare Reise. Die schöne Hirschkuh mit den traurigen Augen sprang in die Luft, als der Pfeil ihr Herz durchbohrte, und fiel kraftlos auf die Erde zurück. Kleine Eiche ließ seinen Bogen fallen und lief zu ihr; er hob den schneeweißen Kopf, der weich war wie eine Wolke, und als er in die brechenden Augen blickte, sah er plötzlich das Gesicht einer schönen jungen Frau, die ihm zwischen trockenen, ermattenden Lippen ihren Namen zuflüsterte – Virginia Dare – und starb.

So lautet die Geschichte. Und was geschah mit der einstigen Virginia Dare? Starb sie im Kindesalter? Vermischten sich ihre kindlichen Gebeine mit dem Staub ihrer Legende und den Blüten der Heckenrosen von Croatan? Ist sie je zur Frau herangewachsen? Endete ihr Leben in jenem Dunkel, das noch immer über der Kolonie liegt, die irgendwann im Nebel verschwand? Was an Spuren übriggeblieben ist, das Geisterrascheln des weißen Hirschkalbs im Morgenlicht der Ostküste, findet sich hier in diesen unvollkommenen Worten. Denn, wie die Leute sagen, die Toten werden ihre Toten nicht hergeben, und die Geschichte wird immer ein Geheimnis bleiben.*

---

* Der *virginia deer* ist der Virginia- oder Weißwedelhirsch, von dem es in Brehms Tierleben heißt, er habe den »am schönsten geformten aller Hirschköpfe« und sei ein sehr schweigsames Wild, das selten einen Laut vernehmen läßt (A. d. Ü.).

BUCH 15

Weiße Brauen,
der um sein Leben rennt

Wie ein weißer Mann aufgefordert wird, mit den
besten Läufern der nördlichen Ebenen um die Wette
zu laufen, und wie seine in den Sagen des Volkes
vorausgesagte Legende einen Beitrag zum Mythos des
weißen Kriegers leistet

Vielleicht habt ihr schon von dem hellhäutigen Mann
gehört, der schneller laufen konnte als die schnellsten
Krieger. Die Geschichte ist wahr, er konnte wirklich
schneller laufen als sie. Weniger gewiß ist, was sich bei
den Stämmen der Hochebenen und Felsengebirge rascher herumsprach: seine Schnelligkeit oder seine
Legende. Sein Name war John Colter, aber das Volk
nannte ihn Weiße Brauen, und man erzählt sich von
ihm, er sei einst halbnackt und auf der Flucht vor etli-
chen hundert Schwarzfuß-Kriegern zweihundertvier-
zig Kilometer gerannt.

Als dies geschah, war es Herbst im Gebiet der drei

Flußgabelungen, der Three Forks. Er und sein Freund John Potts stellten Biberfallen auf. Von fern, aus den in Dunst gehüllten Fichten, hörten sie den ulkigen Ruf einer Elster, der plötzlich verstummte. Keiner der beiden Männer achtete besonders darauf. Dann folgte ein dumpfes Donnern. Auf dem Bergrücken über den Baumwipfeln polterte es. »Büffel?« rief Potts seinem Freund zu. Aber Colter antwortete nicht, sondern er horchte und wußte einen Augenblick später, daß sie von zahllosen Kriegern umzingelt waren.

Colter blieb reglos im grünen knietiefen Wasser stehen. Aber der närrische Potts, der nicht begriff, daß mehrere hundert Pfeile auf sie gerichtet waren, riß sein langes Gewehr hoch. Und schon hörten sie die singenden Federn. Potts sank auf die Knie, sackte vornüber und sagte: »John, ich bin tot.« Dann fiel er ins rostrote Wasser.

Colter wußte, was als nächstes kommen würde: in der Sonne blinkende Federn auf schwarzglänzendem, lang herabfallendem Haar; Krieger, gekleidet in Hirschleder und Händlerstoff, mit Decken, Lendenschurz und Streifenbemalung und in der Tat zahlreicher als Colter je an einem Ort gesehen hatte. Er hielt still, als der Häuptling mit dem blitzenden Messer in der Hand auf ihn zuging und mit ein paar geschickten Hieben seine Lederbekleidung am Rücken aufschlitzte. Nun stand er nackt bis auf einen lendenschurzähnlichen Rest seiner abgeschnittenen Leggings in der kalten Herbstluft.

Dann fragten sie ihn, ob er schnell laufen könne, und weil er wußte, daß dies vielleicht seine einzige Rettung war, schüttelte er verneinend den Kopf. »Also dann«, sagte der Häuptling, »lauf los.«

Und Colter beugte sich vor und rannte los – und von Anfang an mit einer Geschwindigkeit, die ihn selbst überraschte. Er rannte am Fluß entlang. Hinter sich hörte er das dumpfe Aufschlagen der abgeworfenen Decken und das Flattern der Leggings. Dann begann die Erde unter den Tritten unzähliger Füße zu beben. Er rannte mit Riesenschritten, und wieder staunte er über sich. Aber jetzt steckten Feigenkaktusdornen in seinen Füßen, und seine Brust brannte wie Feuer. Ein rascher Blick über die Schulter sagte ihm, daß die besten Läufer dicht hinter ihm waren; die schwerfälligeren waren noch eine Staubwolke an der Flußgabelung.

Um den hageren Wölfen in seinem Rücken zu entkommen, durfte er nicht an die Schmerzen denken. Er mußte noch schneller laufen und die Sohlen seiner Verfolger zermürben. Er fühlte bereits, daß seine Kraft nachließ; seine trockene Kehle brannte, sein Herz dröhnte wie eine Glocke, und ein sengendes Feuer loderte in seiner Brust. Er wußte, er lief zu schnell, doch wenn er langsamer laufen würde, konnte er nicht mehr auf Rettung hoffen.

Bei manchen Menschen ist es so: Sie heften ihr Auge auf ein hoffnungslos fernes Ziel, und sie erreichen es durch schiere Willenskraft. Als Colter die goldbelaubten Pappeln vor sich sah, machte er sie zu seinem Ziel, seinem Richtungsweiser. Er dachte nur an dieses Oktoberlaub, so daß er, ganz und gar darauf konzentriert, mit neu gewonnener Schnelligkeit weiterrannte. Die Schwarzfuß-Läufer, denen der Schweiß in Strömen über den Körper rann, sahen, wie der Mann, den sie Seekheeda nannten, mit neuen Kräften davonlief. Eben noch hatte der Läufer an ihrer Spitze gedacht, er würde ihn einholen, doch nun war er nicht mehr so sicher.

Vor ihm – wenn auch nicht sehr weit vor ihm – lief Colter mit seinem zweiten oder dritten Atem und holte sogar noch mehr aus sich heraus. Der führende Schwarzfuß-Läufer spürte, wie seine Gefährten, die verbissen versuchten, mit ihm Schritt zu halten, allmäh-

lich schwächer wurden und zurückfielen. Kein Sterblicher kann lange auf diese Weise laufen, dachte er, Colters Schultern nicht aus den Augen lassend, die immer
noch keine Ermüdung zeigten. Doch es waren nicht die
Schultern, die Colter im Stich ließen – es war sein be-
schädigtes rechtes Bein, in dem ein zweimal gebroche-
ner Knochen noch nicht ganz verheilt war nach seiner
letzten Begegnung mit dem Schwarzfuß-Volk. Diese
Verwundung durch eine Musketenkugel im letzten
Winter konnte ihn zu Fall bringen. Aber die goldenen
Blätter vor ihm winkten, und es war nicht mehr seine
Sache, ob er seinen Körper, so angeschlagen er war, miß-
brauchte oder erlöste. Seine Schritte wurden kürzer,
holprig und unsicher. Der Mann, der wie ein Wolf hinter
ihm trabte, sah, daß er humpelte, und lief schneller.
Seekheeda! sang das Blut in seinen Ohren. Bald würde
Seekheeda seinem Messer zum Opfer fallen.

Doch Colters Körper hatte die Schmerzgrenze über-
schritten. Er war in jene Freistätte gelangt, in der Zeit
keine Rolle mehr spielt und alles in seltsamem Licht erscheint. Das Blut schoß ihm aus der Nase, aber er bemerkte es nicht; es floß über sein Gesicht und seine
Brust. Er spürte es kaum. Das Blut lief, und der Mann
lief, lief wie verrückt, und der Wind riß ihm die roten
Speichelfetzen vom Mund. Bald, bald – dachte der
Schwarzfuß hinter dem torkelnden weißen Mann.

Nun fühlte Colter den großen Schatten, der sich vor
die Sonne schob. Er befand sich in dem losgelösten
Land, in dem der Verstand keinen Gebieter kennt. Die
Goldbäume, die Sonne, die Weiden waren verschwunden, und er bildete sich ein, auf schwarzen Bussard-
schwingen purpurrot durch winterkahle Bäume zu fliegen. Seine Beine hoben sich unter ihm und kuschelten
sich ins Gefieder. Der plötzliche Krampf machte ihn
frei; er schrie auf, schlug den Wind mit dunklen Flügeln

und flog in weitem Bogen in eine Wolke. Dann kam das beruhigende, langsame Gleiten in den goldenen Nachmittag.

Seine suchenden Finger rissen ihn aus dem Traum. Auf allen vieren schleppte er sich zum Fluß. Über ihm, im Pappellaub, zwitscherten Rotflügeldrosseln. Er warf einen Blick über die Schulter und sah, daß ihm ein Läufer dicht auf den Fersen war, und weiter zurück im braunen Nebel des aufgewirbelten Staubs sah er die anderen. Der betäubende Wettlauf ging weiter. Also gut, sagte sich Colter, dann werde ich jetzt eine Wasserschlange, und glitt auf dem Bauch über das lehmige Ufer hinunter in den wirbelnden, rasch dahineilenden Fluß. So endete John Colters Wettrennen um sein Leben. Sie fingen ihn nicht, obwohl sie ihn mehrere Tage und Nächte lang suchten. Die Leute sagen, er lief aus der Zeit und in seine Legende, zu dem heiligen Ort, wo ein Mensch mehr wird als ein Mensch.

Die Götter lieben nicht die Farbe der Haut, sondern die des Bluts; und jedes Blut auf der Welt ist rot. Einmal, so erzählt man sich, wurde in einem Sumpf weiter im Süden die erhaltene Leiche eines riesigen Mannes gefunden. Der Mann war schon lange tot, aber man konnte deutlich erkennen, woher er stammte und was er einmal gewesen war. Seine Hände waren größer als der größte lebende Mensch; seine Hautfarbe war eine Mischung, weder dunkel noch hell, aber sie hatte von beidem etwas. Wer immer er war oder was er war – er hatte die längste Zeit gelebt. Er war geschaffen für die Legende: »Einmal fiel ein Gott vom Himmel, ein Gott, unübertroffen von Sterblichen –«

Genauso war es mit John Colter.

Der Tag, als der Traum zu Ende war

Von der Leidenszeit, als alles, was groß ist, als verloren gilt, und vom ersten Volk der Schildkröteninsel, das den Anfang vom Ende seines großen Sonnentraums erlebt

Es kam ein Tag, an dem das Volk lernte, diejenigen, die sie die Weißen nannten, zu fürchten statt zu verehren. Am Anfang war das Volk der Ebene, das Volk des Meeres, des Sees, des Flusses, des Tals, der Wüste und des Gebirges ein Volk. Sie waren das erste Volk. Sie waren das Volk. Sie teilten ihren Platz unter der Sonne mit ihren Brüdern und Schwestern der Schildkröteninsel. Sie kämpften, wie Kinder kämpfen – um die Nutzung eines Flusses oder Tals, manchmal auch um den Besitz des guten Landes. Aber sie versuchten nicht, sich gegenseitig zu vernichten; sie kämpften, um zu bekommen, was sie wollten. Wenn sie ihre Feinde vertrieben hatten, ließen sie sie am Leben. War die Schlacht gewonnen und das Ziel erreicht, blieben die Sieger am Ort, und die Verlierer zogen ab. So war es, sagten sie, und so würde es immer sein.

Doch nun kam die Zeit, von der wir sprechen. Es kamen weiße Männer, Männer mit schweren Fuhrwagen, leichten Einspännern und Handkarren, Händler, Siedler, Soldaten, Goldsucher, Gouverneure, Wahnsinnige und Vernünftige. Sie kamen mit dem unverrückbaren Glauben an ihr Recht, überall hingehen und tun und lassen zu können, was sie wollten. Es kam eine Zeit wie einst während der Ameisenkriege, nur daß jetzt diesen zweibeinigen Ameisen blauröckige mörderische Soldatenameisen folgten mit der Absicht, jeden Feind zu vernichten. Es gab kein Verzichten und kein Erbarmen. Aber diesmal waren es keine Ameisen, denn sonst hätte

Vater Sonne wie damals eine Flut geschickt und das Land von ihnen gereinigt.

Also erhob sich das erste Volk und kämpfte um das, was ihm gehörte: das heilige Fleisch von Mutter Erde. Ihr Fleisch blutete wie das ihres Volkes, und keiner der ihren siegte in einem dieser schmachvollen Kämpfe. Die Toten häuften sich, und mit jeder Sonne kam mehr von dem, was mit der vorigen Sonne gekommen war. Die Hütten der Weißen waren jetzt zahlreicher als die Löcher der Präriehunde, die Baue der Biber oder selbst die Hügel der Ameisen. Nichts konnten die Weißen besser als Hütten bauen und Kinder machen. Je mehr Hütten es gab, um so mehr Kinder bekamen sie, um die Hütten zu füllen. Und die Hütten wurden größer und ebenso die Kinder. Aber die Menschen des ersten Volks wurden weniger und auch die Zahl ihrer Kinder.

Die Vision von Geronimo

Dessen Name gleichbedeutend ist mit Mut und
Tapferkeit
und der trotz geringer Chancen den Kampf nicht
aufgeben wollte, was ihn für einige zum letzten
Krieger macht

Es war ein sonniger Frühlingsnachmittag, als das Wüstenvolk, das unter dem Namen Apachen bekannt ist, an einem kleinen Fluß lagerte. Bald würden die Männer zurückkehren, aber jetzt in der Mittagssonne spielten hier Kinder, und die Frauen bereiteten die Abendmahlzeit vor. Weiter unten am Fluß, wo das Wasser langsam floß, sangen die Frösche. Auf den Sandbänken kochten die Frauen und riefen sich das eine oder andere zu; die Kinder planschten fröhlich im Wasser. Plötzlich schwiegen die Frösche.

Blauröckige Soldaten kamen den Fluß herauf. Die Hufe ihrer Pferde schlugen platschend auf den Kiesgrund des sonnenbeschienenen Flusses. Die Schatten der Blauröcke waren ebenfalls blau, nur einen Ton tiefer, dunkler. Die Frösche und die Kinder waren verstummt, und es war, als hätte sich eine Wolke vor die Sonne geschoben und alles Leben hätte aufgehört zu atmen.

Welche gurgelnden Töne drangen aus den Mündern von Säuglingen, aufgespießt an den Säbeln der Blauröcke? Wie hörten sich die Schreie der jungen Frauen an, die beim Baden am Fluß überrascht und im Röhricht geschändet wurden? Wie viele Alte starben mit durchschnittener Kehle? Wie vielen wurden die Bäuche aufgeschlitzt? Welche ungeborenen Kinder starben im Traum jenes Todestages?

Erloschene Feuer, dunkelndes Blut, Fliegengesumm; eine Lederpuppe in einer toten Kinderfaust – das waren die Dinge, die Geronimo sah, als er ins Lager zurückkam.

Er weinte und konnte den Tränen, die ihm die Wangen näßten, nicht Einhalt gebieten. Der Himmel war blau wie immer; das schwarze Falkenweibchen rief seinen Nestling; der Königsfischer blitzte in der Sonne. Was stimmte nicht? Die Welt war dieselbe. Mütter sorgten für ihre Jungen; die Vögel sangen, und die Sonne schien. Was war nicht in Ordnung?

Geronimo ging auf den Berg und blickte hinunter auf die Toten. Er sah Vater Sonne, der zu ihm sagte: »Was du dort siehst, sind Schatten. Tritt aus der Schattenwelt ins Licht, damit ich dich sehen kann.«

Geronimo gehorchte, und Vater Sonne stand vor ihm, ein Mann wie jeder andere, aber sein Gesicht und sein Körper waren von Schatten umrandet, während sein Inneres von Kopf bis Fuß leuchtete wie die Sonne selbst.

»Ich sehe, daß du kräftige Arme und Beine hast und ein tapferes Herz, um zu kämpfen«, sagte Vater Sonne.

»Doch ich frage mich, ob du im Schatten oder in der Sonne lebst.«

Dann sah Geronimo die andere Gestalt, die neben Vater Sonne stand. Er konnte sie nicht besonders gut sehen, denn sie war ganz aus Schatten gemacht. Ihr Kleid und ihre Mokassins wuchsen aus der Erde, aber der obere Teil von ihr kam aus der dunklen Mitte des Gebirges, aus dem Herzen der Erde. Sie wirkte rund; sie war wogender Mais im Wind; sie war rauchiges Zwielicht auf einer Bergschulter; sie war das Gefühl, das vor und nach dem Regen kommt.

»Sie, die dich geboren hat, wird dich tragen«, sagte Vater Sonne, »und ich, der dich geschaffen hat, werde dir Kraft geben.«

Die Stimme in seinem Ohr sprach klar und deutlich. Der Geist, der an jenem einsamen Todesberg in ihm wuchs, war stark. Bis jetzt hatte er gelernt zu lieben; nun lernte er zu hassen. Und der Haß, den er rings um sich sah, wurde seine Berufung. Er erhob sich, wie sich der Feuergeist vor dem Wind erhebt, und wurde Geronimo, das Feuer, das über den Wüstensand fegte, der Feuersturm, der erst endete, als er sein Todeslied sang mit den Worten: »Ich warte auf die Veränderung.«

Der Krieg auf den Ebenen

Wie sich der Kampf zwischen Weißen und Roten auf den Ebenen, dem großen Panzer der Schildkröte, dem Ende nähert, und wie über dem Schlachtfeld ein Lied emporsteigt mit den Namen der Ehre: Red Cloud, Crazy Horse, Black Kettle, Spotted Tail, Sitting Bull

Und mit diesem Lied riß das Volk seine Stämme in einen Wirbelwind, der über das hohe Gras der vier Richtungen brauste. Sie sprachen von Frieden; sie sprachen von

Krieg. Red Cloud von den Sioux sagte: »Wir werden sterben, wo unsere Väter starben.« Und die zweimal sprechenden Gewehre der Blauröcke sprachen die ganze Nacht und ließen einen Bleihagel auf sie niedergehen. Die Krieger schlichen am dunklen Horizont entlang und ahmten die Rufe der Wölfe nach. Im Morgengrauen ritt ein Sioux-Mann-Frau mit einer Decke über dem Kopf wie ein schwarzer Blitz über die niedrigen Hügel und fing Soldaten mit der Hand, wie er sagte, indem er im Zickzack durch ihr Lager ritt und Schläge sammelte.

Doch ein kommandierender Offizier der weißen Brigade erklärte: »Mit achtzig Mann könnte ich durch das Sioux-Gebiet reiten.« Und er versuchte es auf dem Lodge Trail Ridge unter geronnenen Winterwolken, während die Luft kälter und der Tag dunkler wurde und das Volk – Sioux, Cheyenne und Arapaho – als kämpfende Schatten aus den Felsen wuchs. Den Blauröcken erstarrte das Blut. Sie fielen wie der schräg fallende Schnee, und die Krieger sammelten ihre Toten ein und ritten davon in die pudrige schwarze Nacht.

Aber nun wurden noch mehr Forts gebaut, und die Büffelherden wurden noch spärlicher. Die Krieger zogen wie Schatten durch die Canyons und Becken, durch das rauhe, felsige Land, und die Gewehre, die früher nur zweimal sprachen, neigten jetzt zur Schwatzhaftigkeit. Die Krieger sanken um wie Grashalme im eisigen Schneesturm. Die Medizin des weißen Mannes, die von Osten ins Land kam, war stark, aber nur, weil es so viel davon gab, weil der Vorrat nie ausging.

Red Cloud sah mit eigenen Augen die mit dem schwarzen Tintenblut geschriebenen Worte des weißen Mannes: »Von diesem Tag an soll jeder Krieg zwischen den Vertragspartnern für immer beendet sein... solange das Gras wachsen wird.« Aber das vom Donner der

Feuerwaffen gestörte Gras starb. Black Kettle von den Cheyenne hörte von dem goldhaarigen Langhaar, dem Blaurock Custer, den der Weiße Vater geschickt hatte, um die Interessen seines Volkes zu wahren. Aber Black Kettle wollte keinen Krieg und zog es vor, in einem großen Pappelwald am zugefrorenen Washita zu lagern. Während sie Dörrfleisch und Häute für den Winter vorbereiteten, überkam den alten Häuptling plötzlich eine böse Vorahnung. Eine Squaw rief auf dem Ponypfad oberhalb des schmalen Flusses: »Soldaten!« Black Kettle dachte an das erbarmungslose Massaker von Sand Creek, bei dem auch seine erste Frau getötet wurde. Dann ertönte das Signal zum Angriff. Schrille Trompetenstöße zerrissen die Morgenluft. Pferdehufe donnerten dumpf im Schnee. Die silbernen Säbel blitzten. Black Kettle fiel, tödlich in Bauch und Schulter getroffen, in den eisigen Fluß; seine neue Frau starb im zusammengewehten Schnee. Die Soldaten rissen die Tipis um, verbrannten alles Büffelfleisch und alle Büffelhäute und erschossen die schreienden Pferde. Der goldhaarige Haudegen Custer wurde befördert. Er versprach, Frieden zu schließen, so wie zuvor, mit dem blanken Säbel als Unterschrift. Als nun die drei lebensnotwendigsten Dinge – Büffel, Wasser und Gras – immer weniger wurden, zog das Volk im verborgenen umher. Und immer war der weiße Mann in der Überzahl. Red Cloud sagte: »Die weißen Kinder haben mich umzingelt und mir nichts als eine Insel gelassen. Früher einmal waren wir stark, aber jetzt schmelzen wir wie Schnee an einem Berghang.«

Spotted Tail sagte: »Der weiße Mann ist nicht zufrieden mit unserem Gras, unserem Wasser und unserem Büffel. Jetzt will er auch die Erde, auf der wir stehen.« Deshalb sammelten die Krieger nun weniger Schläge und führten statt dessen besser Krieg. Sitting Bull von den Sioux sagte: »Ihr vertreibt den Büffel. Ich will, daß ihr umkehrt. Ich bin euer Freund.« Die Blauröcke lachten über seine Worte und ölten ihre Gewehre. Die Sioux zogen in das Großmutterland, das heutige Kanada.

Diejenigen, die blieben, sahen, wie die letzten Jagdgründe zum Todespfad wurden. Die Weißen bauten Eisenbahnen und erlegten die Büffel, von denen sie nur die Zunge nahmen, aus den bequem mit samtenen Polstern ausgestatteten Zügen. Crazy Horse wußte, daß die Zeit gekommen war. Er reichte einem blauröckigen Kommandanten die linke Hand und sagte: »Freund, ich gebe dir diese Hand, weil auf dieser Seite mein Herz ist. Ich will, daß dieser Friede ewig hält.« Sie sperrten den Mann, der nach dem wilden Pferd benannt war, das am Tag seiner Geburt durch das Lager seines Volkes preschte, ins Gefängnis, wo er ein letztes Mal kämpfte, um freizukommen. Doch er wurde von Little Big Man, einem seiner eigenen Häuptlinge, aufgehalten. Das Blut floß aus seiner linken Seite, und Crazy Horse, der Mann, der Custer geschlagen hatte, war plötzlich tot. Und mit dem Tod von Crazy Horse endete der Krieg auf den Ebenen. Seit dieser Zeit geht das Volk auf der Straße des weißen Mannes. Sitting Bull sang auf dieser Straße ein letztes Lied: »Ein Krieger bin ich gewesen. Jetzt ist alles vorbei. Ich muß Schlimmes erleben.«

Buch 16

Die Geschichte von Vorbote

Von einem Verkünder, genannt Vorbote, der von etwas
Neuem, einem Messias, berichtet, der aus den
Trümmern der Niederlage erscheint und verspricht,
das Volk in Herrlichkeit zu erlösen

Auf den Prärien verbreitete sich die Nachricht, daß es
einen Messias im Land gab. Es war, wie es vorausgesagt
worden war. Die großen Büffelherden zogen fort, und
das hohe Gras, von dem sie lebten, nahmen die Weißen
aus dem Osten. Trotzdem sagten alle, ein guter Wind
würde kommen und es bestünde die Möglichkeit, den
Büffel mit Tänzen zurückzuholen. Die heiligen Jagdgründe würden wiederkehren, sobald der Verkünder
aus dem Norden die Botschaft des Messias aus dem Süden bringen würde. Dies ist nun die Geschichte von
Vorbote, einem Kiowa, der eine sehr ähnliche Vision
von der Erlösung hatte wie Sitting Bull.

»In jenem Jahr kam der Sioux-Prophet Sitting Bull auf
die Grasebenen herunter, um mit uns zu sprechen. Viele
waren aus dem Norden zu einer großen Versammlung
gekommen. Wir waren Cheyenne, Arapaho, Sioux,
Caddo, Wichita, Kiowa und Apachen. Wir blieben ungefähr zwei Wochen beisammen und tanzten jede

Nacht, bis die Sonne aufging. Eines Nachts, als wir alle versammelt waren, sagte Sitting Bull, er wolle uns etwas zeigen. Er trat in die Mitte des Tanzkreises. Dann ging er auf eine Sioux-Frau zu, hielt ihr eine Adlerfeder vor das Gesicht, und im selben Augenblick, als sie die Adlerfeder sah, fiel sie auf die Erde und schlief. Sitting Bull ging zwischen den Versammelten umher und versetzte einen nach dem anderen mit seiner Feder in Schlaf. Ausgestreckt und mit geschlossenen Augen lagen sie still auf dem Tanzgrund.

Ich gehörte nicht zu den Schläfern, so daß ich dies mit eigenen Augen gesehen habe. Viele Stunden später wachte einer nach dem anderen langsam auf; sie streckten sich, als hätten sie tief geschlafen, und sagten, sie seien in die Geisterwelt gegangen, wo sie ihre verstorbenen Angehörigen und Freunde getroffen hätten. In der Geisterwelt jagten sie Büffel wie früher; sie ritten auf ihren Ponys, und es gab reichlich zu essen für alle. Als sie aufwachten, waren sie traurig, daß sie zurückgekommen waren. Sie machten Lieder, in denen sie von den guten Tagen mit ihren Familien in der Geisterwelt sangen.

Einige Zeit, nachdem Sitting Bull seine Medizin gezeigt hatte, ging Left Hand von den Arapaho zu ihm und bat ihn um Rat. ›Was sollen wir tun?‹ fragte er. ›Die Weißen wollen unser ganzes Land kaufen.‹

Sitting Bull antwortete: ›Das Volk ist hungrig. Sag ihnen, sie sollen ihr Land an die Weißen verkaufen. Bald wird der Messias kommen und euch euer Land zurückgeben.‹

Später erfuhren wir, daß der Messias ein Paiute-Priester namens Wowoka war. Einige hatten ihn bereits besucht und waren mit Elsterfedern zurückgekommen, die, wie sie sagten, ein wichtiger Teil des Geistertanzes waren. Als die weißen Händler davon hörten, brachten sie Krähenfedern und verkauften sie an das Volk. Ich hörte auch, daß einige der Unseren das Grasgeld nahmen, das ihnen die Viehzüchter zahlten, und die heilige rote Farbe aus Wowokas Wüstenland kauften, um sie bei den Tänzen zu verwenden.

Um diese Zeit erhielt ich den Namen Vorbote, weil etwas geschehen war. Wie viele andere Kiowa hatte auch ich jetzt Träume und Visionen von der Geisterwelt. In einem dieser Träume begegnete ich vier jungen Frauen, die auf Pferden ritten. Ich sah, daß ihre Satteltaschen randvoll waren mit wilden Pflaumen. Eine Frau bot mir eine Pflaume an, aber ich hatte Angst, die Pflaume zu essen, weil ich wußte, daß dieselbe Frau vor einigen Jahren gestorben war.

Ich fragte sie, ob sie jemanden von meiner Familie kennen würde, und sie nickte. Ich wurde zu einem Mann geführt, der mir sagte, daß meine Verwandten gleich neben seinem Tipi wohnten. Soweit das Auge reichte, stand ein Tipi neben dem anderen; sie waren wie Grashalme hervorgewachsen. Als ich das Zelt betrat, das er mir zeigte, sah ich sofort, daß es stimmte, was er gesagt hatte: Meine ganze Familie war da – mein Vater, zwei Brüder und zwei Schwestern.

Sie freuten sich sehr, mich zu sehen, und fragten gar nicht, wie ich dorthin gekommen war. Statt dessen boten sie mir aus einem großen Topf über dem Feuer Büffelfleisch an. Sie sahen, daß ich Angst hatte zu essen, und sie drängten mich, das Fleisch zu riechen; sie sagten, es sei gut und es würde mir schmecken.

Mit der Zeit wurde ich wegen dieser und anderer Visionen, die ich hatte, bekannt. Und das Volk bat mich, zum Messias zu reisen und seine Botschaft zu hören. Ich bin auf der Eisenstraße gereist. Bei der Agentur in Pyramid Lake nahm mich jemand mit dem Wagen mit bis ans obere Ende des Mason Valley. Nicht lange danach kamen wir zu dem kleinen Haus von Wowoka, aber dort hieß es, ich müsse warten, weil Wowoka gerade schlief. Ich ging fort und kam am nächsten Tag wieder, und diesmal wurde ich zu ihm geführt.

Er lag mit einer Decke über dem Gesicht auf dem Boden seiner Hütte und sang vor sich hin. Der Raum war kahl und staubig. Schließlich hörte Wowoka auf zu singen und nahm die Decke vom Kopf. Er war ein dunkler Mann mit einem schmalen, abgehärmten Gesicht. Er lächelte nicht und zeigte sich in keiner Weise erfreut, mich zu sehen; er schien auch nicht wissen zu wollen, daß ich von so weit her gekommen war, um ihn zu besuchen. ›Was kann ich für dich tun?‹ fragte er.

Ich fand dies eine merkwürdige Frage. Kannte der Messias denn den Grund meines Besuches nicht? Machte er sich über mich lustig? Sein Gesicht war vollkommen ernst.

›Ich würde gern mit dir in die Geisterwelt reisen‹, sagte ich.

›Hier gibt es keine Geisterwelt‹, sagte er.

›Ich würde gern mein kleines Kind sehen, das gestorben ist‹, sagte ich.

Er starrte mich an.

›Hier gibt es keine Geisterkinder‹, sagte er. ›Sieh dich um, dann siehst du es selbst.‹

In dem kleinen dunklen Raum wirkte er wie ein Schatten. Ich hatte das Gefühl, daß es ihm nicht gutging. Er sah nicht so glücklich und weise aus wie meine Freunde, die Arapaho, gesagt hatten. Er schien müde zu sein. Und als ich auf seine Handflächen blickte, sah ich nicht die Flecken, von denen sie mir erzählt hatten, die Wundmale von dem, was sie Kreuzigung nannten. Als ich die Wunden nicht sah, wurde mir schwer ums Herz. Sogar Red Robe, der gegangen war, trug die Spuren eines Schuldspruchs. Wowoka sah aus wie etwas, das der Wind leergefegt hatte.

›Bist du wirklich der Messias, von dem das Volk erzählt?‹ fragte ich.

›Es gibt keinen anderen‹, erwiderte Wowoka unwirsch. Dann fügte er hinzu: ›Du kannst deinen Leuten sagen, sie sollen keine Geistertänze mehr tanzen. Sag ihnen, daß ich gesagt habe, sie sollen es lassen.‹

›Warum sollen sie damit aufhören?‹

›Ich habe den Sioux den neuen Tanz gegeben. Aber sie verdrehen die Dinge und schaffen Unruhe. Sag deinem Volk, es wird noch mehr Unheil geben.‹

Er zog sich die Decke über den Kopf und entließ mich mit einer Handbewegung, als wäre ich ein Weißer. Ich ging nach Hause, um meinem Volk mitzuteilen, was Wowoka gesagt hatte. Aber noch bevor ich ihre Gesichter sah, wußte ich, daß für uns alles vorbei war. Und obwohl die Träume weiterhin zu mir kamen, waren sie nicht mehr von Bedeutung.«

Der Geistertanz begann bei den Paviotso, einem Zweig der Paiute von Nevada. Wowoka, der als Gründer der Geistertanz-Bewegung gilt, war ein Mann namens Jack Wilson, der die Prophezeiung von den Wundmalen an den Händen mit den Ritualen des Volkes verband. Medizinmänner wie Sitting Bull suchten Erlösung für das gesamte eingeborene Volk. Aber der Geisterweg von Wowoka erschreckte die Weißen. Sitting Bull wurde schließlich von seinem eigenen Volk getötet, von Mördern, die von amerikanischen Offizieren gedungen waren. Nach der Schlacht am Wounded Knee endeten die Geistertänze, und an den Lagerfeuern wurde nicht mehr gesungen:

> Ich kreise um die Grenzen der Erde.
> Ich trage lange Schwungfedern,
> während ich fliege – während ich fliege.

Nach dem Ende des Geistertanzes und dem Tod der Führer, die ihn zu dem gemacht hatten, was er war – ein Traum, eine Vision, ein Versprechen auf Hoffnung –, trieb das Volk ziellos in eine Zeit des Elends. Nun gab es keine Vergangenheit und keine Zukunft. Ihre Götter hatten sie verlassen, und nun suchten sie Zuflucht bei dem Übel der giftigen Milch, die sie Feuerwasser nennen. In einer Zeit ohne Götter, von ihrem Land verdrängt und in die Reservationen getrieben, gaben sich die Menschen auf. Sie gaben ihre Hoffnung ab mit den Scheinen, die sie berechtigten, verfaultes Rindfleisch zu essen. Die letzten Büffeljagden waren Rinderjagden, bei denen die alten zähen Stiere losgelassen wurden, um sie von alten Männern mit einem Juchzer fangen zu lassen – von Männern, die mit endlosen Herden des heiligen Büffels aufgewachsen waren. Es war vorbei, und sogar der Traum von dem, was einmal gewesen war, starb.

Das Gebet von Black Elk

In dem der große Träumer Black Elk davon träumt,
daß sich die Menschen aller Hautfarben und Rassen
im Geist vereinen, und von der Zerbrechlichkeit dieses
Traums

Es war einmal ein Mann, dessen Gedanken weit reichten – zu den Göttern von Himmel, Erde, Wasser und Feuer und, so erzählt man sich, sogar zum Schöpfer des Himmels. Er stammte aus den Black Hills. Sein von einem feurigen Herzen beseelter Geist sah Visionen jenseits der Träume der Sterblichen. Er betrachtete alle Dinge mit der gleichen Aufmerksamkeit und merkte sich, was er gelernt hatte. Er hatte seinen Platz im Volk und lehrte es, was würdig und achtbar war, und das Volk hörte ihm zu und staunte über seine Weisheit. Er sagte: »Wenn ich

zu euch spreche, sollte es einen kleinen Donner und ein
wenig Regen geben.« Und wenn er dann sprach, hörte
das Volk die Stimme des Donners, und es regnete sogar
während der Trockenzeit.

Eines Tages, als er schon sehr alt und sehr weise war,
sprach er laut zum Schöpfer, so daß jeder hören konnte,
was er sagte: »Großer Macher, hab Mitleid mit uns, deinen zweibeinigen Kindern, denn wir haben viel gelitten
und werden wieder leiden müssen. Die Blauröcke vertreiben uns aus dem Land unserer Väter; ihre Gouverneure belohnen sie dafür mit goldenen Sternen. Und
wer sind wir, deine armen Kinder, um sie aufzuhalten?
Wir haben es versucht, und sie haben Donner und Blitz
aus den Mündern von Feuerwaffen geschickt. Sie haben
mehr als wir, denn sie sind klüger und geschickter; wir
haben nur das, was wir von dieser Erde wissen. Unser
Geist ist stark, aber sie haben Dinge, die ihren Befehlen
gehorchen: Feuerwaffen, Wagen, Säbel und alle Arten
von Waffen, die wir nicht einmal gesehen haben. Nun
hast du den guten und den schweren Weg gemacht, und
wir sind jeden zu seiner Zeit gegangen und werden ihn
wieder gehen, wenn es nötig sein wird.

Mein Großvater, ich vergesse nichts, was du gemacht
hast: die Sterne, das Gras, die Zweibeinigen, die Vierbeinigen, die Geflügelten und die, die auf vielen Beinen
kriechen; all dies und vieles mehr hast du gemacht. Du
hast uns das lebenspendende Wasser gegeben und den
heiligen Bogen, den Wind und das Kraut, die Kraft zu
heilen und zu genesen, den Morgenstern und die Stein-
pfeife, den heiligen Bund unserer Stämme und den bald
wieder blühenden Baum. Du hast mir und meinem Volk
das Wunder der grünenden Erde gezeigt, die Schönheit
des geheimnisvollen Lichts rings um uns – aber, Großvater, obwohl du uns so viel gegeben hast, müssen wir
dich um etwas bitten: Laß den Büffel wiederkommen.

Laß den Baum blühen. Laß den Blaurock nicht weiter ins Land kommen. Ich weiß in meinem Herzen, daß der Himmel und alles darunter, die Erde und was auf ihr lebt – daß sich all das verändert und daß wir als ein Teil des großen Schöpfungskreises Veränderung hinnehmen müssen.

Wir sind nicht nur Fleisch und Blut, sondern wie das Vogelvolk auch geflügelte Geister, die in die Wolkenwelt und darüber hinaus reisen können, wie ich es viele Male getan habe. Gib, daß sich die gewaltsamen Winde der Veränderung zurückziehen, daß die baumlosen Hügel wieder sprießen, das Fell der Büffel die Ebene kleidet, daß die Luft frei wird, um zu atmen, neues Gras für die Büffelkälber wächst, daß die fremden Gestalten, die im Schatten des Mondes kommen, nicht mehr kommen. Gib uns den Atem des Lebens, so wie wir ihn von früher kennen und nicht, wie wir ihn jetzt erleben. Wir wissen, daß die stechende Biene süßen Honig bereitet; daß sich die sterbende Raupe in einen schönen Schmetterling verwandelt; daß Kaulquappen ohne Beine hüpfende Frösche werden, daß der modernde Stamm dem Samen weicht und das kleine flaumige Adlerküken eines Tages die große Schlange am Genick packen und über den Wolken hin und her schleudern wird – all diese Dinge weiß ich, und ich achte sie, und doch bringt die Veränderung, von der wir nichts wissen und die wir nicht erwartet haben, Unglück über deine Kinder. Großvater, wenn du uns nichts anderes gibst, so gib uns die Kraft, zu sehen, was mit uns geschieht. Laß uns nicht kriechen wie den blinden Wurm. O Großvater, gib uns die Kraft deines heiligen Auges.«

So endete das Gebet des heiligen Mannes. Aber sie sagen, er starb, ohne daß sein Gebet erhört wurde – mit Tränen in den Augen und im Herzen –, und daß er am Ende, als seine Augen matt wurden, sagte: »Wenn ich

jetzt von diesem hohen Hügel meines Alters zurück-
blicke, sehe ich die niedergemetzelten Frauen und Kinder, übereinandergehäuft und verstreut überall entlang
der gewundenen Schluchten so deutlich, wie ich sie einst
mit meinen jungen Augen gesehen habe. Und ich kann
sehen, daß dort im blutigen Schlamm noch etwas anderes starb und in dem Blizzard begraben wurde. Dort
starb der Traum meines Volkes. Es war ein schöner
Traum.«

EPILOG

Damit ist die Geschichte erzählt. Möge einiges davon die glühende Wolke am Abendhimmel und den knurrenden Bauch der Zeit überdauern. Es kommt der Tag, an dem unser Leben, ungeachtet dessen, womit es gesegnet war, plötzlich oder langsam zu Ende geht, an dem sich der Kreis schließt. Von diesem Buch aber wird vielleicht noch ein Echo zu hören sein, wenn der Winter den Sänger eingeholt hat und sein Herz im Frost erstarrte.

Glossar

Adler, Vater und Mutter: Die zwei mächtigsten spirituellen Wesen auf Erden, nur Vater Sonne und Mutter Erde sind mächtiger. Nahezu alle Stämme verehren den Adler als Symbol von Heiligkeit und Vollkommenheit.

Alte Frau Mond: Vergleichbar mit dem Mann im Mond, eine Kassandra; Prophetin, nicht zu verwechseln mit dem lichtspendenden Mond, der in der amerikanischen Eingeborenenmythologie oft als heller Stein, manchmal als Seeohr, Perle oder Muschel beschrieben wird.

Bärfrau: Geist des Waldes, Wächterin aller Verirrten, Reisegefährtin von Mutter Erde.

Berg Alter Mann: Erste Berggottheit, spiritueller Ratgeber von Göttern und Sterblichen.

Bergflügel: Guter Berg- und Schutzgeist der Sterblichen.

Berggesang: Sterbender Häuptling, der Nebelfrau liebt und zu einer Berggottheit wird.

Berg-Inmitten-Von-Bewegung: Symbolischer Mittelpunkt der Erde, um ihn wurde die Oberfläche der Welt geschaffen.

Berührendes Wasser: Im 18. Jahrhundert eine Pascagoula (Bread Eater/Brotesser), die sich nicht zur Religion des Kreuzes bekehren lassen wollte.

Black Elk: Visionär der Oglala-Sioux, dessen Traum von der Einheit der Stämme, der gewaltlosen Befreiung für alle Indianervölker sowie einer Aussöhnung zwischen Weißen und Indianern durch die Schlacht am Wounded Knee und die anschließende Behandlung der in die Reservationen getriebenen Indianer zerstört wurde.

Blaue Pfeilnatter: Freundliche Schlangengottheit, die Jüngere Schwester, eine Göttin und Stellvertreterin der sterblichen Frauen, heiratet.

Brotesser: Siehe Pascagoula.

Büffel: Für die Völker der Ebenen sowie für viele andere Stämme war der Bison, wie der Büffel zoologisch richtig heißt, nicht nur eine Nahrungsquelle, sondern auch ein heiliges Wesen.

Bussard: Alle Greifvogelgestalten in diesem Buch sind kluge, genügsame, aufmerksame und selbstlose Wächter, deren kämpferische Natur von Tapferkeit und Fürsorglichkeit geprägt ist.

Colter, John: Auch bekannt als Seekheeda oder Weiße Brauen. Trapper, der wegen seines berühmten Laufs über 240 Kilometer quer durch das Land der Blackfeet Anfang des 19. Jahrhunderts sowohl von Eingeborenen als auch von europäischen Amerikanern mythologisiert wurde.

Donner Alter Mann: Donnergeist.

Echo: Freundliche, hochgeachtete Gottheit des Südwestens.

Elster: Einer der vielen schillernden Charaktere. Frecher, intelligenter, zu Späßen und Tricks aufgelegter Vogel.

Edenmacher: Schöpfer, höchste Gottheit.

Erster Jäger: Eine erste männliche Gottheit, vergleichbar mit Adam.

Erster Mann und **Erste Frau:** Göttliche Symbole für die Existenz von Mann und Frau. Auch Symbole für Mais.

Erster Zorniger: Siehe Kojote.

Erstes Licht und **Morgenrot:** Geschwistergottheiten der südwestlichen Pueblo.

Erstes Volk: Wächter von Wasser, Luft und Erde; Insekten, Tiere und Sternvolk.

Eulenjunge: Unrechtmäßig gezeugtes Kind von einem sterblichen Mann und der Tierperson Bärfrau. Lehrt uns gute Sitten, obwohl seine Anwesenheit fast immer Furcht einflößt und mit dem Tod zu tun hat.

Feder: Metapher für Flug. Ein Bote, der in die Geisterwelt fliegt.

Felswasserjunge: Bruder von Morgenrot/Waldrattenmädchen. Seine Verfehlung führt zu einer großen Veränderung, aus der die als Kachinas bekannten Geister hervorgehen, die sterbliche Wesen schützen und leiten.

Feuergeist: Feuergott der nordwestlichen Waldgebiete.

Feuer-Ist-Gegeben: Kriegerin der Crow oder Krähe-Indianer Anfang des 19. Jahrhunderts, deren Heldenmut in Berichten überliefert ist.

Gestaltwechsler: Egoistische Gottheit, die beliebig ihre Gestalt wechseln kann.

Gilamonster: Gilatier, erster Medizinmann, großer Heiler. Kann auch eine Hexe sein.

Grizzlybär: Grobe, häufig launenhafte Tierperson. Trotzdem eine ziemlich bedeutende Führergestalt des gesamten Tiervolks.

Große Schlange: Schlangengottheit, auch gefiederte Schlange Quetzalcoatl. Zu mächtig, um vollkommen gutartig zu sein. Träger des Blitzes.

Heiliges Volk: Die Gottheiten sind Tiere (Kojote), Menschen (die Zweibeinigen), Insekten (Heuschrecken), Pflanzen (Mais) und Naturerscheinungen (Regenbogen).

Hirschjunge: Sterblicher, der sich in einen Hirschgeist verwandelt.

Kachinas: Geister, die sterbliche Wesen schützen und leiten.

Kleiner Gefleckter Frosch: Wassergottheit, Retter von Sterblichen. Vergleichbar mit Noah.

Kojote: Schwindler, Betrüger, Geschichtenerzähler, Erster Zorniger, Führer und Verführer, der positive Veränderung bringt. Ein Schurke, Widersacher und Clown, Regenbringer und Geburtshelfer.

Krumme Nasen: Fiktiver Stamm der Ebenen, der in diesem Buch auch »das Feindvolk« heißen könnte.

Lauscher: Die erste Stammesperson, ähnlich wie Erster Mann, vergleichbar mit Adam.

Mondwasserjunge: Kriegersohn von Vater Sonne. Weibliche Eigenschaften, d. h. vorsichtiger, weiser und vielleicht weniger »heroisch«.

Moskitofrau: Erste Frau wie Eva. Nach der Legende wurden die Sterblichen, die nicht auf die Warnung von Kleiner Gefleckter Frosch hörten, in Fliegen verwandelt. Diese »gute« Fliege wird die Frau von Lauscher, dem ersten sterblichen Vater.

Mutter Erde: Erdgottheit, Mutter alles Lebendigen, Frau von Vater Sonne, Mutter von Rechtshändige Sonne und Mondwasserjunge.

Nebelfrau: Weibliche Gottheit. Verkörpert Wasser, Nebel, Schnee und Regen.

301

Nez Percé: Stamm im Nordwesten, von französischen Entdek-kern so genannt wegen der durchbohrten Nasen.

Pascagoula: Stamm, der einst am Unterlauf des Pascagoula, un-mittelbar an der Golfküste (Mississippi) lebte und vermutlich von den Biloxi, einem kleinen Stamm der Sioux, absorbiert wurde.

Plenty Coups/Viele Schläge: Berühmter Crow-Häuptling des 19. Jahrhunderts.

Pollen: Die heiligen Pollen der Maispflanze werden von vielen Stämmen bei Zeremonien verwendet.

Pueblo: Das Wort *pueblo* wurde zuerst von den spanischen Kon-quistadoren auf die Indianer angewendet, die in Dörfern mit Ge-bäuden aus Lehm, Sand und Steinen lebten.

Rabe: Schwindler, Gestaltwechsler, Geschichtenerzähler, ähnlich wie Kojote.

Rechtshändige Sonne: Kriegersohn von Vater Sonne, maskuliner Charakter, bedeutender Zwillingshalbgott.

Rollender Donner: Beruht auf Sagen, die der große Crow-Häuptling Plenty Coups (19. Jahrhundert) erzählte.

Schattenfrau: Geist der nordwestlichen Wälder.

Schildkrötentänzer: Eine Häuptlingsfigur, die auf einen Chey-enne-Krieger zurückgeht, der sich im 19. Jahrhundert auszeich-nete.

Schildkrötenvolk: Auch Sternvolk. Einige südliche Stämme hiel-ten sie für »Dosenschildkröten vom Himmel«. Inbegriff von Weisheit.

Schlangenmann: Der Schlankes Mädchen verfolgt, auch als Schöner Junger Mann bekannt. Zauberer und böser Zwilling einer gefährlichen Schlangengottheit.

Schlankes Mädchen: Sterbliche Frau. Angehörige eines südlichen Stammes.

Schmetterlingjunge: Schönes, betörendes Zauberwesen, sowohl männlich als auch weiblich. Seine Schönheit gilt als Eitelkeit. Mär-chengestalt der südwestlichen Stämme.

Schmetterlingtänzer: Canyon-Gottheit aus dem Südwesten, die Eigenliebe und unsoziales Stammesverhalten symbolisiert.

Seeohrmädchen: Eine erste weibliche Gottheit, ähnlich der bibli-schen Eva. Bei ihrer zweiten Inkarnation wird sie eine Erd- und Wassergottheit von völlig selbstlosem Wesen.

Sieht-In-Der-Nacht: Initiierter Junge. Krieger der südlichen oder nördlichen Ebenen im 19. Jahrhundert.

Sitting Bull: Sioux-Medizinmann und Krieger, den die Weißen während der letzten Tage des Widerstandes der Prärie-Indianer in der zweiten Hälfte des 19. Jahrhunderts besonders wegen seiner spirituellen Kräfte und seiner Begabung als Krieger fürchteten.

Sonnenroß: Eines der fünf heiligen Pferde von Vater Sonne. In diesem Buch heißen sie Morgenweg, Mittagsweg, Nachtweg.

Spinnenfrau: Wird oft in Beziehung zu Mutter Erde gesetzt. Dank ihrer Fähigkeit zu weben in gewisser Weise auch eine Himmelsgottheit. Mitfühlend und manchmal furchteinflößend.

Sprechender Gott Großvater: Gottheit, die den Sterblichen große Wohltaten erweist. Tritt als Vermittler für sie ein und verleiht dem Volk die Sprache.

Stachelschwein: Tierperson, die so viel Weisheit wie Stacheln besitzt.

Steinriesen, Kaktusmonster, Fliegende Teufelsvögel usw.: Alle Ungeheuer in diesem Buch sind Ausgeburten sexuellen Fehlverhaltens. Wo sie ihr Blut vergießen, entsteht unfruchtbares Land. Niedergestreckte Steinriesen werden zu heiligen Gebirgen.

Trickster: Lügner, Betrüger, Gestaltwechsler.

Vater Sonne: Himmelsgottheit, Vaterfigur allen Lebens, Mann von Mutter Erde, Vater von Rechtshändige Sonne und Mondwasserjunge. Zeugt auch mit anderen Wesen Kinder.

Veränderung der Welt: Gemeint ist das zukünftige Zeitalter des Glücks und Friedens, die prophezeite Auferstehung aller gefallenen und ermordeten Indianer, Ankunft eines »Indianischen Christus«, gewaltlose Vertreibung der Weißen, Rückkehr der Büffelherden mit Hilfe des Geistertanzes, das Paradies auf Erden.

Virginia Dare: Soviel man weiß, war sie das erste in Amerika geborene Kind englischer Eltern (1587 auf Roanoke).

Vogelfrau: Auch Tannenwaldhuhn genannt. Mythisches Wesen der Stämme im Nordwesten.

Volk: Es können Tiere, Insekten oder Menschen gemeint sein. In der Anfangszeit waren alle drei vereint.

Wächter des Felsens: Crow-Legende, nacherzählt von Plenty Coups, dem großen Häuptling der Krähe-Indianer des 19. Jahrhunderts.

Waldrattenmädchen: Morgenrot, nachdem sie von Mutter Erde in ein Nagetier verwandelt wurde.

Wapiti: Bruder Wapiti ist für viele Stämme eine heilige Person wie Bär oder Adler. Sein Brunftschrei, der einem Hornsignal ähnelt, entspricht der Pueblo-Liebesflöte aus rotem Zedernholz.

Wassermonster: Wassergottheit. Kann sowohl männlich als auch weiblich sein. Häufig aggressiv und ungebärdig.

Weißes Bisonkalb: Beruht auf dem Leben und den Leistungen von Plenty Coups, 19. Jahrhundert.

Wetterleuchten: Mächtige Himmelsgottheit, die gefährlich und bedrohlich, aber auch als Heiler auftreten kann.

Wiesel: Ungebildet, gedankenlos, unvorteilhaftes sterbliches Wesen.

Wilson, Jack: Auch bekannt als Wowoka, ein Paiute aus Nevada. Verkörperte die Prophezeiung von der Ankunft eines »Roten Jesus«.

Windvolk: Viele verschiedenartige Winde, die den Sterblichen oft helfen, so vor allem Kleiner Wind, der den Menschen ins Ohr flüstert.

Wolfaugen: Symbolisch für das Apachen-Volk.

Wounded Knee: Die meisten Historiker stimmen überein, daß mit dem Massaker am Wounded Knee Creek im Jahr 1890 endgültig der Schleier des Vergessens über die drastischen Ereignisse gebreitet wurde. Die Indianer waren für immer in die Reservationen verbannt.

Wowoka: Siehe Wilson, Jack.

Zweibeiniges Volk: Bezieht sich nur auf Menschen. Doch zur Zeit des Beginns sollen auch die vierbeinigen Tiere auf zwei Beinen gegangen sein.